MERCI CLAUDE P---- N IMPLICATION x CWB.

Ta présence est toujours appréciée.

Bonne lecture,
Bonnes actions,
Bons flips.

GoGoGo!

Yvan.

Catalogage avant publication de Bibliothèque et Archives nationales du Québec et Bibliothèque et Archives Canada

Cournoyer, Yvan, 1973-

    Les flips : apprenez à faire de l'argent rapidement grâce à l'immobilier

    Comprend des réf. bibliogr.

    ISBN 978-2-89225-800-4

    1. Immeubles - Investissements. 2. Spéculation. I. Titre.

HD1382.5.D82 2012   332.63'24   C2012-942362-9

Adresse municipale :
Les éditions Un monde différent
3905, rue Isabelle, bureau 101
Brossard (Québec) Canada J4Y 2R2
Tél. : 450 656-2660 ou 800 443-2582
Téléc. : 450 659-9328
Site Internet : http://www.umd.ca
Courriel : info@umd.ca

Adresse postale :
Les éditions Un monde différent
C.P. 51546
Greenfield Park (Québec)
J4V 3N8

Dépôts légaux : 4e trimestre 2012
Bibliothèque nationale du Québec
Bibliothèque nationale du Canada

Conception de la couverture originale :
KEVIN LACHANCE / TEKNIGRAF

Conception graphique de la couverture :
OLIVIER LASSER

Photocomposition et mise en pages :
ANDRÉA JOSEPH [pagexpress@videotron.ca]

Typographie : Minion 12 sur 14 pts

ISBN 978-2-89225-800-4

Nous reconnaissons l'aide financière du gouvernement du Canada par l'entremise du Fonds du livre du Canada pour nos activités d'édition (FLC).

Gouvernement du Québec – Programme de crédit d'impôt pour l'édition de livres – Gestion SODEC.

Gouvernement du Québec – Programme d'aide à l'édition de la SODEC.

IMPRIMÉ AU CANADA

Yvan Cournoyer

Préface de Jacques Lépine

**Apprenez comment faire de l'argent
rapidement grâce à l'immobilier**

UN MONDE 🛉 DIFFÉRENT

1977 2012

À mon père,
l'un de mes guides spirituels.

DES ÉLOGES

POUR PASSER DE LA RÉFLEXION À L'ACTION
Nous apprécions l'aide d'Yvan qui, par ses questions, nous aide à voir la réalité lorsque nous analysons des immeubles. Ses interrogations et ses commentaires nous permettent de prendre des décisions d'affaires éclairées et de mettre de côté les émotions. Sa disponibilité, son professionnalisme et son expérience sont mis à contribution lors des différentes étapes d'acquisition et nous aident à passer à l'action. Nous le recommandons fortement. Merci, Yvan !

GILLES L. ET CARL A., CHAMBLY

UN MAÎTRE DANS SON DOMAINE
Compétent, généreux et professionnel. J'ai rarement observé autant de qualités chez un même individu, et non, pas même une petite fissure ! C'est en quelques mots qu'il m'a motivée juste au bon moment. Pour un accompagnement personnalisé et des techniques avancées, ou pour ceux qui débutent en immobilier, Yvan est indispensable. Il ne tient qu'à vous d'attendre ou de le contacter afin de progresser plus rapidement vers vos objectifs. Merci à toi.

M.-J. DESJARDINS

DE LA THÉORIE À LA PRATIQUE
Je voyais les journées passer sans que je puisse avancer vers mes buts fixés. Je cherchais la lumière au bout du tunnel ! J'hésitais à communiquer avec Yvan, me disant que j'étais bien capable toute seule. En seulement un mois avec lui, j'ai fait plus de progrès qu'en une année et demie. Je n'ai pas terminé mon apprentissage, loin de là ! Dans ce domaine comme dans bien d'autres, seule l'expérience peut nous mener où nous voulons aller. Yvan est doté de cette expérience qui me manquait et qui m'aide, aujourd'hui, à me surpasser et à être plus disciplinée. J'ai confiance maintenant. Je suis sur la bonne voie.

CLAIRE T.

LA SUITE LOGIQUE AU COACHING OFFERT PAR LE CLUB
J'ai beaucoup apprécié les services d'accompagnement d'Yvan. Il m'a encadrée pas à pas dans un processus d'achat. Ses conseils furent essentiels lors des différentes étapes et analyses de la transaction (offre d'achat, inspection, analyse de rentabilité, négociation, etc.). L'expérience d'Yvan fait qu'il a vu des choses que je n'aurais pas pu voir moi-même, des détails

importants qui parfois faisaient toute la différence entre un achat rentable ou non. J'ai appris beaucoup à ses côtés et je me sens plus confiante et autonome maintenant dans mes recherches immobilières. Merci, Yvan.

JULIE H., MONTRÉAL

MERCI, YVAN, POUR TON EXCELLENT SERVICE

J'ai grandement apprécié les services d'Yvan. Disponible et professionnel, il est pour moi un partenaire essentiel à ma réussite en investissement immobilier. Yvan m'a très bien encadré dans le processus d'acquisition pour mes premiers achats en tant qu'investisseur. Grâce à son aide et ses conseils, les transactions se sont concrétisées et cela m'a permis d'augmenter mes profits. Il m'apporte la confiance et la motivation nécessaires à ma réussite et une perspective réaliste par rapport à mes objectifs. J'ai déjà hâte aux autres projets en partenariat avec Yvan. *Go go go*, on continue !

FRANÇOIS B., SAINTE-MARTHE-SUR-LE-LAC

MERCI, YVAN

Quel dévouement et quel professionnalisme ! Avec Yvan, nous apprenons de la part d'un investisseur qui continue d'appliquer tous les jours les méthodes qu'il prêche et qui donnent des résultats ! Ses conseils restent toujours très judicieux et directs. Gardez vos objectifs élevés et Yvan vous aidera à les atteindre en vous donnant toujours l'heure juste !

M.-E. DEDS, MONTRÉAL

UNE EXCELLENTE RESSOURCE

Yvan est une ressource inestimable en immobilier. Ses conseils sont toujours simples et judicieux. Stratégies, réflexions, trucs et pensées font que nous progressons dans l'apprentissage de l'immobilier. Merci d'être aussi disponible.

MARTIN C., SAINTE-THÉRÈSE

VRAIMENT COMPÉTENT, CET YVAN

J'ai mis en application plusieurs trucs théoriques lors de l'accompagnement en personne sur l'offre d'achat et le financement créatif.

DAVE M., SAINT-JÉRÔME

FORMATION PERSONNALISÉE

Je tiens sincèrement à vous remercier pour la formation et l'accompagnement que vous m'avez transmis. À l'aube de mes 40 ans, je crois que mon virage professionnel est entamé vers la liberté financière que je désire pour ma femme et mes trois enfants.

SUNNY J., LAVAL

VISITE DES LIEUX LORS DE L'INSPECTION

J'ai apprécié ton coaching, Yvan. L'approche positive par les locataires pour déceler divers problèmes m'a vraiment impressionné!

PIERRE A., BLAINVILLE

MERCI, YVAN

Je voulais te remercier pour ton aide concernant ma stratégie d'investissement et mon plan d'action. Tu m'as bien aiguillée sur les types d'immeubles à prioriser et les ressources nécessaires. J'avance enfin dans mes démarches et je le fais avec plus de confiance.

ELENA B.

UNE ERREUR ÉVITÉE

J'avais trouvé un immeuble pour lequel j'entrevoyais beaucoup de potentiel. En consultant Yvan pour m'aider lors de l'acquisition, il m'a fait voir tous les risques que je prenais avec ce premier achat investisseur. Heureusement, je n'ai pas acheté l'immeuble et j'ai fait un bien meilleur achat quelques mois plus tard. Merci.

RICHARD M., MONTRÉAL

OUF!

J'avais une offre d'achat signée sur un immeuble de 15 appartements où il me manquait de liquidités pour compléter la transaction. Cette situation m'angoissait puisqu'il s'agissait de mon premier «gros deal». C'est alors qu'Yvan m'a mis en contact avec les bonnes personnes. Avec ses conseils, j'ai pu finalement réussir à acheter ce merveilleux immeuble.

SYLVAIN G., MAGOG

SERVICE RAPIDE

J'aimerais prendre quelques minutes pour exprimer ma gratitude pour les précieux conseils que vous m'avez donnés au sujet d'une propriété à vendre qui m'intéressait. Vous m'avez sauvé plusieurs heures de recherches au sujet de ce bâtiment, et ce, avec une rapidité exceptionnelle. J'apprécie beaucoup votre professionnalisme, votre générosité ainsi que votre gentillesse.

DANIE N., ÎLE DES SŒURS

TABLE DES MATIÈRES

REMERCIEMENTS

Merci à ma conjointe **Lise**. Elle qui partage ma vie depuis bientôt 10 ans et qui m'accompagne également au quotidien dans mon aventure immobilière. Merci pour le soutien, les encouragements et l'amour qu'elle me témoigne.

Un merci tout spécial à **Jacques Lépine**, qui pour moi est une source d'inspiration à plusieurs égards. Merci de m'avoir accepté comme proche collaborateur depuis 2001. Merci pour tous tes enseignements, ta joie de vivre, ton positivisme inébranlable et ta vision. Merci de m'avoir fait confiance en acceptant de m'accueillir comme associé au sein du Club d'investisseurs immobiliers du Québec (CIIQ) et de me guider pour que je puisse éventuellement poursuivre la belle œuvre que tu as créée en 2001. Merci également d'avoir accepté de faire la préface de mon livre. C'est tout un honneur pour moi.

Merci à ma mère, **Irène,** qui a toujours été là pour m'aider dans les moments plus difficiles. Pour son amour inconditionnel, sa patience, sa générosité sans limites et sa confiance.

À mes deux sœurs, **Sylvie** et **Guylaine**, ainsi qu'à leurs conjoints **Pierre** et **Pierre**, qui m'ont toujours encouragé dans mes démarches. À mon filleul, **Mathieu**, qui est voué à un bel avenir.

À ma marraine, **Denise,** qui m'a aidé à démarrer cette aventure, pour sa bonne humeur constante et sa confiance.

Merci à **Michel Ferron**, des Éditions Un monde différent, de m'avoir fait confiance en acceptant d'éditer ce livre.

Merci à **Andréa Joseph** pour sa mise en pages efficace et soignée, et merci à **Lise Labbé** pour son travail relatif aux corrections et à ses diverses suggestions afin de rendre cet ouvrage à la hauteur de mes attentes.

Merci à **Ginette Méroz**, qui a toujours de bons mots d'encouragements à mon égard, pour sa droiture, sa rigueur, son professionnalisme et son sens de l'éthique. Merci pour sa précieuse collaboration au sein du Club.

À **Réal Beaudet** de la Réserve naturelle Beauréal pour sa contribution à améliorer constamment la qualité de vie du domaine où j'habite. Une grande source d'inspiration en matière de respect de l'environnement.

À **Raymond Vincent**, pour son amour, sa générosité et son optimisme contagieux qui m'aident à me porter de mieux en mieux chaque jour. Merci d'avoir collaboré à mon tout premier flip.

À tous mes associés de flips antérieurs, présents et en devenir. Merci à **Bruno Fournier** avec qui j'ai eu la chance de faire la grande majorité de mes acquisitions.

Merci à **Nicole Bélanger** et à **Julie Cloutier** pour leur bon travail au sein du Club. Je veux remercier également **Sylvain Lacasse** pour son dévouement à faire grandir l'organisation du Club dans la région de Québec.

Aux **membres du Club,** pas moins de 13 000 au moment d'écrire ce livre en 2012, merci de nous faire confiance depuis maintenant plus de 11 ans.

Merci à tous ceux et celles qui ont contribué de près ou de loin à la réalisation de cet ouvrage. Je pense, entre autres, à **Jean-Pierre Du Sault, Patrick Blais, Martin Croteau, François Boulanger, Antoine Feghali, Philippe Deveau** et ma conjointe qui, après avoir lu la version bêta du livre, m'ont transmis leurs commentaires constructifs.

Merci à **Kevin Lachance** pour ses conseils relativement au graphisme.

À **Richard D'Amour, Fabrice Mesnagé, Josée Saulnier, Ginette Méroz** et **André Marcoux** pour leurs compléments d'information.

Merci à **Patrick Gaulin** avec qui j'ai partagé durant plusieurs années ma passion de l'immobilier.

Merci à **mon père** qui demeurera toujours un mentor à mes yeux. Malgré son départ depuis maintenant 30 ans, son énergie subtile est toujours présente en moi.

Finalement, je ne pourrais terminer ces remerciements sans penser de remercier **la Vie** qui m'apporte chaque jour de belles choses qui me permettent de m'enrichir à plusieurs niveaux, d'évoluer, de m'épanouir et de grandir.

Durant mon bref passage sur terre, c'est un privilège de pouvoir contribuer à ma façon à transmettre ce que j'ai appris; mais en fait, quand j'y pense, c'est bien peu en regard de l'éternité!

Sur cette pensée philosophique, je vous invite à lire la préface de Jacques Lépine, président fondateur du Club d'investisseurs immobiliers du Québec et auteur de plusieurs best-sellers sur l'immobilier.

PRÉFACE

*D*ès mes premières rencontres avec Yvan Cournoyer, j'ai immédiatement compris que ce jeune ingénieur avait le talent pour réussir en immobilier. J'ai été impressionné par sa vision positive de la vie, son sens de l'organisation et son calme reflétant une sagesse digne des grands.

À ses débuts en investissement immobilier, Yvan fut fasciné par la spéculation potentielle qu'offrait l'immobilier. Il a assisté à toutes mes formations et s'est rapidement développé une spécialité, soit la spéculation immobilière, ce qu'il nomme LES FLIPS IMMOBILIERS.

Il a acquis une telle expérience en la matière au cours des années grâce à ses multiples FLIPS, qu'il l'enseigne aujourd'hui, en plus de plusieurs autres sujets relatifs à l'investissement immobilier, lors de séminaires de formation, dans le cadre du programme d'enseignement du CLUB D'INVESTISSEURS IMMOBILIERS DU QUÉBEC. Et voici que sa passion l'amène maintenant à écrire son premier livre sur ce thème qu'il maîtrise parfaitement.

Je suis convaincu, après avoir lu son manuscrit, que ce livre obtiendra un énorme succès à la fois auprès des investisseurs immobiliers en herbe et même de ceux qui ont plus d'expérience en la matière. Grâce à son sens de l'organisation, il a très bien inventorié et décrit les divers moyens possibles de faire des flips immobiliers.

Dans un langage simple et à la portée des novices et de ceux qui ont déjà une certaine expérience, il a su présenter tous les aspects de la recherche, du financement, de l'achat, et de la vente nécessaires pour réussir chaque transaction. Tout investisseur débutant ou expérimenté qui suivra cette méthode augmentera infiniment ses chances de réussite comme spéculateur et même comme « accumulateur d'immeubles ».

Ayant décelé chez lui tout ce talent et ce potentiel, il me fallait à tout prix le convaincre de faire partie de mon équipe du Club d'investisseurs immobiliers du Québec. Aujourd'hui, il m'assiste admirablement bien au sein de cette organisation et il occupe maintenant le poste de vice-président et directeur général.

Il est pour moi la personne toute désignée pour assurer admirablement ma relève et la continuité de cette magnifique organisation qu'est le CIIQ.

Je vous souhaite d'avoir autant de plaisir que j'en ai eu à lire ce livre, mais surtout qu'il vous permette de faire du profit, de vous enrichir ou du moins, de vous éviter des erreurs qui peuvent s'avérer coûteuses.

JACQUES LÉPINE
Président fondateur
Club d'investisseurs immobiliers du Québec
Auteur de *L'indépendance financière grâce à l'immobilier*
L'indépendance financière automatique
Faites de l'argent en immobilier avec l'argent des autres

AVANT-PROPOS

Je tiens tout d'abord à vous remercier sincèrement de m'avoir fait confiance en achetant ce livre. C'est pour moi un grand honneur de vous transmettre mes connaissances et mon expérience par le biais de ce livre. Je suis toujours étonné et touché de constater qu'autant de personnes suivent nos enseignements lors de nos conférences, séminaires de formation, activités de réseautage, de coaching et de mentorat, et depuis maintenant cinq ans, grâce aux livres de M. Jacques Lépine.

Je tiens également à vous féliciter d'avoir pris la décision d'acheter ce livre afin d'en apprendre davantage sur l'investissement immobilier, plus précisément en ce qui a trait aux flips. Vous découvrirez, si ce n'est pas déjà fait, que l'immobilier est un domaine fascinant où il est possible de s'enrichir rapidement.

C'est un fait indéniable que tous les grands millionnaires de ce monde ont utilisé, en totalité ou en partie, l'immobilier comme véhicule d'investissement pour parvenir à atteindre l'indépendance financière. Si tel est votre désir, je vous le souhaite de tout cœur.

Que vous désiriez :

- changer éventuellement d'emploi ;

- jouir de la vie et vous payer du bon temps ;

- rembourser vos dettes de consommation ;

- payer les études de vos enfants ;

- vous assurer une retraite dorée ;

- construire un empire immobilier ;

- acheter un plex, un immeuble à revenus ;

- simplement acquérir votre premier toit ;

- vivre rapidement de l'immobilier, et bien sûr, apprendre comment faire de l'argent rapidement grâce à l'immobilier !

Alors, cet ouvrage est pour vous et vous sera d'une très grande utilité, car il renferme une multitude de trucs, conseils et informations qui vous aideront à y parvenir. Je vous invite à garder à l'esprit, tout au long de votre lecture, qu'en immobilier on jongle avec des milliers de dollars à chacune des étapes du processus et que le fait de découvrir et d'appliquer, ne serait-ce qu'un seul truc acquis grâce à ce livre, vous vaudra des milliers de dollars.

Supposez que, grâce aux 10 heures que vous investirez à la lecture de ce livre, un seul truc appris et mis en pratique vous permette de gagner 5 000 $ dollars de profits additionnels. Le taux horaire pour avoir lu ce livre équivaudra alors à 500 $ l'heure. Et si vous appreniez plus d'un truc que vous utiliserez lors de tous vos flips !

Je vous laisse le soin d'imaginer la valeur de cet ouvrage ainsi que l'impact qu'il aura sur votre valeur nette, une fois quelques transactions complétées.

C'est donc avec grand plaisir que je vous présente le tout premier livre traitant des flips au Québec. L'un des rares ouvrages en français qui existe sur le sujet, voire le tout premier au monde, du moins, en Amérique du Nord. Il se veut par conséquent une précieuse référence pour quiconque désire se lancer dans l'aventure des flips immobiliers.

J'ose espérer qu'il saura répondre à vos attentes.

Bonne lecture à tous et à toutes, et surtout bons flips !

Yvan Cournoyer

AVIS AU LECTEUR

Ce livre n'est pas un roman. C'est un ouvrage de référence à lire attentivement et à garder à portée de la main pour y relire certains passages. Pour en retirer le maximum et pour de meilleurs résultats, je vous conseille fortement de prendre le temps d'assimiler chacun des chapitres avant de passer au suivant, de surligner et noter les points importants à retenir afin de pouvoir vous y reporter ultérieurement lors de vos flips.

De plus, à la fin de certains d'entre eux, je vous proposerai une série d'actions à accomplir. J'ose espérer que vous prendrez le temps de vous y attarder et de passer à l'action. Évidemment, vous serez libre de procéder ou non, car au fond, il s'agit de votre réussite. Vous êtes le seul maître à bord. Dites-vous bien que tous ceux et celles qui réussissent ont un point en commun : ils passent à l'action avec passion.

Lorsque vous serez en cours de transactions, relisez certains passages du processus d'achat, de la possession de vos immeubles et de la mise en vente de ceux-ci. En immobilier, chaque détail est important et peut vous faire gagner ou perdre des milliers de dollars.

Ce livre spécialisé sur les flips se veut un complément à d'autres ouvrages plus génériques en matière d'immobilier que vous pourrez retrouver sur les marchés francophone et anglophone. Je pense, entre autres, aux quatre livres de M. Jacques Lépine. Tous sont des best-sellers et sont adaptés à la réalité du Québec.

Si au cours de votre lecture certains termes ne vous sont pas familiers, reportez-vous au lexique immobilier d'Yvan à la page 261, à la fin du livre. Vous remarquerez dans cet ouvrage que certains anglicismes ont été conservés puisqu'ils sont couramment utilisés dans le domaine de l'immobilier.

Vous trouverez également, tout au long de la lecture, des pictogrammes pour vous aider à repérer facilement les éléments auxquels
je vous invite à porter une attention particulière.

Légendes des pictogrammes que vous retrouverez dans le livre :

 Soyez vigilant.

 Trucs, astuces, conseils et techniques à utiliser.

 Portez une attention particulière.

Finalement, notez que l'utilisation du genre masculin a été
adoptée afin de faciliter la lecture sans aucune intention discrimi-
natoire. Le genre masculin est utilisé dans le seul but d'alléger le
texte, mais les femmes sont tout aussi concernées par mes propos.

INTRODUCTION

VOICI CE QUE VOUS LIREZ DANS CETTE **INTRODUCTION**
• *Pourquoi choisir l'immobilier comme véhicule d'investissement ?*
• *Les divers moyens de vivre de l'immobilier.*

⌐⟶

POURQUOI CHOISIR L'IMMOBILIER COMME VÉHICULE D'INVESTISSEMENT ?

Il existe divers moyens de prospérer, de s'enrichir ou de faire fortune, mais je connais peu de véhicules d'investissement qui offrent autant d'avantages que l'immobilier.

Certes, vous pourriez investir à la Bourse, mais vous seriez soumis aux fluctuations yo-yo de ce genre d'investissements, sans compter que vous ne pourrez pas bénéficier de l'effet de levier.

Vous pourriez compter sur vos placements REER (régime enregistré d'épargne-retraite), mais avec les rendements des dernières années, le vieillissement de la population et les caisses de retraite de moins en moins garnies, laissez-moi douter de la validité de cette stratégie.

Un autre choix possible serait de redoubler d'ardeur et de travailler davantage d'heures par semaine afin de pouvoir ramasser votre million. Mais soyons honnêtes ! Depuis combien de temps travaillez-vous et combien d'argent avez-vous réussi à amasser jusqu'ici ?

Vous pourriez découvrir une idée de génie qui fera de vous un millionnaire instantané ou encore espérer gagner à la loterie !

Ce ne sont pas là les bons moyens d'y arriver, vous en conviendrez.

Sachez que vous avez sans aucun doute beaucoup plus de chances de parvenir à vos fins en investissant en immobilier.

L'investissement immobilier, contrairement à tous les types de placements que je connais, offre :

1. un revenu immédiat (surplus de trésorerie) ;

2. une croissance dans le temps (plus-value) ;

3. l'effet de levier (acheter avec peu ou pas de comptant) ;

4. certains avantages fiscaux ; et enfin,

5. la capitalisation (remboursement du prêt hypothécaire).

Voilà cinq aspects très importants à considérer avant de choisir un véhicule d'investissement. Faites vos recherches et vous constaterez qu'aucun autre véhicule ne vous en offre autant !

Ce livre s'adresse à tous ceux et celles qui :

— **désirent apprendre comment faire de l'argent rapidement ;**

— **souhaitent atteindre l'indépendance financière ;**

— **veulent en apprendre davantage sur l'immobilier ;**

— **cherchent un moyen d'améliorer leur situation financière ;**

— **ambitionnent de vivre rapidement de l'immobilier ;**

— **aimeraient changer éventuellement d'emploi ;**

— **se passionnent pour l'immobilier ;**

— **ont besoin d'une dose de motivation afin d'avancer plus rapidement.**

Les principaux objectifs de ce livre sont de vous guider et de vous transmettre une multitude de trucs et d'astuces qui vous permettront de :

— **dénicher les aubaines et de les acquérir avec le moins de comptant possible ;**

- faire de meilleurs achats ;
- faire plus de flips, plus de profits ;
- vendre plus rapidement et plus cher vos immeubles ;
- faire des flips en toute légalité ;
- devenir des « flippeux » à succès.

Comme je le mentionne souvent lors du séminaire « **Vivez rapidement de l'immobilier grâce aux flips** » : **Faire en sorte que vos flips ne deviennent pas des flops !** Car c'est possible et je ne vous le souhaite pas évidemment.

Il faut donc demeurer réaliste et conscient que malheureusement, vous ne pourrez pas faire de bons coups chaque fois. Bien entendu, il vous arrivera dans votre carrière d'investisseur immobilier d'avoir des projets qui « flopperont ». Cela fait partie de l'apprentissage, de l'expérience que vous cumulerez. L'important, c'est de ne pas vous décourager et de faire plus de bons coups que de mauvais. Ce livre vous aidera à minimiser les risques de vous tromper, à optimiser vos profits et à faire de vos flips des succès.

LES DIVERS MOYENS DE VIVRE DE L'IMMOBILIER

Il existe en effet plusieurs moyens de vivre de l'immobilier. Il est possible de gagner sa vie à titre de courtier immobilier ou encore comme courtier hypothécaire. Vous pourriez aussi envisager de devenir gestionnaire d'immeubles pour quelqu'un d'autre ou entrepreneur général en construction. Ce ne sont pas les possibilités qui manquent. Vous pourriez même devenir notaire spécialisé dans l'immobilier !

Mais un seul choix s'offre à vous lorsque vient temps de le faire à titre d'investisseur. Vous l'aurez deviné, il n'y a que les flips, ou si vous préférez en français, la spéculation immobilière, qui vous permettra d'y parvenir rapidement.

L'autre option concevable comme investisseur est d'accumuler assez de logements qui vous permettront de générer un cash-flow supérieur à vos dépenses. Lorsque ce sera le cas, vous aurez alors atteint l'indépendance financière. Vous pourrez ainsi sortir de la foire d'empoigne, ou si vous préférez la « Rate Race ». Mais combien de temps vous faudra-t-il pour accumuler suffisamment de logements pour pouvoir en vivre ? Tout dépendra de votre rythme de vie et du comptant dont vous disposez pour acquérir vos immeubles. Pour vous donner un aperçu du nombre de logements dont vous aurez besoin pour y parvenir, je vous propose la formule suivante qui se veut une méthode simple et rapide.

 Prenez le montant annuel requis après impôts pour subvenir à vos besoins et divisez-le par 600 $. Cela vous donnera une approximation du nombre de logements que vous devrez accumuler afin de pouvoir vivre de l'immobilier à titre d'investisseur.

Voyons ensemble d'où provient cette formule.

Nous savons par expérience qu'un immeuble financé à son maximum générera mensuellement en moyenne un surplus de trésorerie, ou si vous préférez, un cash-flow de 50 $ par logement. Donc, 50 $ × 12 mois = 600 $ par année.

En divisant vos dépenses annuelles par 600 $, vous obtenez donc le nombre de logements requis.

Malgré le fait que plusieurs facteurs peuvent influencer le cash-flow que vos immeubles génèrent, la formule est somme toute assez représentative de la réalité.

Voici quelques-uns de ces facteurs :

– L'immeuble est-il géré par vous-même ou par une compagnie de gestion ?

– L'immeuble est-il financé à 100 % ou à 75 % puisque vous avez injecté une mise de fonds ?

– Est-ce que l'immeuble exige beaucoup d'entretien ?

– Quel est le taux d'inoccupation et de mauvaises créances ?

– Quelle est la rentabilité fondamentale de l'immeuble, c'est-à-dire les revenus moins les dépenses d'opération (charges d'exploitation ou dépenses de fonctionnement).

Vous avez besoin de 80 000 $ pour combler les besoins familiaux ? Il vous faudra alors 133 logements pour y parvenir, soit 80 000 $ divisés par 600 $.

Selon le temps et l'argent dont vous disposez, les connaissances que vous possédez et le type d'investisseur que vous êtes, le délai pour faire l'acquisition d'une telle quantité de logements peut prendre quelques années. Certains n'y parviendront jamais et d'autres réussiront en seulement quelques années. Je connais personnellement deux associés qui ont réussi à acquérir ce nombre de logements en seulement quatre ans, ce qui leur a permis de vivre de leur investissement dès la deuxième année. Mais dites-vous que ceci est très rare. C'est un bel exploit.

Voilà pourquoi je vous mentionnais plus tôt que le meilleur moyen pour vivre rapidement de l'immobilier demeure les flips. Il est certain que la quantité accumulée d'immeubles sera bien plus payante à long terme, mais à court terme, la spéculation s'avère beaucoup plus efficace pour générer rapidement des liquidités. Il est très plausible de faire quelques transactions par année et de générer ainsi 50 000 $, 100 000 $, dont vous avez besoin pour couvrir amplement vos dépenses, et ce, à temps partiel. Trouvez-moi un emploi à mi-temps qui vous en offre autant !

L'investissement immobilier vous intéresse depuis longtemps ? Vous avez toujours voulu investir en immobilier, mais vous ne savez pas par où commencer ? Vous venez de découvrir la puissance de l'investissement immobilier ?

Je vous invite donc respectueusement à commencer par les flips.

En introduction, je ne vous proposerai pas d'actions à faire puisque nous venons tout juste de débuter. Mais soyez sans crainte, j'y reviendrai lors du prochain chapitre.

Profitez de ce répit pour poursuivre la lecture du chapitre 1.

1

DÉCOUVRONS LES FLIPS

VOICI CE QUE VOUS APPRENDREZ DANS CE **PREMIER CHAPITRE**

- *Qu'est-ce que les flips?*
- *Pourquoi choisir les flips comme investissement?*
- *L'immobilier, ce n'est pas que de la brique!*
- *Avez-vous tout ce qu'il faut?*
- *Améliorez votre gestion du temps.*
- *La règle des deux minutes qui fera une grande différence.*
- *Le principe des cailloux.*
- *Votre temps ne vaut-il pas quelque chose?*
- *Acquérir les connaissances et les outils requis.*
- *Quelques qualités à développer.*

Vous pouvez vous procurer un cahier dans lequel vous prendrez des notes judicieuses pour mieux comprendre et retenir les informations pertinentes que je vous transmettrai au fur et à mesure. Comme je vous le précisais précédemment, je vous demanderai d'y recourir pour des actions à accomplir et des mesures à prendre à la fin de chaque chapitre.

QU'EST-CE QUE LES FLIPS?

La spéculation immobilière, également appelée les « flips », est d'abord un concept qui consiste à acquérir un bien immobilier dans le but de le revendre après une période de temps donnée pour ainsi encaisser le profit généré par la valeur réalisée durant cette période. Vous achetez un immeuble, vous attendez quelque temps qu'il prenne de la valeur et vous le revendez à profit. C'est assez simple comme principe, n'est-ce pas ?

Toutefois, l'immobilier étant ce qu'il est, les fluctuations tant à la hausse qu'à la baisse, se font beaucoup plus en douceur qu'à la Bourse, où l'on voit souvent les valeurs monter et baisser alternativement. En effet, à la Bourse, les valeurs peuvent monter rapidement, mais peuvent également subir une baisse drastique. Contrairement à la Bourse, l'immobilier jouit très rarement de périodes de dépréciation et d'appréciation rapides. Mais il y a toujours des exceptions, comme nous l'avons vu au début des années 2000 avec la flambée des prix.

Alors, allez-vous attendre des années et espérer que votre immeuble prenne de la valeur ?

Vous l'avez sûrement deviné. La réponse est NON !

Et si par hasard il n'y avait pas de hausse. Pire encore, imaginez que le marché se met à baisser rapidement, comme ce fut le cas aux États-Unis en 2008.

Alors, pas question d'attendre que le marché augmente en valeur et pas question non plus de payer le prix du marché (prix courant ou la valeur marchande).

Du moins, pas dans le mode spéculatif que je préconise et que je vous enseignerai tout au long de ce livre. Je vous expliquerai dans un prochain chapitre le meilleur principe à appliquer en immobilier afin de faire un profit sans devoir espérer une appréciation de la valeur. Ce principe est valable tant en mode spéculation qu'en mode accumulation. Certains d'entre vous le connaissent déjà. Pour les autres, vous devrez patienter quelque peu.

POURQUOI CHOISIR LES FLIPS COMME INVESTISSEMENT ?

En fait, je considère les flips comme étant de loin le meilleur moyen de débuter dans l'immobilier.

Pourquoi?

Voici quelques raisons détaillées dans les pages qui suivent.

1. LES FLIPS VOUS PERMETTRONT DE BÂTIR RAPIDEMENT DU CAPITAL

Imaginez un instant que vous trouviez, après quelques heures de recherche, un immeuble en deçà de sa valeur marchande. Disons qu'un duplex a un prix d'aubaine de 200 000 $, par exemple. Considérant que vous investirez 20 % de mise de fonds puisque les institutions financières l'exigent, plus 5000 $ environ pour les frais d'acquisition inhérents à l'achat, il vous faudra 45 000 $ pour faire l'acquisition de cet immeuble. Vous verrez en détail, au chapitre 8, tous les frais à considérer lors de l'achat et au chapitre 4, les sources d'argent possibles afin d'acquérir vos immeubles en utilisant l'argent des autres.

Poursuivons notre exemple du duplex à 200 000 $. Vous vous dites sûrement actuellement:

« Un duplex à 200 000 $, c'est assez rare à notre époque! »

Mais n'oubliez pas que vous avez déniché une aubaine, c'est-à-dire un immeuble bien en deçà de sa valeur marchande. Dans notre exemple, disons que votre petit duplex vaut sur le marché 250 000 $, ce qui est déjà beaucoup plus fréquent, vous en conviendrez. Pour le moment, ne tentez pas de savoir pourquoi le propriétaire accepte de vendre sous la valeur marchande. Ne vous dites pas que c'est impossible. Contentez-vous de suivre l'exemple.

Une fois acheté, vous investissez quelques heures de votre précieux temps, faites quelques menus travaux intérieurs et extérieurs au montant de 10 000 $ afin de lui redonner fière allure, pour ensuite le remettre en vente quelques semaines plus tard. Vous décidez de l'afficher sur le marché à 270 000 $ espérant que vous trouverez preneur pour 260 000 $ approximativement. Finalement, un acheteur motivé désirant habiter votre joli duplex vous offre 250 000 $, et à la suite d'une négociation corsée, vous réglez le tout pour 265 000 $.

Comme dans le cas de l'acquisition, il y aura également des frais reliés à la vente de votre immeuble. Pour l'instant, j'utiliserai aussi un montant de 5 000 $. Le prix de vente net de votre duplex sera alors de 260 000 $, soit 265 000 $ – 5 000 $. Comme dans le cas des frais d'acquisition, nous verrons en détail au chapitre 8 les frais à considérer lors de la revente d'un immeuble. De plus, nous y verrons également les frais reliés à la possession de l'immeuble que j'ai, dans cet exemple, volontairement omis afin de simplifier le tout.

Tout compte fait, votre petit duplex déniché à 200 000 $ vous aura coûté 5 000 $ en frais d'acquisition et 5 000 $ en frais de vente, ainsi que 10 000 $ en travaux, mais il vous aura permis de faire un profit net de 45 000 $, et ce, en quelques mois seulement !

Vous voilà donc avec 45 000 $ de plus en liquidités. Intéressant, n'est-ce pas ?

Certains d'entre vous se disent :

« C'est bien beau tout cela, mais il y a de l'impôt à payer. »

Vous avez tout à fait raison. Il y a de l'impôt à payer comme dans toute entreprise ou tout emploi, j'en conviens. Mais n'est-il pas plus agréable de payer de l'impôt sur 45 000 $ réalisés en quelques heures à temps partiel plutôt que 45 000 $ acquis en plusieurs mois, voire une année complète de travail à plein temps ? Je vous laisse le soin d'y réfléchir.

Un adage dit :

« Il y a deux choses de certaines dans la vie : la mort et l'impôt. »

Que voulez-vous, on ne s'en sort pas ! :)

2. LES FLIPS SONT DES PLUS STIMULANTS ET MOTIVANTS

Comme vous venez de le constater, la spéculation immobilière peut être très payante.

Qui dit mieux comme départ ? Vous venez littéralement de doubler votre argent en quelques mois seulement.

Ne trouvez-vous pas cela motivant ?

Imaginez maintenant que vous en faites deux, trois, voire cinq et même dix flips par année. Vous voilà parti pour la gloire!

3. PLUSIEURS POSSIBILITÉS S'OFFRIRONT À VOUS

Que ferez-vous avec tout cet argent?

Vous pourriez le réinvestir dans le but de faire d'autres flips. C'est ce que la plupart des investisseurs font. Vous pourriez également acheter un immeuble que vous conserverez à long terme, ce qui vous permettrait de vous enrichir grâce à la capitalisation du prêt et à la prise de valeur de l'immeuble dans le temps.

Vous pourriez vous payer du bon temps? Payer les études de vos enfants? Jouir de la vie? Régler vos dettes? Accumuler et léguer un héritage?

Une multitude de possibilités s'offriront à vous rapidement. Vous serez libre de choisir, ce sera votre argent.

4. CHANGEZ ÉVENTUELLEMENT D'EMPLOI

Que diriez-vous de remplacer votre emploi actuel par une nouvelle carrière en immobilier? Grâce aux flips, c'est possible!

 Je me permets toutefois de vous mentionner que vous devez être prudent dans votre démarche. De façon générale, vous ne devriez pas songer à quitter votre emploi avant d'avoir fait quelques flips, voire quelques-uns par année, et ce, durant au moins deux ans. Votre emploi vous procure certains avantages que vous ne pourrez pas retrouver avec les flips, du moins pas au début. Je pense, entre autres, à la stabilité pour votre famille, divers avantages sociaux et une certaine sécurité d'emploi – du moins pour ce qu'il en reste de nos jours. À vos débuts comme spéculateur, votre emploi vous sera grandement utile afin d'obtenir vos financements hypothécaires.

Commencez à temps partiel et allez-y de façon progressive. Vivre rapidement de l'immobilier ne veut pas dire de tout laisser tomber et de foncer tête baissée! Pour commencer, considérez plutôt les flips comme un second emploi à temps partiel. Un emploi à temps partiel qui peut toutefois vous rapporter beaucoup d'argent avec un taux horaire des plus intéressants. Il n'est pas rare de voir des taux horaires de l'ordre de 200 $, 500 $, 1000 $. Vous connaissez des emplois à mi-temps qui offrent un tel tarif ? Moi je n'en connais pas.

Allez-y un pas à la fois, soyez patient et motivé de réussir. Vous pouvez y arriver aussi, si vous accomplissez les actions requises et suivez les conseils contenus dans ce guide.

L'IMMOBILIER, CE N'EST PAS QUE DE LA BRIQUE !

L'investissement immobilier offre l'avantage d'être tangible comparativement à plusieurs autres types d'investissement. En effet, vous possédez un bien physique qui normalement ne devrait pas disparaître subitement, à moins bien sûr qu'il soit incendié ou qu'on vous exproprie. Et encore ! Dans de pareils cas, vous devriez être dédommagé soit par l'assureur, soit par le gouvernement.

Votre bien immobilier sera toujours là si vous y apportez un minimum d'entretien. On n'a qu'à regarder les immeubles centenaires pour s'en convaincre. Certains immeubles datent même de plus de mille ans. Les biens immobiliers sont des valeurs sûres s'ils sont bien entretenus. On entend souvent dire dans le milieu de l'immobilier :

> *« La brique, c'est une valeur sûre. »*

Mais ce n'est pas simplement une question physique. Il y a beaucoup plus que cela dans l'immobilier. Pour réussir, il vous faudra bien plus que des immeubles dont l'entretien est adéquat.

Il vous faudra dénicher ces immeubles ! Et c'est là, en grande partie, le défi de l'investisseur immobilier : trouver des immeubles à bon prix, repérer les aubaines.

AVEZ-VOUS TOUT CE QU'IL FAUT ?

Le succès dans l'immobilier exige d'être en mesure d'y investir du temps, de l'énergie et de l'argent. Mais soyez sans crainte, la majorité du temps, il s'agira de l'argent des autres.

Il vous faudra également acquérir les connaissances requises, élargir ou encore améliorer certaines qualités et certains aspects de votre personnalité. Vous devrez également développer votre réseau de contacts et vous munir des outils essentiels à la réussite.

Pour réussir à dénicher des immeubles à bon prix et devenir un excellent spéculateur, vous devrez bien sûr acquérir une multitude de qualités.

Voici quelques qualités et atouts que vous devez posséder ou devrez développer afin de faire de votre aventure immobilière une réussite.

AMÉLIOREZ VOTRE GESTION DU TEMPS

Commençons par la denrée la plus rare. Celle dont nous ne disposons qu'en quantité limitée, comparativement à l'argent par exemple, qui lui, peut couler à flots. La denrée que Bill Gates, Warren Buffet et autres riches de ce monde, ne possèdent pas plus que vous et moi.

Et j'ai nommé : le temps.

Il est plaisant de constater que vous êtes sur le même pied d'égalité que ces magnats malgré leurs milliards en banque !

Lorsque vous vous lancerez dans l'immobilier, si ce n'est pas déjà fait, vous devrez apprendre non pas à créer du temps, mais bel et bien à libérer du temps, car nul ne dispose de plus de 168 heures par semaine. En d'autres mots, vous devrez améliorer la gestion de ce dernier. Vous devrez établir et vous efforcer d'éliminer, ou tout au moins, de réduire certains grugeurs de temps tels que :

- le temps perdu en pleine congestion routière et en mauvaise gestion des déplacements ;
- le temps perdu à écouter des émissions futiles à la télévision ;
- le temps perdu à naviguer inutilement sur Internet ;
- le temps perdu au téléphone ;
- le temps perdu sur certains réseaux dits sociaux ;
- le temps perdu par manque d'efficacité.

Pouvez-vous réellement vous permettre de perdre autant de temps ?

Je ne sais pas pour vous, mais moi je n'ai pas ce luxe.

Voici quelques lectures intéressantes en matière de gestion du temps et d'amélioration de qualité de vie :

- *Gagner du temps,* de Michael Heppell ;
- *S'organiser pour réussir,* de David Allen ;
- *La Semaine de 4 heures,* de Timothy Ferriss ;
- *The E-Myth,* de Michael E. Gerber (anglais seulement).

Faites quelques recherches sur Internet et vous trouverez une multitude d'ouvrages sur le sujet. Tous les auteurs traitent essentiellement des mêmes points, mais chacun à leur façon.

 Toujours dans un souci de vous faire gagner du temps, je vous suggère de suivre un cours de lecture rapide. Si vous mettez en pratique réellement les trucs et astuces qui vous seront enseignés, vous devriez accroître votre vitesse de lecture de beaucoup. Mais le plus important, c'est que vous retiendrez plus de renseignements lors de vos lectures. Vous lirez plus rapidement et les retiendrez davantage. Pourquoi s'en passer ?

LA RÈGLE DES DEUX MINUTES
QUI FERA UNE GRANDE DIFFÉRENCE

Voici une technique simpliste en apparence, mais si elle est appliquée de façon assidue, elle libérera certes du temps, mais surtout votre esprit, et par le fait même elle augmentera votre niveau énergétique.

 Lorsqu'une tâche vous traverse l'esprit et que celle-ci peut être accomplie en moins de deux minutes, faites-la sur-le-champ! Ne perdez pas de temps à l'inscrire à votre emploi du temps. Si vous la notez plutôt que de l'exécuter immédiatement, vous aurez à gérer éventuellement cette tâche, c'est-à-dire la relire, la reporter encore et encore, sans oublier qu'elle vous reviendra à l'esprit à plusieurs reprises avant d'être enfin effectuée. Quelles pertes de temps et d'énergie! En effet, vous constaterez qu'il n'est pas rare de consacrer plusieurs minutes à gérer une tâche alors qu'il aurait fallu moins de deux minutes pour l'accomplir.

LE PRINCIPE DES CAILLOUX

Un autre moyen pour optimiser votre temps est d'appliquer le «principe des cailloux». Ce principe veut qu'il soit toujours possible d'emplir, avec de plus petits cailloux, un récipient qui, de prime abord, semble rempli de grosses pierres. En effet, même si un récipient est plein de grosses pierres, il nous est toujours possible d'y ajouter de plus petites roches afin de combler les espaces laissés vides, et ensuite d'y mettre de plus petits cailloux encore, et finalement de combler les petits espaces vides par du sable.

Vous croyez qu'il n'y plus d'espace dans le récipient, une fois le sable ajouté?

Détrompez-vous!

Vous pourriez ajouter de l'eau entre les espaces laissés vides par le sable. Mais ce n'est pas tout. Une fois le contenant saturé par l'eau, vous pourriez y introduire de l'air!

Morale de l'histoire ?

Il y a toujours plus d'espace que l'on croit, tout comme nous avons toujours du temps à notre disposition, malgré notre conviction d'en faire une utilisation optimale.

En gestion du temps, le parallèle serait qu'il vous est toujours possible d'accomplir de menues tâches entre deux activités de plus longue durée.

 Supposons par exemple que vous arriviez 15 minutes à l'avance à un rendez-vous. Vous pourriez alors utiliser ce temps d'attente pour payer des factures en ligne à l'aide de votre téléphone intelligent, revoir votre liste de tâches à accomplir pour le restant de la journée, faire quelques appels, faire de la visualisation créatrice, prendre le temps de respirer. Libre à vous d'optimiser constamment votre temps, sans en faire une obsession, bien sûr.

Ceci étant dit, il est important de prendre le temps de vivre, de profiter de la vie, j'en conviens. Il ne faut pas devenir des machines à travailler. Il faut aussi s'occuper du corps et de l'esprit qui sont derrière tout ce travail. Selon moi, l'important n'est pas la destination, mais plutôt l'état dans lequel vous êtes tout au long du parcours. En d'autres termes, prenez soin de votre bonheur durant ce passage sur terre, car personne ne pourra le faire à votre place.

À quoi bon atteindre des sommets si, pour vous y rendre, vous n'êtes pas heureux ?

À vous de choisir quelles seront vos priorités. Je vous invite à opter à la fois pour la réussite immobilière et la réussite de votre vie.

VOTRE TEMPS NE VAUT-IL PAS QUELQUE CHOSE ?

Je rencontre parfois de futurs flippeux qui me disent :

« Même si je ne fais pas d'argent avec mon premier flip, ce n'est pas grave, je le fais pour apprendre. »

Oui, d'accord. C'est bien d'apprendre, mais ce n'est pas la meilleure façon de voir les choses lorsqu'on se lance en immobilier.

Lorsqu'on investit du temps dans un projet, il faut que ce dernier génère des profits puisque durant le temps que vous vous investirez dans votre projet, vous ne générerez pas d'argent.

Si vous persistez à vouloir apprendre sans être payé en retour, faites au moins des actions qui ne vous demandent pas d'injecter de grosses sommes, qui sont sans risque et qui ne vous engagent à rien, c'est-à-dire, des actions avant d'apposer votre signature au bas d'un acte de vente, à moins d'en comprendre les tenants et aboutissants.

En voici quelques-unes que je vous suggère :

- faites de la recherche ;
- faites des analyses ;
- faites des offres d'achat ;
- visitez plusieurs immeubles ;
- renégociez le prix à la baisse à la suite des visites des lieux ;
- complétez toutes les actions « gratuites » proposées à la fin de chacun des chapitres de ce livre.

Vous apprendrez ainsi sans trop de frais.

Tout ceci est gratuit, ou plutôt n'exige pas que vous fournissiez d'argent. Il y a un coût toutefois à toutes ces actions dites gratuites. Cela s'appelle le coût d'opportunité, c'est-à-dire l'argent non généré durant que vous faites une autre chose. Par exemple, vous perdez peut-être 5 000 $ en revenus de consultation pendant que vous vous affairez à votre projet de flip.

 De façon générale, tentez d'obtenir le plus d'information possible avant de commencer à débourser de l'argent. Puisque l'une des premières dépenses engagées est habituellement l'inspection en bâtiment, tentez d'en connaître le plus possible avant cette étape.

De grâce, ne faites pas un flip seulement pour apprendre. Faites-le pour générer de l'argent. Ne faites pas non plus l'erreur d'aller de l'avant avec un projet de flip simplement parce qu'après quelques mois de recherche, vous n'avez pas encore trouvé d'aubaines. Recherchez encore quelques mois de plus afin de dénicher l'aubaine qui vous permettra certes d'apprendre, mais également de faire de beaux profits.

ACQUÉRIR LES CONNAISSANCES ET LES OUTILS REQUIS

En matière d'immobilier, vous ne serez jamais assez connaisseur. Ceux qui ont lu le premier livre de M. Jacques Lépine ont appris que **CONNAISSANCES = POUVOIR.** Je ne voudrais pas répéter l'excellent chapitre 4 de son livre intitulé *L'Indépendance financière grâce à l'immobilier*, vendu à plus de 20 000 exemplaires.

 Je profite tout simplement de ce segment de livre pour vous inviter à devenir membre du CLUB D'INVESTISSEURS IMMOBILIERS DU QUÉBEC et d'assister à nos séminaires de formation, aux activités de réseautage mensuelles et d'opter pour le summum, c'est-à-dire le coaching et mentorat d'une durée de 60 heures que nous offrons depuis 2005. Vous aurez alors l'occasion d'y acquérir toutes les connaissances nécessaires à votre réussite immobilière. Pour devenir membre régulier du Club, et ce, tout à fait gratuitement, visitez-le : **www.clubimmobilier.qc.ca**.

QUELQUES QUALITÉS À DÉVELOPPER

Comme je l'ai mentionné précédemment, devenir un excellent spéculateur demande de développer ou encore d'améliorer certaines qualités et certains aspects de votre personnalité.

En voici donc quelques-uns en rafale :

– dynamisme, motivation et passion ;

- être polyvalent, travaillant et discipliné ;
- détachement émotionnel ;
- détermination et persévérance ;
- organisation et gestion du temps ;
- bonne capacité de délégation ;
- habileté à jongler avec les chiffres ;
- sens de la vision ;
- bonne tolérance vis-à-vis des risques ;
- contrôle de votre stress.

Comme vous pouvez le constater, cette liste n'est pas exhaustive et c'est voulu. J'ai opté pour les qualités de base qui sont essentielles à tout bon « flippeux ».

Exploitez vos forces et déléguez les tâches avec lesquelles vous êtes moins à l'aise ou que vous n'aimez pas effectuer. Pensez à engager des gens, ce qui vous permettra de libérer du temps. Vous pourriez également faire équipe avec un ou plusieurs associés qui vous sont complémentaires et ainsi unir vos forces et partager les profits.

Personnellement, j'aime bien penser partenariat lorsque je fais des flips. Ne négligez pas cet aspect important, et comme dans une union de couples, pensez à faire une **convention d'associés**.

Ceci conclut donc ce tout premier chapitre qui, j'espère, vous aura convaincu que la spéculation immobilière devrait faire partie de votre stratégie d'investissement, du moins à court terme, si vous débutez dans l'immobilier ou encore si vous voulez générer rapidement des liquidités.

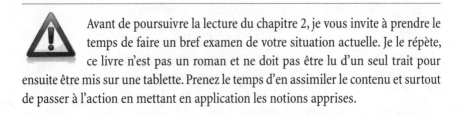

Avant de poursuivre la lecture du chapitre 2, je vous invite à prendre le temps de faire un bref examen de votre situation actuelle. Je le répète, ce livre n'est pas un roman et ne doit pas être lu d'un seul trait pour ensuite être mis sur une tablette. Prenez le temps d'en assimiler le contenu et surtout de passer à l'action en mettant en application les notions apprises.

« *On ne devient pas investisseur immobilier uniquement par les lectures que l'on fait et les formations que l'on suit. On le devient grâce aux actions concrètes que l'on pose.* »

YVAN COURNOYER

Étant donné mon expérience de coach, je sais pertinemment que plusieurs d'entre vous procrastineront cette portion en se disant :

« *Je ferai les actions suggérées une fois la lecture du livre complétée.* »

Cette méthode est aussi valable que d'accomplir les actions au fur et à mesure, mais à condition de réellement revenir sur ces actions. Libre à vous bien sûr de prendre le temps de vous arrêter quelques minutes ou de poursuivre la lecture du chapitre 2. Si tel est le cas, vous pouvez mettre de côté pour le moment la liste des actions qui suit. Vous y reviendrez lors de votre seconde lecture du livre !

PROPOSITIONS D'ACTIONS À ACCOMPLIR POUR CE CHAPITRE

➠ Faites le calcul pour déterminer combien de logements il vous faudrait accumuler pour vous permettre de vivre de l'immobilier.

➠ Dressez un portrait de votre situation financière actuelle à l'aide d'un bilan. Voir l'exemple en annexe, aux pages 258 et 259, à la fin du livre.

➠ Déterminez quels sont les grugeurs de temps, affairez-vous et efforcez-vous de les éliminer durant les semaines qui suivent. Apprenez à dire NON à certaines demandes susceptibles de vous faire perdre du temps.

➠ Commencez à intégrer la règle des deux minutes.

➠ Commencez à appliquer le principe des cailloux et tentez d'en éliminer certains qui sont plus gros.

Go go go, passez à l'action !

2

LES DIFFÉRENTS TYPES DE FLIPS

VOICI CE QUE VOUS APPRENDREZ DANS CE **DEUXIÈME CHAPITRE**
- *Les types de flips possibles.*
- *Les avantages et désavantages de chacun d'eux.*
- *Quelques permutations possibles.*
- *Quels genres d'immeubles choisir pour débuter?*
- *Il y a un type de flips pour chacun d'entre vous.*

LES TYPES DE FLIPS POSSIBLES

Vous avez pris le temps de faire vos devoirs? Félicitations! Sinon, vous les ferez à la deuxième lecture, ou à la troisième.

Maintenant que nous avons défini ce que sont les flips, il est temps d'entrer dans le vif du sujet.

Pour commencer, j'ai répertorié les flips selon neuf catégories différentes. La plupart des variantes que vous rencontrerez lorsque vous spéculerez pourront être répertoriées dans l'une ou l'autre des catégories. Mais sachez qu'il existe également des permutations possibles entre elles, créant ainsi une énorme quantité de flips possibles.

Notez que les catégories de flips ne vous sont pas présentées par ordre d'importance, car chacun de ces types de flips est tout aussi payant, et ce bien sûr, en proportion du risque qu'ils représentent, du temps qu'ils requièrent et des liquidités qu'ils nécessitent. Certains sont plus payants que d'autres en ce qui a trait à l'argent absolu, mais ils sont également plus risqués. D'autres génèrent moins de profits, mais ils sont sans risque ou presque, nécessitent peu ou pas d'argent, et sont peu accaparants.

Il y en a pour tous les goûts et tous les budgets.

Les voici donc :

1. LE « FLIP RÉNO »

Vous achetez un immeuble afin d'y faire des rénovations mineures ou majeures et vous le revendez quelques semaines, voire quelques mois plus tard.

2. LE « FLIP PUR »

Vous dénichez une aubaine, réussissez à vous entendre avec le vendeur sur un prix d'achat et diverses conditions. Vous avez donc ce que l'on appelle une offre d'achat acceptée conditionnelle avec le vendeur. Avant même de passer devant notaire pour l'achat de l'immeuble, vous trouvez un acheteur et lui cédez vos droits. Le tout moyennant une récompense pour avoir déniché cette aubaine. Vous devrez toutefois, pour y parvenir, inclure une clause importante à votre offre d'achat. J'y reviendrai plus loin.

3. LE « FLIP CONVERSION »

Vous achetez un immeuble, effectuez un changement de vocation dans le but d'en augmenter très rapidement et considérablement la valeur. Une fois l'opération complétée, vous revendez l'immeuble et encaissez le profit. Le changement de vocation peut prendre la forme d'une conversion en condo, par exemple, ou encore de passer du commercial au résidentiel, ou vice versa.

4. LE « FLIP PROPRIÉTAIRE OCCUPANT »

Vous achetez une propriété que vous habiterez quelque temps pour ensuite la revendre exempte d'impôts. Du moins, les premières fois.

5. LE « FLIP TEL QUEL »

Vous achetez une aubaine et la revendez sans avoir effectué aucun travail ni conversion.

6. LE « FLIP MAQUILLAGE »

Après avoir fait l'acquisition d'un immeuble, vous effectuez de menus travaux d'ordre esthétique et vous revendez l'immeuble.

7. LE « FLIP PUREMENT MATHÉMATIQUE »

Vous achetez un immeuble de six logements et plus, et en augmentez rapidement les revenus nets d'opération. Vous créez par le fait même une augmentation de la valeur marchande. Il ne vous reste plus qu'à revendre l'immeuble.

8. LE « FLIP FERMETURE DOUBLE »

Vous achetez un immeuble et le revendez quelques jours plus tard, voire dans la même journée à un acheteur qualifié que vous aviez préalablement trouvé avant d'être devenu vous-même propriétaire.

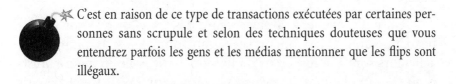 C'est en raison de ce type de transactions exécutées par certaines personnes sans scrupule et selon des techniques douteuses que vous entendrez parfois les gens et les médias mentionner que les flips sont illégaux.

Mais comme vous venez de le constater, il existe plusieurs façons de faire des flips sans toutefois que les transactions soient illégales. Soyez très vigilant avec ce genre de transactions.

9. LE « FLIP À ÊTRE CONSTRUIT »

Vous achetez un immeuble sur plan et bénéficiez alors d'un rabais avant construction. Une fois construit, vous devenez propriétaire et revendez l'immeuble.

LES AVANTAGES ET DÉSAVANTAGES DE CHACUN D'EUX

Maintenant que vous connaissez les différents types de flips possibles, voyons-les en détail ainsi que quelques avantages et désavantages de chacun.

1. LE « FLIP RÉNO »

Voici pour le commun des mortels la transaction la plus associée aux flips. En effet, lorsqu'ils entendent le mot *flips*, ils pensent immédiatement à un achat-rénovation-revente ou bien encore ils se reportent à la « fermeture double » sans le savoir, et disent que faire des flips est illégal. La plupart des gens croient que la seule façon de faire des flips légalement est d'acheter un immeuble et de le revendre une fois rénové. Vous savez dorénavant qu'ils ont tort.

Un des avantages du « flip réno », c'est que vous pouvez créer votre propre emploi lorsque vous effectuez vous-même les travaux. Le temps que vous consacrerez à la rénovation de votre projet sera récompensé uniquement lorsque vous encaisserez votre profit lors de la revente. Comme vous le verrez au chapitre 11, vous pourrez également utiliser les services d'un entrepreneur en rénovation qui pourra effectuer les travaux pour vous, moyennant une certaine part du profit.

Un autre avantage avec ce genre de flip, c'est que vous aurez beaucoup moins de concurrence étant donné que la plupart des acheteurs sont à la recherche d'immeubles dits « clé en main », c'est-à-dire des immeubles qui ne nécessitent aucun travail. Ces acheteurs seront de bons clients potentiels pour vous une fois que vous aurez effectué les travaux ! Lors d'un « flip réno », axez votre marketing pour rejoindre une clientèle d'acheteurs qui désirent justement du « clé en main ». Vous verrez au chapitre 7 comment faire la mise en marché de vos immeubles de façon efficace.

Le principal désavantage du « flip réno », c'est qu'il vous demande d'injecter de plus grands capitaux. En effet, la plupart du temps, du moins à vos débuts, les travaux à exécuter ne seront pas finançables. Vous devrez donc avoir l'argent nécessaire afin de mener à terme votre projet de rénovation, sans quoi, vous pourriez vous retrouver en fâcheuse position.

De plus, ce type de flip demande que vous y consacriez beaucoup plus de temps. Plus de temps pour faire les travaux et/ou plus de temps de gestion. Mais le jeu en vaut souvent la chandelle.

Si vous en êtes à vos débuts, que vous n'avez pas beaucoup de liquidités et de connaissances en matière de rénovation, je ne vous conseille pas ce genre de flip pour commencer. Les risques étant trop élevés.

2. LE « FLIP PUR »

Le « flip pur », quelle joie ! Imaginez un instant que vous encaissez un profit immédiat grâce à un immeuble dont vous ne vous êtes même pas porté acquéreur.

C'est intéressant, n'est-ce pas ?

Le principal avantage avec le « flip pur », c'est que vous évitez tous les frais reliés à l'acquisition tels que les frais de notaire, les droits de mutation, les frais d'inspection en bâtiment, les frais d'évaluation dans certains cas et ceux relatifs aux études environnementales qui peuvent s'avérer parfois très onéreux, pour ne pas dire astronomiques ou même catastrophiques dans certains cas.

De plus, en n'achetant pas l'immeuble, vous ne serez pas sujet à d'éventuelles poursuites en vice caché. Un avantage majeur à notre époque puisque nous rencontrons de plus en plus d'acheteurs qui poursuivent d'anciens propriétaires-vendeurs pour tout et pour rien.

Si vous désirez réaliser ce genre de flip, vous devrez inscrire la mention ci-dessous à la section « IDENTIFICATION DES ACHETEURS » de vos offres d'achat : votre nom et/ou ses désignés.

Cette mention vous offrira la latitude de céder ou vendre ou aliéner vos droits relatifs à votre offre d'achat. En échange de votre temps investi pour avoir recherché et trouvé l'aubaine, vous pourrez facturer des honoraires professionnels à l'acheteur qui se portera acquéreur à votre place.

Vous ne pouvez recevoir de commissions si vous ne détenez pas un permis de courtier immobilier. La loi sur le courtage immobilier au Québec est très claire à ce sujet.

Un autre avantage avec le « flip pur », c'est que vous n'avez pas besoin de vous qualifier pour le financement puisque vous n'achèterez jamais l'immeuble. Votre crédit peut être médiocre, vous pouvez être en faillite et tout de même faire de l'argent dans l'immobilier en devenant un expert à découvrir des aubaines. C'est en fait l'une des qualités requises de tout investisseur immobilier, tant le spéculateur que l'accumulateur, que de savoir trouver, reconnaître et d'être capable de tirer profit d'aubaines, et ce, de quelque façon que ce soit. Cette façon de procéder avec le « flip pur » en est une.

Le principal désavantage, et il est majeur avec ce type de flip, c'est que vous devez trouver rapidement un acheteur qualifié, et ce, avant la levée des conditions de votre offre d'achat acceptée. À défaut de quoi, vous devrez vous porter acquéreur de l'immeuble, à moins que vous n'ayez inclus dans votre offre d'achat diverses clauses qui vous permettront de vous retirer. En d'autres termes, de rendre la promesse nulle et non avenue. Il sera question des offres d'achat au chapitre 5.

Un autre point défavorable avec ce genre de flip, c'est que vous toucherez beaucoup moins d'argent que si vous aviez procédé vous-même à la transaction. Supposons que vous trouviez une aubaine que vous êtes en mesure d'acheter, de la revendre et d'encaisser plusieurs dizaines de milliers de dollars. Si vous optez plutôt pour le « flip pur », il y a fort à parier que vous ne serez pas en mesure de faire autant d'argent que si vous réalisiez vous-même le projet. Vous devrez vous contenter de beaucoup moins d'argent puisque ce n'est pas vous qui prendrez les risques, mais bel et bien l'acheteur désigné.

Comme le dit si bien l'adage : *Un tiens vaut mieux que deux tu l'auras*. Alors, mieux vaut peut-être dans certains cas faire un « flip pur » et avoir un profit moindre que d'acheter et revendre, et de prendre tous les risques, car tout investissement en comporte. Les investissements sans risque n'existent pas.

3. LE « FLIP CONVERSION »

Beaucoup de profits pointent à l'horizon avec ce type de flip ! En effet, la valeur marchande d'un immeuble résidentiel, lorsque converti en condos résidentiels, augmente de l'ordre de 30 % à 40 %. Faites quelques calculs simples et rapides, et vous constaterez l'énorme potentiel de la conversion en condos.

Imaginez un instant que vous achetiez un immeuble au montant de 500 000 $. Une fois converti en condos, sa valeur marchande grimpera aux alentours de 700 000 $. Et tout ça grâce à un simple jeu de papiers. Nul besoin de vous dire que la conversion en condominium ou copropriété divise est l'un des meilleurs moyens pour générer très rapidement des liquidités dans l'immobilier.

Si le potentiel de ce type de flip est extrêmement intéressant, il n'en demeure pas moins que le principal désavantage est de trouver l'immeuble qui répond aux critères requis pour effectuer une telle conversion.

Vous devrez tenir compte, entre autres, de l'âge de l'immeuble qui ne doit pas être trop vieux. À moins de cibler des immeubles dans des secteurs chauds de grands centres comme Montréal et Québec, où l'âge des immeubles a plus ou moins d'importance. Regardez ce que certains investisseurs font comme miracles avec de vieux immeubles datant de 100 ans sur le Plateau-Mont-Royal, à Montréal ou encore dans Montcalm, à Québec, et vous serez convaincu.

Vous devrez également tenir compte dans vos critères de sélection de la taille des logements, et comme tout investissement immobilier, de sa localisation.

De plus, l'immeuble devrait idéalement être chauffé à l'électricité et être muni de compteurs électriques indépendants pour chacun des logements, être muni de planchers de béton ou du moins de chapes de béton, quoique ce point ne soit pas une obligation. Plusieurs conversions en condos ont été exécutées même si des planchers n'étaient pas en béton ou encore dotés de chapes de béton. Disons que c'est un avantage, sans plus.

 Ne rejetez pas systématiquement du revers de la main un immeuble simplement parce qu'il n'est pas doté de planchers de béton. Vous risqueriez de laisser passer peut-être une belle occasion.

 Avant de vous lancer dans un projet de conversion en condos résidentiels, assurez-vous d'obtenir au préalable l'autorisation écrite de la municipalité où l'immeuble à convertir est situé. Vous en aurez besoin lorsque vous vous présenterez à l'audience de la Régie du logement afin d'obtenir l'autorisation de procéder. Pour connaître tous les détails relatifs aux exigences et étapes à suivre pour convertir un immeuble résidentiel, je vous invite à visiter le : **http://www.rdl.gouv.qc.ca**.

Voici quelques mythes que l'on rencontre souvent en matière de conversion en condos :

- On ne peut convertir un immeuble en condos si des locataires y habitent.

- Il faut insonoriser l'immeuble.

- Il faut faire des travaux de rénovation sur l'immeuble.

Toutes ces affirmations sont évidemment fausses.

4. LE « FLIP PROPRIÉTAIRE OCCUPANT »

Ce genre de flip est relativement répandu. En effet, plusieurs investisseurs achètent une maison ou un condo, par exemple, l'habitent quelque temps et revendent ensuite l'immeuble exempt d'impôts. Ils recommencent par la suite la même stratégie avec un autre immeuble. Et ainsi de suite! Dans le cas d'un plex que vous habitez, la partie utilisée comme résidence principale est également exempte d'impôts.

Trouvez-vous ce concept intéressant?

Soyez très prudent avec ce genre de flip, car vous pourriez avoir ultérieurement de petites, voire de grosses surprises d'ordre fiscal.

En effet, la loi de l'impôt permet une déduction à l'égard du gain en capital généré lors de la vente d'une résidence principale d'un particulier. Une seule résidence par année peut être sujette à cette déduction. Vous pourriez donc théoriquement chaque année déclarer un immeuble différent et ainsi rendre la vente libre d'impôts.

Mais croyez-vous que vous pouvez faire ceci chaque année durant 10 ans, par exemple?

Certes, vous pouvez le faire, mais attendez-vous à ce que le gouvernement vienne vous rendre visite, et ce, bien avant la dixième année afin de venir chercher son dû. Il sera très gourmand en matière de pénalités et d'intérêt si vous êtes déclaré coupable de «fraude fiscale». La déduction à l'égard de la résidence principale pourrait ne plus trouver d'application puisque la nature du revenu généré par la vente changerait de gain en capital (admissible à la déduction) à revenu d'entreprise (non admissible à la déduction).

La loi de l'impôt étant interprétative, rien n'est stipulé en ce qui a trait à la durée selon laquelle vous devez habiter la propriété afin de bénéficier de l'exemption. Un mythe circule voulant que ce délai soit fixé à un an. C'est tout à fait faux. Il s'agit d'une question d'intention à l'achat qui amène la qualification du revenu entre gain en capital ou revenu d'entreprise.

Les autorités fiscales considéreront que vous « opérez une entreprise » et que vous gagnez un revenu d'entreprise si vous aviez l'intention de vendre, de faire un flip, lors de l'achat de la résidence. Soyez extrêmement prudent avec une telle stratégie. N'en abusez pas, s'il vous plaît.

Supposons que, durant une période de votre vie, la situation vous permette de vendre, exempt d'impôts, un immeuble que vous avez habité ; alors, soyez reconnaissant envers la vie et appréciez la situation. Mais de grâce, ne faites pas du « flip propriétaire occupant » une stratégie d'investissement. Ceci pourrait vous coûter très cher.

Le principal désavantage du « flip propriétaire occupant » est que vous devez déménager souvent et que les immeubles doivent, par le fait même, correspondre à vos critères de propriétaires occupants, qui parfois peuvent être très précis. Je pense au fait d'avoir quatre enfants par exemple. Vous devrez envisager des maisons comprenant plusieurs chambres, sans compter que vous serez limité au secteur où vos enfants vont à l'école.

De plus, si des travaux majeurs de rénovation sont requis durant la possession, vous aurez à vivre dans la poussière. Êtes-vous certain que c'est ce que vous voulez pour votre famille ?

5. LE « FLIP TEL QUEL »

Voici un de mes types de flips préférés ! Quel plaisir d'acheter un immeuble et de le remettre en vente quelques heures plus tard ! Quelle joie de sortir du notaire avec une pancarte « À vendre » et d'aller aussitôt l'installer sur le terrain de notre nouvelle acquisition ! Quand le téléphone sonne quelques jours après, que l'acheteur est intéressé, et que la vente se conclut quelques jours ou quelques semaines plus tard, c'est alors le summum !

Un avantage à considérer avec ce type de transactions, c'est que vous trouverez plusieurs immeubles pouvant s'y prêter. En fait, presque tous les immeubles en bon état peuvent s'y prêter, à condition évidemment de trouver une aubaine que vous avez payée bien en dessous de la valeur marchande.

Par contre, les profits réalisés avec les «flips tels quels» sont normalement de moindre importance. Vous devrez alors en réaliser plusieurs si vous désirez tirer un revenu annuel intéressant. Mais encore là, tout est relatif. Tout dépend du montant que vous paierez en rapport avec la valeur marchande.

Un autre avantage avec le «tel quel», c'est qu'étant donné le délai de possession normalement plus court, il demande moins de liquidités, si l'on compare avec un «flip réno» ou encore un «flip conversion».

 Si certains travaux s'avèrent nécessaires, vous pourriez vous entendre avec votre acheteur pour que ces travaux soient effectués, par vous, une fois les conditions de l'offre d'achat réalisées. Ainsi, vous n'aurez pas à débourser pour ces travaux tant et aussi longtemps que l'immeuble ne sera pas vendu. Vous aurez alors des liquidités pouvant servir à autre chose.

De plus, vous ne risquez pas de perdre votre temps à faire des travaux que l'acheteur n'aimera peut-être pas. Je pense, entre autres, à une nouvelle couleur de peinture ou encore à un nouveau revêtement de plancher, par exemple. Imaginez la déception lorsque vous aurez mis du temps, de l'argent et de l'énergie à repeindre quelques pièces et que l'acheteur vous mentionne de façon anodine qu'il désire changer les couleurs. C'est un peu dommage de l'apprendre après s'être investi autant.

6. LE «FLIP MAQUILLAGE»

À plusieurs égards, le «flip maquillage» est le type de flips qui se situe entre le «flip tel quel» et le «flip réno». Il demande plus de temps, plus d'argent et plus d'énergie que le «tel quel», mais également moins que le «réno».

Qu'entend-on par maquillage?

Il s'agit en fait de faire, à peu de frais, de menus travaux qui rehausseront l'apparence de la propriété, et du même coup sa valeur. On applique alors le principe de Pareto avec ce genre de flip. Vous connaissez le principe de Pareto?

Non!

C'est un principe qui s'applique à une multitude de domaines où, entre autres, 20 % des efforts génèrent 80 % des résultats. Dans un contexte économique, 20 % des individus possèdent 80 % des richesses mondiales ou encore 20 % de vos clients rapportent 80 % de votre chiffre d'affaires. Dans le contexte immobilier qui nous intéresse, cela signifie de faire peu de travaux pour le meilleur impact possible sur la valeur de revente.

Voici quelques exemples de ce genre de travaux :

- Repeindre la propriété.
- Remplacer certains revêtements de planchers désuets.
- Changer les portes et fenêtres de la façade.
- Planter des arbustes ou des fleurs.
- Faire divers menus travaux de menuiserie.
- Remplacer les vieux thermostats par de nouveaux thermostats électroniques.
- Changer un dessus de comptoir de cuisine.
- Remplacer les poignées d'armoires de cuisine.

À l'opposé, voici quelques travaux majeurs qui n'augmenteront pas la valeur de l'immeuble :

- Stabiliser une fondation à l'aide de pieux.
- Refaire une toiture.
- Remplacer la plomberie.
- Remplacer le câblage électrique.
- Remplacer les panneaux électriques.
- Refaire la brique au complet sur un immeuble à logements.

Le « flip maquillage » est un excellent type de flip pour débuter, car il exige moins de liquidités et de main-d'œuvre que le « flip réno ». D'ailleurs, vous pourriez mettre la main à la pâte et faire des travaux afin d'économiser quelques milliers de dollars en main-d'œuvre. Si vous avez, bien entendu, le temps et les habiletés requises.

Avant d'effectuer des travaux, informez-vous auprès de la municipalité où est situé l'immeuble à rénover, à savoir si les travaux requièrent l'obtention d'un permis. Assurez-vous toujours d'effectuer des travaux conformes à la réglementation en vigueur. Vous éviterez ainsi bien des ennuis.

---

7. LE « FLIP PUREMENT MATHÉMATIQUE »

Ce genre de flip s'applique uniquement aux immeubles à revenus de six logements et plus où la valeur économique est déterminée essentiellement par de simples calculs mathématiques, mis à part un léger ajustement possible, à la hausse ou à la baisse, selon l'état physique général de l'immeuble.

La valeur économique des immeubles à revenus de six logements et plus est en fonction des revenus et dépenses qu'ils génèrent. Votre stratégie consiste donc à en augmenter les revenus et en diminuer les dépenses afin de faire en sorte d'obtenir un revenu net d'opération plus élevé, et par le fait même une valeur plus élevée.

Imaginez un instant que vous achetiez un douze logements et que vous réussissiez, par différentes techniques, à augmenter les loyers de 50 $ par mois par logement au cours de la prochaine année, et que vous parveniez de plus à réduire les dépenses de 25 $ par mois par logement.

Votre revenu net d'opération annuel serait par le fait même augmenté de 10 800 $, soit (50 $ + 25 $) × 12 logements × 12 mois = 10 800 $.

Considérant un multiplicateur de revenus nets de 15, ce qui est très raisonnable, votre immeuble pourrait trouver preneur à 162 000 $ de plus (10 800 $ × 15 = 162 000 $). Sans compter le profit que vous aurez peut-être fait lors de l'achat. Et c'est ce que je vous souhaite !

C'est intéressant, n'est-ce pas?

J'échangeais avec une participante de divers moyens d'augmenter le revenu net d'opération lors du séminaire « **Comment calculer son profit à l'achat** ».

Voici une liste non exhaustive de points dont nous avons discuté :

- Remplacer le vieux brûleur à l'huile par un brûleur plus efficace diminuant ainsi vos dépenses.

- Louer au prix courant des logements qui étaient vacants lors de l'achat. ·

- Louer à la valeur marchande des logements des locataires qui ne renouvellent pas leur bail pour la prochaine année. Assurez-vous toutefois de procéder selon les règles de la Régie du logement, puisque les futurs locataires ont certains droits de contestation.

- Remplacer le système de chauffage à l'huile par un système électrique.

- Augmenter la franchise de votre assurance afin de réduire le montant de la prime.

- Rentabiliser vos stationnements inutilisés en les louant.

- Remplacer les vieux thermostats par de nouveaux thermostats électroniques plus écoénergétiques.

- Etc.

Comme vous pouvez le constater, il existe plusieurs moyens d'augmenter le revenu net d'exploitation d'un immeuble. Il vous faut simplement user de créativité. Combinez plusieurs de ces techniques et vous verrez les miracles que vous pourrez réaliser.

Afin de connaître très rapidement la valeur locative des logements, visitez les logements à louer dans le secteur, parcourez les petites annonces des journaux locaux ou des grands quotidiens, consultez quelques sites Internet populaires, contactez une ou deux entreprises de gestion d'immeubles des environs. Vous serez en mesure très vite de déterminer, si oui ou non, les logements de l'immeuble que vous convoitez sont loués sous leur valeur locative.

8. LE « FLIP FERMETURE DOUBLE »

Comme je vous le mentionnais précédemment, c'est en raison de ce genre de transactions que les gens pensent à tort que les flips sont illégaux. En fait, ce ne sont pas les transactions en tant que telles qui sont illégales, mais bel et bien la façon dont elles sont orchestrées par certains individus sans scrupule. Ces individus utilisent des méthodes et stratagèmes complètement illégaux. Ces fraudeurs vont jusqu'à falsifier des documents, imiter des signatures, usurper l'identité des gens, utiliser de faux documents et sont parfois de connivence avec certains intervenants. Leurs limites sont sans borne afin de parvenir à leurs fins.

Mais est-ce illégal d'acheter un immeuble et de le revendre quelques heures ou quelques jours plus tard ?

La réponse est évidemment non. Il n'y a absolument rien d'illégal dans ce principe. Tout est dans la manière de faire les choses. D'ailleurs, la chambre des notaires recommande aux notaires de laisser passer un délai de 48 heures entre deux transactions, sur une même propriété, afin de réduire les risques de fraudes potentielles reliés aux « flips fermeture double ».

Il va de soi que le but ici n'est pas de vous inciter à faire ce genre de choses, mais plutôt de dénoncer de telles pratiques et de vous mettre en garde contre d'éventuelles offres pouvant se présenter à vous.

Dans un but de protection, je vous invite à vous rendre sur le moteur de recherche à l'adresse suivante : **www.google.ca** et d'effectuer des recherches relativement aux fraudes immobilières. Soyez avisé et faites attention aux gens auxquels vous vous associerez. Il sera question au prochain chapitre des précautions à prendre lorsqu'on désire s'associer avec d'autres personnes physiques ou morales.

9. LE « FLIP À ÊTRE CONSTRUIT »

Comme principal avantage, le « flip à être construit » offre une quantité impressionnante de projets de construction de condos neufs, tant dans la grande région de Montréal, de Québec, de Gatineau que les autres grands centres du Québec.

Étant donné tous ces projets, la concurrence entre promoteurs immobiliers se fait de plus en plus féroce, ce qui vous donnera un certain pouvoir de négociation.

Il y a toujours deux côtés à une médaille. S'il y a plusieurs projets, donc beaucoup d'approvisionnement, votre revente sera sans doute plus difficile, car vos acheteurs auront eux aussi de multiples choix. Vous devrez donc créer une offre irrésistible lors de la revente.

Si la revente s'avérait plus difficile que prévu, pensez à une porte de sortie, comme la location avec option d'achat. Je vous donnerai des détails au chapitre 6.

Personnellement, je ne privilégie pas ce genre de flips, mais je connais plusieurs investisseurs qui l'ont répété à quelques occasions et qui ont réussi à faire de bons profits.

À vous de voir si vous êtes à l'aise avec ce type de transactions.

QUELQUES PERMUTATIONS POSSIBLES

Je vous mentionnais en début de chapitre que vous pourriez retrouver diverses variantes. En voici quelques-unes :

Le flip « propriétaire occupant – réno »

Vous rénovez une propriété que vous habitez durant les travaux de rénovation et la revendez exempte d'impôts.

Le flip « pur à être construit »

Vous cédez vos droits d'une promesse d'achat acceptée à un autre acheteur, relativement à un immeuble qui n'est pas encore construit. Idéal en avant-projet de construction de condos.

Le flip « conversion – maquillage »

Vous faites une conversion en condos, et durant le processus, vous effectuez quelques menus travaux afin d'en augmenter la valeur. Idéal avec des plex.

Le flip « à être construit – propriétaire occupant »

Vous achetez au rabais sur plan, vous habitez l'immeuble un certain temps et le revendez exempt d'impôts.

Le flip « conversion – tel quel »

Vous faites une conversion en condos sans exécuter de travaux. Idéal avec des multilogements de plus de six unités.

Le flip « propriétaire occupant – maquillage »

Vous faites quelques menus travaux durant que vous habitez une propriété et revendez le tout sans payer d'impôts sur les profits reliés à la vente.

Le flip « conversion – réno »

Vous faites une conversion en condos, et durant le processus, vous rénovez l'immeuble pour ensuite revendre et encaisser vos profits. Idéal avec des plex.

Comme vous le voyez, les seules limites dépendent de votre créativité et de votre imagination !

QUELS GENRES D'IMMEUBLES CHOISIR POUR DÉBUTER?

On me demande souvent lors de formations:

« Quels immeubles sont les plus propices à la spéculation pour débuter? »

À cette question, je réponds la plupart du temps:

« Les petits immeubles. »

Qu'est-ce qu'on entend par petits immeubles?

Les maisons unifamiliales, les condos, les maisons mobiles et les chalets. Également les plex, c'est-à-dire des immeubles de deux à cinq logements habités par leurs propriétaires. La valeur marchande de ces immeubles est influencée uniquement par l'offre et la demande.

 Lors de vos premiers flips, tentez de demeurer dans les catégories d'immeubles moins dispendieux. Ils sont plus accessibles et plus facilement revendables. Je pense par exemple aux maisons unifamiliales de l'ordre de 150 000 $, comparativement aux maisons de 500 000 $. Ou encore aux triplex à 300 000 $ plutôt qu'aux triplex de 800 000 $.

Vous pourriez également considérer les petits terrains prêts à être construits, car ils sont relativement faciles à revendre, selon la région où vous investissez, selon leur rareté et le profit que vous voudrez réaliser, bien sûr.

 Si vous demandez un prix démesuré, vous ne réussirez pas à vendre rapidement. Plus vous vous éloignerez des grands centres, plus leur revente sera difficile. Du moins, plus le délai de vente risque de s'allonger. Faites attention aux terrains en régions éloignées, car vous pourriez demeurer propriétaire plus longtemps que vous l'aviez imaginé au départ.

Pourquoi de petits immeubles pour débuter? C'est fort simple!

C'est le genre d'immeubles où l'on retrouve le plus d'acheteurs, et souvent, des acheteurs motivés prêts à payer plus cher que le marché ou tout au moins, prêts à payer le prix du marché. Une situation qui sera bien sûr à votre avantage lorsque viendra le temps de revendre vos immeubles et qui vous permettra d'augmenter par le fait même vos profits.

Vous retrouverez un vaste inventaire de ce type d'immeubles sur le marché, ce qui a pour effet d'offrir un plus grand potentiel de transactions.

Mais attention! N'oubliez pas que le profit se fait à l'achat.

Par conséquent, ce n'est donc pas la quantité de flips que vous réaliserez qui déterminera votre succès, mais bel et bien la qualité de chacune de vos transactions.

Si vous désirez faire plusieurs flips simultanément avec ce genre d'immeubles, vous aurez besoin de recourir aux services de prêteurs privés, car les institutions financières n'accepteront pas de vous financer plusieurs immeubles en même temps puisque le financement de ceux-ci sera basé sur vos revenus personnels.

IL Y A UN TYPE DE FLIPS POUR CHACUN D'ENTRE VOUS

Le type de flips que vous choisirez sera influencé par plusieurs facteurs. Entre autres :

- la qualité de votre crédit ;
- le temps dont vous disposez ;
- la distance entre l'immeuble et votre domicile ;
- votre tolérance par rapport aux risques ;
- vos ambitions ;
- vos habiletés manuelles ;
- l'argent que vous avez à votre disposition ;
- vos connaissances.

Il est donc important de faire une bonne évaluation de votre situation avant de vous lancer. D'un autre côté, dites-vous qu'il est fort probable qu'à la suite de quelques flips, vous décidiez de changer de catégories. En effet, vos objectifs se préciseront et vous apprendrez à vous connaître à travers les transactions que vous réaliserez au fil du temps. Votre situation financière, le temps dont vous disposerez et vos intérêts se modifieront après avoir conclu quelques flips. Alors, ne tombez pas dans la paralysie de l'analyse et passez à l'action. Il s'agit du seul moyen d'arriver à trouver la niche dans laquelle vous serez le plus à l'aise et celle que vous préférez le plus.

Pour conclure ce chapitre, dites-vous que peu importe le type de flips que vous choisirez, il y a toujours moyen de tirer son épingle du jeu et de réussir à prospérer. Il n'en tient qu'à vous ! Comme le dit si bien mon ami Ray Vincent dans son livre portant ce titre.

Il est donc temps de poursuivre avec la lecture du chapitre 3. Mais avant, voici quelques actions à poser.

PROPOSITIONS D'ACTIONS À ACCOMPLIR POUR CE CHAPITRE

➡ Analysez l'inventaire des immeubles sur le marché à proximité de votre demeure afin de déterminer quels genres de flips vous pourriez réaliser.

➡ Faites une analyse globale et réfléchissez à votre situation actuelle à l'aide de la liste des facteurs énumérés à la page précédente.

➡ Relisez au besoin les différents types de flips possibles et tentez de déterminer le ou les types de flips qui conviennent le mieux à votre situation actuelle. Ne faites pas votre choix uniquement parce qu'un type de flips semble plus payant qu'un autre.

Go go go, passez à l'action !

3

BÂTIR SON ÉQUIPE DE RÊVE

VOICI CE QUE VOUS APPRENDREZ DANS CE **TROISIÈME CHAPITRE**

• *L'importance de vous entourer de personnes fiables et compétentes.*

• *Les intervenants dont vous devrez vous entourer.*

• *Le rôle de chacun d'eux.*

• *Comment peuvent-ils vous être utiles ?*

∼

L'IMPORTANCE DE VOUS ENTOURER
DE PERSONNES FIABLES ET COMPÉTENTES

En affaires, c'est bien connu, votre succès dépendra de vos rela-tions. Plus vous vous entourerez de gens compétents et fiables, plus vous aurez de chances de réussir.

Vous avez sûrement déjà entendu l'adage suivant : *Ce n'est pas ce que vous connaissez qui est important, mais bel et bien qui vous connaissez !* Cet adage parle de lui-même et démontre l'importance de développer votre réseau de contacts.

En tant qu'investisseur immobilier, vous devrez entrer en contact avec une multitude d'intervenants reliés de près ou de loin au domaine et avec qui vous devrez développer de solides relations, afin de faciliter vos démarches, et surtout, vous permettre de générer le plus de profits possible.

Je vous présente ci-dessous une liste non exhaustive des diffé-rents intervenants que vous devrez considérer dans votre équipe de rêve pour faciliter la réalisation de vos flips. Ils ne sont pas présentés en ordre chronologique ni par ordre d'importance, car tout un chacun vaut son pesant d'or et doit être considéré comme un élément important de votre « chaîne de la réussite ».

Vous connaissez le proverbe suivant :

La force d'une chaîne est égale au plus faible de ses maillons.

 En matière d'immobilier, vous pourriez avoir un excellent projet de flip offrant un potentiel intéressant, mais il se pourrait fort bien que cela ne se concrétise pas étant donné l'erreur ou l'inexpérience d'un des intervenants. On n'a qu'à penser à un entrepreneur incompétent qui ne fait pas les travaux de rénovation dans les délais et aux coûts prévus ; à un courtier hypothécaire qui ne livre pas la marchandise et qui n'arrive pas à trouver le financement requis ; à un inspecteur en bâtiment qui ne décèle pas un problème majeur pouvant affecter la valeur marchande de l'immeuble. La liste pourrait être longue, mais je me contenterai de ces quelques exemples.

Je crois bien que vous avez compris le principe !

LES INTERVENANTS DONT VOUS DEVREZ VOUS ENTOURER

Notez que la liste de gens dont vous devez vous entourer a été élaborée au singulier, mais elle aurait très bien pu être mise au pluriel, sauf en ce qui a trait au conjoint !

1. VOTRE CONJOINT

Je vous ai mentionné précédemment que les intervenants n'étaient pas présentés par ordre d'importance, mais dans le cas de votre conjoint, il s'avère l'un des meilleurs « alliés » que vous puissiez avoir lorsque vient le temps d'investir, et ce, quel que soit le domaine d'investissement pour lequel vous optez. Les flips ne font donc pas exception à la règle.

Combien compte-t-on de projets immobiliers avortés à cause d'un ou d'une conjointe qui ne voulait pas s'impliquer ou encore qui ne croyait pas aux capacités de réussite de son conjoint? Pire encore, qui le décourageait par des propos négatifs. Le fait d'avoir un conjoint qui croit en vous, qui vous encourage dans votre démarche, et encore mieux, qui participe activement avec vous dans votre aventure immobilière de flips est un puissant atout qui favorisera grandement votre réussite.

Il ne faut pas oublier que faire des flips exige du temps, de l'énergie, de l'argent et quelques émotions, comme d'ailleurs presque tout dans la vie. Or, qui partage tous ces aspects avec vous au quotidien?

Votre conjoint, bien évidemment!

Si votre conjoint ne s'intéresse pas à l'immobilier, j'ose espérer qu'il ne fera pas en sorte de brimer vos élans, vos rêves, vos buts et vos désirs.

Vous constaterez probablement l'intérêt grandir de sa part après quelques réussites et quelques projets qui auront rapporté plusieurs milliers de dollars. Allez-y étape par étape en ce qui a trait à votre désir de faire participer votre conjoint. Respectez son rythme et son degré d'intérêt. Votre couple ne s'en portera que mieux!

Pour plus de détails relativement à l'investissement en couple, je vous recommande fortement de lire le livre de Mᵉ Ginette Méroz et Jacques Lépine, chez le même éditeur: *Couple millionnaire de l'immobilier*. Un livre fort inspirant et rempli d'une multitude de conseils plus utiles les uns que les autres.

2. LE COURTIER IMMOBILIER

Il s'agit souvent du premier intervenant qui nous vient à l'esprit lorsque nous amorçons notre expérience dans l'investissement immobilier et que nous sommes à la recherche d'aubaines. Le courtier peut vous fournir plusieurs fiches descriptives, et par le fait même, vous permettre rapidement de visiter plusieurs propriétés à vendre afin de vous aider à bâtir des comparables.

Lorsque vous travaillez avec un courtier immobilier et qu'une propriété vous semble intéressante, demandez-lui de vous fournir le «rapport détaillé du courtier avec photos» afin d'être en mesure de voir les informations auxquelles lui seul a accès normalement. Vous y trouverez des renseignements des plus intéressants tels que :

— Depuis combien de temps l'immeuble est-il en vente ?

— Quel était le prix demandé initialement ?

— Quelle est la durée du mandat du courtier ?

— Qui sont les vendeurs et quelles sont leurs adresses de domicile respectives ?

— Et bien d'autres informations pouvant vous être fort utiles.

 Demandez également au courtier qu'il vous envoie les mandats expirés et les modifications de prix qui ont eu lieu récemment.

 Il faut comprendre que le but ici n'est pas de court-circuiter le travail du courtier, ni de contacter les vendeurs directement, mais bel et bien d'obtenir le plus d'informations possible sur la propriété. N'oubliez pas que CONNAISSANCES = POUVOIR. Dans ce même ordre d'idées, plus vous en saurez sur la situation du vendeur, plus vous serez en position de force pour négocier et trouver des vendeurs motivés.

Toutefois, il ne faut pas se fier uniquement au courtier pour dénicher l'aubaine, de même qu'il ne faut pas l'écarter non plus de l'équation.

Le choix des courtiers immobiliers qui feront partie de votre équipe est très important. Ne faites pas confiance aux premiers venus. Des quelque 16 000 courtiers immobiliers au Québec, tous ont leurs permis, mais ne sont pas tous compétents, surtout en matière d'investissement immobilier.

Essayez d'en trouver qui ont déjà investi ou qui investissent encore dans l'immobilier. En pareil cas, vous pourriez devenir de bons partenaires et faire un excellent travail d'équipe. Vous pourriez leur offrir de participer aux profits, ce qui aura pour effet de les impliquer davantage. Travailler avec de bons courtiers vaut son pesant d'or et s'avère un avantage indéniable.

Vous verrez au prochain chapitre l'importance de connaître votre secteur et pourquoi le courtier immobilier est l'un des meilleurs intervenants pour vous aider à y parvenir rapidement.

3. L'INSPECTEUR EN BÂTIMENT

Voici un intervenant précieux qui vous permettra d'éviter bien des maux de tête, qui vous amènera la plupart du temps à renégocier le prix à la baisse, et par le fait même, vous aidera à réaliser plus de profits.

Le rôle de l'inspecteur est d'examiner, de façon visuelle seulement, la qualité physique de l'immeuble convoité et de vous faire part des problèmes qu'il a constatés. Dans la grande majorité des immeubles usagés, vous pourrez utiliser le rapport écrit de l'inspecteur en bâtiment afin de faire baisser le prix. Imaginez un instant que vous défrayiez 500 $ pour une inspection en bâtiment et que cette dernière révèle certains facteurs vous permettant de faire baisser le prix de 5 000 $. La question que je vous pose est la suivante :

« Pouvez-vous réellement vous en passer ? »

Certes, la réponse est NON !

4. L'ÉVALUATEUR AGRÉÉ

 Lors de vos flips, l'évaluateur agréé doit être considéré comme un intervenant qui vous permettra de minimiser vos risques. Pour illustrer cette affirmation, supposons que vous désiriez faire un « flip réno ». Une fois les travaux effectués, vous estimez que la valeur marchande de votre immeuble a augmenté de plusieurs milliers de dollars et que vous êtes en mesure de revendre l'immeuble à profit.

Or, êtes-vous certain de votre estimation ?

Et si vous vous étiez trompé et que l'immeuble ne vaut pas réellement le montant que vous avez estimé. Vous engageriez-vous dans un tel projet pour échanger « quatre trente sous pour une piastre », au bout du compte ?

J'ose espérer que non !

Le rapport d'évaluation réalisé par l'évaluateur agréé, lors d'une seconde visite des lieux par exemple, sera l'outil que vous utiliserez, non pas pour vous assurer qu'il n'y a aucun risque, mais plutôt pour les minimiser, car lorsqu'on investit, il y a toujours des risques. Ne l'oubliez pas !

 Pour vous assurer que l'institution financière à laquelle vous ferez éventuellement votre demande de financement acceptera la validité de l'évaluation agréée, choisissez un évaluateur accrédité par l'institution financière en question.

Comment vous assurer qu'elle l'acceptera ?

 Demandez à cette institution financière sa liste des évaluateurs accrédités et choisissez un évaluateur agréé dans la liste qu'elle vous fournira. Tout simplement !

Pour vous donner un ordre de grandeur, le coût d'une évaluation agréée varie entre 500 $ et 1 000 $ en fonction de l'immeuble à évaluer. La plupart du temps, l'évaluation agréée est payée par l'institution financière, mais si c'est vous qui engagez la firme d'évaluateurs, vous aurez à en assumer les frais. Je considère toujours lors de mes «flips rénos» qu'il s'agit des meilleures centaines de dollars investis dans le projet.

5. LE COURTIER HYPOTHÉCAIRE SPÉCIALISÉ

Le courtier hypothécaire est celui qui «magasinera» pour vous votre prêt hypothécaire. Il ne vous coûtera rien puisqu'il est rétribué par l'institution financière prêteuse, et seulement s'il y a un prêt hypothécaire qui vous est consenti par la banque.

A-t-il alors intérêt à ce que le dossier soit accepté?

Entre vous et moi, je crois bien que oui!

De plus, le courtier vous sera d'une grande utilité lorsque viendra le temps de vous préqualifier; vous le verrez d'ailleurs au chapitre suivant qui traite de la prospection.

Comme vous avez pu le constater, j'ai bel et bien spécifié courtier immobilier «spécialisé», car ce n'est pas tous les courtiers qui s'occupent des immeubles commerciaux, des immeubles locatifs résidentiels, de l'industriel, des résidences pour personnes âgées, etc. Chacun a sa spécialité, quoique la grande majorité œuvre dans le résidentiel, plus particulièrement dans la maison unifamiliale, les condos et les plex.

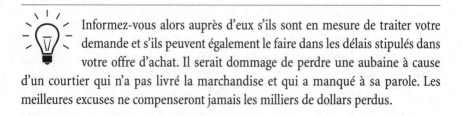

Informez-vous alors auprès d'eux s'ils sont en mesure de traiter votre demande et s'ils peuvent également le faire dans les délais stipulés dans votre offre d'achat. Il serait dommage de perdre une aubaine à cause d'un courtier qui n'a pas livré la marchandise et qui a manqué à sa parole. Les meilleures excuses ne compenseront jamais les milliers de dollars perdus.

6. LE NOTAIRE

 Lorsque vous serez en présence d'une aubaine, elle ne restera pas longtemps sur le marché, et les délais pour vous présenter devant le notaire pour la vente seront souvent relativement courts. C'est pourquoi il vous faudra trouver un bon notaire qui sera en mesure de procéder rapidement, sans toutefois rien négliger de la transaction. Prenez le temps de bien lire les actes de vente et assurez-vous de bien les comprendre, d'en saisir toutes les implications, la portée et les conséquences de chacune des clauses. Un bon notaire prendra bien soin de vous expliquer le tout en détail et s'assurera que vous avez bien saisi. À titre indicatif, les frais de notaire seront de l'ordre de 900 $ pour un prêt et de 1 300 $ pour un dossier prêt-vente.

7. L'HOMME À TOUT FAIRE

Également appelé *Handy Man*, l'homme à tout faire vous sera d'une grande utilité et vous permettra de gagner beaucoup de temps. Vous pourrez lui confier divers travaux que vous n'êtes pas en mesure de faire vous-même, que vous n'aimez tout simplement pas faire ou encore que vous n'avez pas le temps de réaliser. Un homme à tout faire est un excellent atout lors de vos « flips maquillages ».

8. LES ENTREPRENEURS EN RÉNOVATION

Voici un intervenant qui s'avérera essentiel lorsque vous aurez des « flips rénos » à réaliser. À moins que vous ne fassiez vous-même les travaux.

Pour le choix de vos entrepreneurs, vous pourriez utiliser les services de Réno-Assistance qui se veut ni plus ni moins un courtier en rénovation. Chacun des entrepreneurs qu'ils vous recommanderont a au préalable été accrédité dans le respect des règles. Visitez le **www. clubimmobilier.qc.ca**, section partenaires/Montréal, pour connaître leurs coordonnées. Leurs services sont tout à fait gratuits, car ils sont rémunérés par les entrepreneurs. Vous verrez comment choisir vos entrepreneurs plus en détail au chapitre 11.

9. L'AVOCAT SPÉCIALISÉ EN DROIT IMMOBILIER

Voici un intervenant que vous désirez utiliser au minimum, mais que vous apprécierez au plus haut point lorsqu'il arrivera à vous sortir d'une fâcheuse situation.

L'avocat spécialisé en droit immobilier saura vous aider à vous tirer d'affaire lors de poursuites en vices cachés, de litiges avec un locataire ou encore en cas de litiges avec un propriétaire voisin. Dans toutes vos transactions de flips, du moins dans votre scénario pessimiste, vous devriez prévoir un poste relatif à des conseils juridiques. S'il ne s'avère pas requis, vous aurez alors plus d'argent dans vos poches.

 Dans tous les domaines, il y a des spécialistes. L'immobilier ne fait pas exception à la règle. Ne choisissez pas un avocat simplement parce que vous le connaissez et qu'il vous fera un « prix d'ami ». Choisissez-en un qui connaît l'immobilier. Rien ne sert de faire appel à un avocat spécialisé en droit familial pour une poursuite qui a trait aux vices cachés.

10. LE FISCALISTE

Voici un intervenant qui aura un impact direct sur votre profit réel, après impôts. Si le profit réel est celui qui reste une fois le flip complété, il est encore plus réel une fois que le gouvernement a pris sa part du gâteau quelques mois plus tard !

 Le fiscaliste saura vous conseiller afin de réduire au maximum l'impôt que vous devrez payer. Une rencontre de quelques heures pourrait vous faire économiser des milliers de dollars à l'impôt. Pensez-y !

11. LES ASSOCIÉS

Lorsqu'il est question d'association entre personnes, plusieurs scénarios sont possibles.

Vous manquez de temps? Associez-vous avec quelqu'un qui en a, mais qui manque peut-être d'argent. Ce que vous avez probablement.

Vous manquez d'argent, mais vous êtes doté des connaissances nécessaires? Associez-vous avec quelqu'un qui a de l'argent et qui ignore comment investir dans l'immobilier.

Le principe est fort simple. Vous devez vous associer avec des gens qui vous sont complémentaires autant que possible. Si ce n'est pas le cas, vous devrez joindre d'autres intervenants afin de combler vos lacunes communes.

Le fait de s'associer offre plusieurs avantages:

- réduction de l'apport financier;
- réduction de l'impact financier lors de pertes;
- réduction du temps investi;
- synergie entre les associés;
- augmentation du nombre de projets que vous pourrez réaliser simultanément.

Toutefois, il y a l'autre côté de la médaille à considérer:

- organisation et coordination plus lourdes;
- incompatibilité de personnalités entre les associés parfois;
- temps et efforts requis avant de trouver les bons associés;
- vision à long terme divergente, de temps à autre;
- partage des profits.

Sur ce dernier point, celui du partage des profits, gardez toujours à l'esprit qu'il est préférable d'obtenir: **50 % de quelque chose plutôt que 100 % de rien.**

Lorsque vous investissez à plusieurs, munissez-vous d'une bonne convention entre actionnaires. L'idée est de définir à l'avance, la ou les solutions aux problèmes qui pourraient survenir. Il est préférable d'envisager les solutions dès le début de l'aventure alors que tous sont en harmonie. Contactez un bon avocat et il sera en mesure de rédiger votre convention des actionnaires. Ne faites pas l'erreur d'utiliser un modèle déjà tout fait dans le seul but d'épargner quelques centaines de dollars. N'oubliez pas que vous êtes au moins deux personnes à payer la facture !

D'autres trucs avant de vous associer

 «Googlez» vos futurs associés. Peut-être y découvrirez-vous certains faits à leur sujet qu'il serait préférable de connaître avant le début de l'aventure plutôt qu'après.

 Demandez également à voir le bilan financier de chacun ainsi que leurs bureaux de crédit. Obtenez la date de naissance de chacun afin d'avoir accès aux plumitifs (registres d'audience). À moins bien sûr qu'il s'agisse de votre conjoint ou d'un proche parent ! Dans ce cas, vous pourriez laisser tomber ces recherches.

12. LE «BIRDDOG»

 Le «birddog» est celui qui recherchera pour vous et qui vous amènera une transaction intéressante. En échange de ses efforts, vous n'aurez qu'à le récompenser. Si vous agissez vous-même à titre de «birddog» pour d'autres investisseurs, faites attention au courtage immobilier illégal. En effet, si vous n'êtes pas courtier, vous ne pouvez toucher de commission en échange de vos services.

Pour trouver des «birddogs», passez des annonces sur Internet, mentionnez sur votre carte professionnelle que vous récompenserez la personne qui vous recommandera une aubaine, parlez-en aux autres membres du club lors des événements mensuels, formation ou coaching et mentorat, affichez-le sur les babillards, parlez-en le plus possible à vos amis, relations d'affaires, clients et collègues de travail.

Allez, faites-le! Vous pourriez être agréablement surpris des résultats.

13. LE PRÊTEUR PRIVÉ

Voici un collaborateur à avoir dans votre équipe de rêve. Vous pourriez devoir recourir au service d'un prêteur privé parce que les institutions financières refusent de vous prêter, compte tenu d'un crédit jugé trop risqué pour elles ou encore parce que vous trouvez une autre aubaine et n'avez pas les liquidités requises (ces dernières étant déjà investies dans d'autres projets de flips en parallèle).

 Pour découvrir comment élaborer rapidement votre liste de prêteurs privés, je vous invite à vous attarder éventuellement à l'erreur n° 3 au chapitre 12.

Pour conclure ce chapitre 3 relativement à votre équipe de rêve, voici quelques intervenants également à considérer. Je pense aux experts-comptables, aux banquiers, aux consultants en immobilier, aux concierges, aux coachs, aux arpenteurs-géomètres, ingénieurs, architectes, tous les corps de métiers de la construction, home staging (ceux qui s'occupent de la mise en valeur de la propriété), entre autres.

PROPOSITIONS D'ACTIONS À ACCOMPLIR POUR CE CHAPITRE

➠ Échangez et partagez avec votre conjoint vos projets d'investissement immobilier afin de connaître le plus rapidement possible son point de vue. Tentez de savoir s'il compte participer ou non à vos projets. Si oui, sur quels plans?

➠ Réfléchissez à votre situation en tant qu'investisseur afin de déterminer s'il est préférable de vous associer avec quelqu'un ou de faire cavalier seul.

➠ Si vous avez pris la décision d'investir avec un ou des associés, élaborez une liste de vos points forts et énumérez ce qui vous manque pour passer à l'action. Par la suite, cherchez le ou les partenaires potentiels qu'il vous faut pour combler vos lacunes. Une fois le ou les partenaires trouvés, faites ensemble une grille de complémentarité.

➠ Dressez une liste des différents intervenants dont vous aurez besoin à court terme.

➠ Contactez chacun des intervenants afin de connaître ses tarifs, ses méthodes de fonctionnement et ses modalités.

➠ Demandez-leur des références. S'il y a lieu, faites les vérifications qui s'imposent auprès de leur ordre professionnel ou association.

➠ Prenez rendez-vous avec un fiscaliste pour lui exposer votre projet d'investissement immobilier.

➠ Demandez à d'autres investisseurs s'ils ont des contacts fiables et compétents à vous transmettre.

Go go go, passez à l'action!

4

LA PROSPECTION

VOICI CE QUE VOUS APPRENDREZ DANS CE **QUATRIÈME CHAPITRE**

- *Comment bien connaître son secteur?*
- *Vos ressources pour connaître rapidement votre secteur.*
- *La visite des lieux.*
- *L'importance de connaître sa future concurrence.*
- *Devenez un Colombo de l'immobilier.*
- *Élémentaire, mon cher Watson.*
- *Devenez un acheteur motivé.*
- *Trouvez des aubaines durant votre sommeil.*
- *Les sources de propriétés.*
- *Travaillez avec ou sans courtier immobilier.*
- *L'importance des comparables.*
- *Ne vous fiez pas à l'évaluation municipale.*
- *Des écoles à proximité: Un must.*
- *Les quartiers résidentiels d'une trentaine d'années.*
- *Localisation – localisation – localisation.*

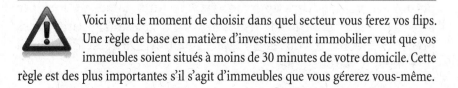

Voici venu le moment de choisir dans quel secteur vous ferez vos flips. Une règle de base en matière d'investissement immobilier veut que vos immeubles soient situés à moins de 30 minutes de votre domicile. Cette règle est des plus importantes s'il s'agit d'immeubles que vous gérerez vous-même.

En effet, si vos immeubles sont trop éloignés de votre demeure, vous perdrez du temps précieux à chacun de vos déplacements. Peut-être serez-vous des plus motivés au début, mais après quelque temps, il y a fort à parier que vous commencerez à trouver que vos immeubles sont un peu loin.

En matière de flips, vous pouvez agrandir quelque peu votre rayon d'investissement puisque vous n'aurez pas à vous rendre à vos immeubles aussi souvent que si vous les gardiez à long terme. Vous pouvez agrandir votre rayon d'investissement si aucun travail n'est requis sur l'immeuble et que vous le revendez par le biais d'un courtier immobilier. Respectez toutefois la règle des 30 minutes de chez vous si vous faites des « flips rénos » et que vous effectuez vous-même les travaux.

COMMENT BIEN CONNAÎTRE SON SECTEUR?

Une fois votre secteur choisi, vous devrez en devenir l'expert. Pour ce faire, vous devrez visiter presque tous les immeubles qui y sont en vente.

Et pourquoi donc?

Afin d'être en mesure de les comparer entre eux. Plus vous ferez de visites d'immeubles dans votre secteur, et plus vous le connaîtrez et serez en mesure de réagir rapidement lorsqu'une aubaine se présentera à vous. Après ces nombreuses visites, vous serez en mesure de déterminer lesquels des immeubles semblent présenter le meilleur potentiel et le meilleur profit à l'achat. En mode flip, cette notion de profit à l'achat est essentielle; c'est pourquoi je vous le répéterai souvent tout au long de cet ouvrage.

Ces visites vous permettront de comparer des pommes avec des pommes, car je ne vous apprends rien, les immeubles ne sont pas tous identiques. Lors de vos visites des lieux, soyez imaginatif. Faites preuve de créativité. Vous devez tenter de trouver quel est le potentiel inexploité de l'immeuble.

Voici quelques éléments importants à comparer entre eux:

– la superficie habitable;

– la grandeur du terrain;

– les travaux à exécuter à court terme;

– la qualité de la localisation;

– l'âge et l'état général de l'immeuble;

– le sous-sol est-il fini ou non?

– les loyers sont-ils loués sous la valeur du marché?

Ces éléments sont importants à considérer, car ils sont sensiblement les mêmes que ceux que l'évaluateur agréé utilisera afin de déterminer la valeur marchande d'un immeuble de cinq logements et moins. Avec le temps, les actions et l'expérience, vous serez en mesure d'estimer très précisément la valeur marchande déterminée par l'évaluateur agréé. Une force non négligeable en matière de flips.

VOS RESSOURCES POUR CONNAÎTRE RAPIDEMENT VOTRE SECTEUR

Comme je viens de l'écrire précédemment, afin d'être en mesure de déterminer si vous êtes en présence ou non d'une aubaine, vous devez devenir un expert du secteur. Voici quelques ressources afin de vous aider à mieux connaître le secteur que vous aurez choisi.

1. L'URBANISME

Tout d'abord, rendez-vous au service de l'urbanisme de la municipalité. Rencontrez les responsables du service et posez-leur des questions relativement au secteur. Voici une liste non limitative du genre de questions que vous pourriez poser:

– Quels sont les meilleurs secteurs de la ville?

– Où sont localisés les secteurs de maisons unifamiliales, d'immeubles locatifs?

– Quels secteurs sont en perte de qualité?

– Dans quels secteurs retrouve-t-on des immeubles récents, de vieux immeubles?

– Y a-t-il un ou des secteurs présentant des immeubles en construction?

– Quels sont les projets de développement prévus?

– Semble-t-il y avoir beaucoup de logements à louer?

– Comment se porte le niveau d'emploi de la région?

2. LES COURTIERS IMMOBILIERS

Lorsque vous vous promènerez dans le secteur choisi, remarquez les pancartes de courtiers immobiliers qui proposent des immeubles à vendre. Selon le nombre de pancartes de chacun des courtiers, notez ceux et celles qui semblent les plus actifs et entrez en contact avec eux afin de leur poser une série de questions sur le secteur. Demandez-leur de vous faire parvenir une liste des immeubles récemment vendus.

3. STATISTIQUES DE LA SOCIÉTÉ CANADIENNE D'HYPOTHÈQUES ET DE LOGEMENT (SCHL)

Visitez le site de la SCHL afin d'y découvrir une multitude de statistiques telles que :

– le prix moyen des logements;

– le taux d'inoccupation;

– le prix de vente moyen des immeubles;

– les taux de capitalisation.

LA VISITE DES LIEUX

La visite des lieux est une étape cruciale du processus d'achat, car c'est souvent à cette étape que vous prendrez une décision à savoir si vous allez de l'avant ou non.

Ferez-vous ou non une offre d'achat au vendeur ? Poursuivrez-vous le processus au même prix et aux mêmes conditions préalablement convenus ou renégocierez-vous le prix à la baisse ? Laisserez-vous tomber le processus pour vous concentrer sur d'autres immeubles ?

Pour vous aider à prendre une décision la plus éclairée possible, vous devrez analyser la situation dans son ensemble. Voici les aspects à considérer :

- L'immeuble offre-t-il un réel potentiel ?
- Le profit à l'achat est-il suffisant ?
- Quel est l'état physique général de la propriété ?
- L'immeuble est-il bien situé ?
- Quel est le niveau de risque par rapport au potentiel offert ?
- Est-ce réellement un projet qui correspond aux objectifs fixés à court terme ?
- Le vendeur semble-t-il motivé ?
- Est-ce vraiment le bon type de flips pour vous ?

Vous aurez une décision à prendre, ce qui n'est pas toujours chose facile. Si vous allez de l'avant, vous engendrez des frais relativement à l'inspection en bâtiment. Êtes-vous prêt à débourser quelques centaines de dollars pour l'immeuble en question ?

 Lors de vos visites des lieux, soyez imaginatif. Faites preuve de créativité. Tentez de trouver quel est le potentiel inexploité de l'immeuble. Une simple idée peut parfois vous rapporter plusieurs milliers de dollars.

L'IMPORTANCE DE CONNAÎTRE SA FUTURE CONCURRENCE

Une fois toutes ces visites effectuées, vous serez en mesure de choisir lequel des immeubles semble le plus intéressant, s'il y en a un bien sûr, car il est possible qu'aucun d'entre eux ne vous donne l'impression d'être le bon immeuble à acheter. En pareilles circonstances, vous devrez continuer vos recherches, vos analyses et vos visites afin de trouver la perle rare.

Restons positifs et considérons que vous dénichez une aubaine parmi tous les immeubles visités. Une fois « notarié », vous aurez à remettre l'immeuble en vente et vous aurez comme concurrence les autres immeubles que vous avez déjà visités.

Quels sont les points forts et les points faibles de ces immeubles par rapport au vôtre ? Voilà des aspects très importants à connaître, car lorsque vous ferez visiter votre immeuble à vos acheteurs potentiels, vous devrez être en mesure de faire ressortir les forces de votre immeuble et de contrer les faiblesses qu'il présente par rapport aux immeubles concurrents.

Le fait de bien connaître la concurrence vous permettra également de fixer un prix de vente juste, et ainsi de vendre plus rapidement.

DEVENEZ UN COLOMBO DE L'IMMOBILIER

Lors de votre prospection, vous devez tenter de déterminer la raison pour laquelle le vendeur a accepté de vendre son immeuble sous la valeur marchande. Gardez à l'esprit que plus la motivation du vendeur sera grande, plus vous aurez de chances de réaliser un profit élevé à l'achat.

 Pour parvenir à trouver la fameuse raison qui motive le vendeur, vous devrez prendre le temps d'analyser en profondeur les listings que les courtiers immobiliers vous feront parvenir, vous devrez poser de nombreuses questions aux vendeurs, aux locataires et au voisinage. Osez questionner les gens. Dans la plupart des cas, vous serez surpris de constater à quel point ils vous offrent leur collaboration afin de vous renseigner. Il va de soi que l'intervenant le moins bavard sera le vendeur.

Dans votre « enquête » immobilière, vous devrez tenter de trouver le prix payé par le vendeur en plus d'estimer le solde hypothécaire relié à l'immeuble. Pour ce faire, vous devrez consulter le site Internet suivant :

www.registrefoncier.gouv.qc.ca

Ce site est public et tous y ont accès. Des frais d'un dollar vous seront toutefois facturés à chacun des documents consultés.

Afin de trouver l'information relative à un immeuble en particulier au registre foncier, vous aurez besoin de connaître le numéro de cadastre du terrain où l'immeuble est érigé.

Voici divers moyens d'obtenir le numéro de cadastre :

- sur le listing du courtier immobilier ;
- sur le site Internet de la ville ou de la municipalité ;
- à l'aide du site **www.jlr.ca** ;
- sur le certificat de localisation ;
- en demandant directement au vendeur ;
- sur la matrice des cadastres que vous retrouverez au service d'urbanisme de la ville ou de la municipalité.

Le fait de connaître le prix payé et combien le vendeur doit à ses créanciers vous permettra de préparer votre négociation. Imaginez un instant si vous découvriez que l'immeuble est payé en totalité. Croyez-vous que le vendeur aurait plus de flexibilité à baisser le prix de vente de l'immeuble que s'il est hypothéqué à 90 % de sa valeur marchande ? Poser la question, c'est y répondre !

D'un autre côté, si vous constatez que l'immeuble est financé à son maximum, vous serez en mesure de déterminer rapidement qu'il n'y a pas grand-chose à faire avec cet immeuble, et vous pourrez alors poursuivre vos recherches.

ÉLÉMENTAIRE, MON CHER WATSON

Lorsque vous analysez des fiches descriptives, prenez le temps qu'il faut pour bien les lire et tentez de trouver le petit indice laissant présager que le vendeur est motivé. Prenez le temps également d'analyser la fiche sous un autre angle, c'est-à-dire, recherchez des indices indiquant que l'immeuble présenterait un potentiel inexploité par le propriétaire actuel.

Parmi ces potentiels inexploités, je pense, entre autres :

- à un immeuble possédant un grand terrain qu'on peut subdiviser, et ce, dans le but de revendre la partie constructible ;

- à un agrandissement de bâtiment ;

- à une conversion du système de chauffage à l'huile en un système électrique ;

- à l'ajout de logements, sans pour autant agrandir l'immeuble ;

- à une conversion en condos ;

- à la construction d'un autre immeuble sur le même terrain ;

- à l'augmentation des revenus et diminution des dépenses.

 Voici ci-dessous quelques éléments qui m'ont permis de dénicher de belles aubaines. Certains éléments pourront vous sembler anodins, mais croyez-moi, ils en disent souvent long sur la motivation potentielle du vendeur. À eux seuls, ces trucs sont d'une grande valeur et m'ont rapporté beaucoup.

---

1. L'ADRESSE DU VENDEUR

Vous découvrez que le vendeur habite loin de son immeuble à vendre.

2. LES SUCCESSIONS

Vous découvrez que plusieurs personnes viennent d'hériter de l'immeuble et que l'harmonie ne règne pas entre eux. Plus il y a d'héritiers dans la succession, plus vous aurez de probabilités de faire baisser le prix considérablement et plus vous ferez de profits à l'achat.

3. LES PHOTOS

Dans le listing du courtier immobilier ou dans l'annonce du vendeur, la propriété laisse à désirer. Les boîtes de déménagement du vendeur sont déjà préparées, ce qui permet de penser à une vente qui n'a pas abouti.

À l'opposé, vous pourriez constater qu'il n'y a pas de meubles, ce qui laisse présager que l'immeuble est libre immédiatement.

Ou encore, c'est la canicule qui sévit et les photos de la fiche descriptive ont été prises en hiver. Ou à l'inverse, on y aperçoit du gazon alors que vous êtes en plein mois de janvier. Ceci démontre que la propriété est sur le marché depuis plusieurs mois.

4. L'ERREUR DU COURTIER IMMOBILIER

Le courtier a inscrit les revenus actuels dans les revenus potentiels, alors qu'il y a des logements de vacants.

Le courtier ignore qu'il y a possibilité de subdiviser le terrain et ne l'a évidemment pas mentionné dans son listing.

5. LA PANCARTE

Elle est défraîchie démontrant que l'immeuble est à vendre depuis longtemps.

6. LES NUMÉROS DE TÉLÉPHONE MULTIPLES

Plusieurs numéros de téléphone s'y trouvent, car le vendeur veut être certain d'être joint peu importe où il est.

7. L'ÉTAT MATRIMONIAL DES VENDEURS

Lors de vos recherches, vous découvrez que les vendeurs sont en procédure de divorce.

8. LES BAISSES DE PRIX

Grâce à votre courtier immobilier qui vous envoie le «rapport détaillé du courtier avec photos», vous vous apercevez que le vendeur a baissé son prix à plusieurs reprises. Reste à voir si vous êtes en présence d'une aubaine ou tout simplement vis-à-vis d'un prix qui a été ramené au prix courant ou à la valeur marchande. C'est à voir.

Toujours grâce au «rapport détaillé du courtier avec photos», vous constatez une baisse de prix substantielle. Votre vendeur est peut-être maintenant décidé à vendre à tout prix. À vous de le découvrir!

9. SUR LE MARCHÉ DEPUIS LONGTEMPS

Vous découvrez également sur le «rapport détaillé du courtier avec photos» que l'immeuble est en vente depuis plusieurs mois, voire plus d'un an. Le vendeur est peut-être mûr pour vendre.

Il ne s'agit que de quelques points pour vous permettre de déceler la motivation d'un vendeur. Il en existe plusieurs autres que vous serez en mesure de découvrir lors de vos démarches de prospection, lors de vos visites des lieux, lors de renégociations à la suite de ces visites des lieux ou de l'inspection en bâtiment ou enfin lors de vos suivis.

D'autres signes qui donnent à penser que le vendeur serait motivé vous seront présentés lors du mythe n° 1 du chapitre 10.

DEVENEZ UN ACHETEUR MOTIVÉ

Comme investisseur immobilier, un de vos nombreux défis sera de trouver des vendeurs motivés enclins à vendre sous la valeur marchande, et qui vous permettront ainsi de réaliser un excellent profit à l'achat.

Vous devez également devenir un acheteur motivé!

Mais attention! Non pas motivé à payer n'importe quel prix, mais bel et bien déterminé à trouver ces fameux vendeurs motivés.

Pour trouver ces vendeurs, vous devrez être assidu dans vos recherches. Je vous conseille fortement d'en faire un peu chaque jour plutôt que de faire votre recherche condensée en une seule journée.

Pourquoi donc?

Tout simplement parce que si une aubaine se présente, elle ne demeure pas longtemps sur le marché. Si vous attendez les dimanches après-midi, les jours de pluie, pour faire vos recherches, eh bien, je vous souhaite bonne chance, car vous en aurez besoin si vous désirez trouver la perle rare. La clé est d'être assidu et constant dans vos recherches.

TROUVEZ DES AUBAINES DURANT VOTRE SOMMEIL

Avant de vous lancer chaque jour dans la recherche active, il est primordial de «configurer» votre machine de recherche passive.

Je m'explique.

Ne serait-il pas agréable que, durant vos recherches actives, votre machine à trouver des aubaines travaille pour vous, sans que vous ayez à lever le petit doigt?

C'est possible!

Mais comme vous n'aurez rien pour rien dans la vie, vous devrez initialement investir des efforts afin de configurer votre machine.

Voici quelques mesures à prendre pour vous aider à y parvenir:

– Contactez plusieurs courtiers immobiliers afin qu'ils vous envoient systématiquement des listings d'immeubles qui correspondent à vos critères d'investissement.

– Publiez des annonces sur Internet indiquant que vous êtes un investisseur immobilier recherchant tel genre d'immeubles, dans tels secteurs et en y mentionnant vos critères de sélection.

- Allez rencontrer des banquiers, notaires, syndics de faillite, courtiers hypothécaires, avocats spécialisés en immobilier pour les informer que vous êtes à la recherche de propriétés. Remettez-leur votre carte professionnelle d'investisseur immobilier.

- Publiez sur les réseaux sociaux et dans différents annuaires en ligne.

- Affichez des annonces sur les babillards et tableaux d'affichage.

- Si votre budget vous le permet, publiez dans les quotidiens et hebdos des annonces précisant que vous êtes acheteur de propriétés.

- Créez des alertes sur différents sites Internet. En voici quelques-uns :

  • **kijiji.ca** ;

  • **lespacs.com** ;

  • **duproprio.com** ;

  • **micasa.ca** ;

  • **google.ca** ;

  • **waka.ca** ;

  • **visinet.com** ;

  • **viaproprio.ca** ;

  • **acquizition.biz** ;

  • **patricemenard.com**.

Le principe est fort simple !

Une fois ces efforts déployés, votre machine se met en branle immédiatement, peu importe que vous passiez par la suite à l'action ou non pour trouver des immeubles. Vous pourrez concentrer temps et énergies sur la recherche active, celle qui demande des efforts constants et réguliers chaque jour.

Imaginez recevoir par courriel, en réponse à une alerte que vous avez créée sur **Lespacs.ca**, par exemple, qu'une aubaine est survenue pendant que vous dormiez! Ou encore, un vendeur motivé vous appelle, alors que vous êtes en voiture, relativement à une annonce que vous avez passée sur **Kijiji.ca**, il y a quelques mois.

Vous voyez le topo?

Évidemment, ces situations n'arriveront pas nécessairement dans la semaine qui suivra la mise en place de votre machine à trouver des aubaines. Mais dites-vous qu'il est préférable d'avoir un système en place qui peut vous apporter un jour une belle transaction que de ne pas en avoir du tout.

Finalement, lorsque vous faites des démarches pour construire votre machine à aubaines, rappelez-vous qu'une seule transaction dans votre carrière provenant de l'une de vos actions vaudra amplement les efforts que vous y aurez déployés.

LES SOURCES DE PROPRIÉTÉS

Comme vous venez de le voir, la recherche passive est l'un des moyens pour trouver des propriétés. Sachez qu'il existe plusieurs autres sources que vous ne devez pas négliger. Voici une liste non exhaustive de ces autres sources. Notez qu'elles ne vous sont pas présentées par ordre d'importance.

- les encans;
- les reprises bancaires;
- d'autres investisseurs;
- le registre foncier;
- **jlr.ca**;
- les AVPP (propriété à vendre par le propriétaire);
- les journaux de quartier;
- les grands quotidiens;
- le porte-à-porte;

- tous les intervenants énumérés au chapitre précédent;
- les avis publics;
- les courtiers immobiliers.

TRAVAILLER AVEC OU SANS LES COURTIERS IMMOBILIERS

Lorsqu'on désire trouver des aubaines, il est important de mettre toutes les chances de son côté, car elles sont rares sur le marché. Balayer du revers de la main une source qui pourrait vous apporter un jour une aubaine n'est pas la meilleure chose à faire.

N'en doutez pas, les courtiers immobiliers font partie de l'une de ces sources.

Je discutais avec un participant lors de la formation sur le «**financement créatif et extracréatif**» et ce dernier me mentionnait recevoir régulièrement des listings d'un courtier immobilier pour des duplex sur l'île de Montréal. Remarquez ici que le type d'immeubles importe peu et que la ville n'a aucune importance. Ceci s'applique à tout genre d'immeubles, tant à Québec, Gatineau, Laval et tout autre grand secteur du Québec.

Je lui demande alors:

«*Pourquoi ne pas faire affaire avec plusieurs courtiers? Pourquoi recevoir des listings d'un seul courtier?*»

Il me répond:

«*De toute façon, ils prennent tous leurs fiches descriptives sur MLS, ils m'enverront tous les mêmes immeubles. Alors, ça ne sert à rien d'avoir plusieurs courtiers!*

– *C'est une erreur!*», lui ai-je répliqué.

Je m'explique.

Le courtier immobilier qui vous fait parvenir les listings connaît plusieurs personnes, disons 500 personnes, par exemple.

Si au lieu de recevoir les listings d'un seul courtier, vous receviez ces mêmes listings de 10 courtiers différents, qui eux connaissent 500 personnes chacun ; vous augmenteriez par le fait même à 5 000 votre bassin de gens potentiellement vendeurs.

Vous voyez où je veux en venir avec cette anecdote ?

Évidemment, si vous dites aux 10 courtiers de vous faire parvenir des immeubles d'un même secteur, vous vous retrouverez avec 10 fois les mêmes fiches descriptives des mêmes immeubles. Pas très efficace comme gestion de l'information ! Sans compter les conflits possibles lorsque vous recevrez 10 fois le même « deal ». Lequel des courtiers parmi les 10 prendrez-vous pour rédiger l'offre d'achat ?

 C'est pourquoi il vous faudra subdiviser la région choisie en différents secteurs que vous attribuerez à chacun des courtiers. Un courtier pour le Plateau-Mont-Royal, par exemple, un autre pour Anjou, Tétreaultville et Mercier, un autre pour Pointe-aux-Trembles et Rivière-des-Prairies, et ainsi de suite. Optez pour 10 courtiers, 10 secteurs plutôt qu'un seul courtier pour 10 secteurs.

Vous augmenterez aussi considérablement vos chances qu'un de vos courtiers ait en main ce que l'on appelle un « pocket listing ».

De plus, se pourrait-il qu'un courtier cherchant pour vous des immeubles dans Limoilou trouve à l'occasion un bon « deal » dans Sillery et qu'il vous en fasse part, même si vous ne lui aviez demandé que des immeubles dans Limoilou ? C'est possible, n'est-ce pas ?

Bien sûr, cette stratégie à plusieurs courtiers demande un peu plus d'énergie et de temps de gestion, j'en conviens. Même si vous consacriez une heure de plus de gestion de courtiers immobiliers par semaine – et que cette stratégie vous apporte dans l'année une aubaine générant un profit à l'achat de 25 000 $, et un autre de 25 000 $ à la revente –, le calcul n'est pas très difficile à faire. Je crois que ces efforts valent la peine d'être faits.

J'entends plusieurs d'entre vous se dire :

«*Mais ce n'est pas correct, c'est d'être infidèle envers les courtiers.*»

S'il s'agit de votre réaction, je crois que vous n'avez pas tout à fait saisi ce que je tiens à vous faire comprendre.

Prenons un exemple pour mieux le concevoir.

Si un courtier du Plateau-Mont-Royal vous présente une aubaine située sur le Plateau-Mont-Royal, vous travaillerez avec lui sans l'ombre d'un doute, car il aura fait les efforts prévus pour vous apporter cette aubaine. Mais si un courtier de ville Saint-Laurent vous propose aussi une aubaine située sur le Plateau-Mont-Royal, alors pourquoi choisiriez-vous de travailler avec le courtier du Plateau-Mont-Royal puisque ce dernier n'aura pas su dénicher pour vous l'aubaine en question. Vous serez fidèle au courtier de ville Saint-Laurent qui a vu un immeuble correspondant à vos critères d'investissement. S'il s'était avéré que le courtier du Plateau-Mont-Royal trouve cette même aubaine, vous auriez alors utilisé ses services et il aurait touché une commission pour ses efforts.

 En résumé, ne vous fiez pas uniquement à un seul courtier et utilisez l'effet de levier humain. Plus de courtiers rechercheront pour vous et avec vous une aubaine immobilière, plus vous aurez de chances de trouver la perle rare ; car c'est ce que vous cherchez, ne l'oubliez pas.

L'IMPORTANCE DES COMPARABLES

Lorsqu'il est question de maisons, de condos, de chalets et de plex, la valeur marchande de ces immeubles est déterminée par la méthode des comparables, c'est-à-dire les immeubles semblables qui se sont vendus dans le même secteur depuis quelques mois, habituellement dans les six derniers mois tout au plus. Le meilleur comparable qui soit est l'immeuble voisin, identique au vôtre, qui s'est vendu hier. Situation qui vous arrivera rarement durant votre carrière. Il faut donc agrandir le secteur et reculer dans le temps quelque peu afin d'avoir un échantillonnage représentatif.

L'analyse des comparables est cruciale et vous permettra de déterminer si vous êtes en présence d'une aubaine ou non. Comme je le mentionnais au début de ce chapitre, il est important que vous visitiez le plus d'immeubles actuellement en vente afin de pouvoir comparer des pommes avec des pommes, et être en mesure de connaître votre future concurrence.

 Demandez à votre courtier immobilier de vous faire parvenir la liste des immeubles comparables récemment vendus dans le secteur. Si aucun courtier n'est impliqué dans la transaction, vous pourriez demander à un courtier avec qui vous faites souvent affaire de vous les faire parvenir.

 Vous pourriez également faire appel à un évaluateur agréé ou encore utiliser le site dont je vous parlais précédemment, soit **www.jlr.ca**. Informez-vous de leurs tarifs et forfaits de volume en les appelant directement. Ce site vous permettra de faire vous-même vos analyses des comparables, car il est accessible à tous ceux et celles qui paient les frais d'abonnement annuel.

Si vous utilisez **jlr.ca** pour vos analyses des comparables, vous aurez accès à tous les immeubles vendus sans exception, qu'ils l'aient été avec ou sans courtier, contrairement aux analyses des comparables de courtiers, qui eux, vous donneront accès aux immeubles vendus uniquement par l'intermédiaire de courtiers, pourvu que lesdits immeubles aient été vendus par le biais du système MLS. S'il s'agissait de « pockets listings », vous ne pourriez savoir combien les immeubles se sont vendus, à moins d'utiliser **jlr.ca**.

Disons que chacune de ces deux options a ses avantages et désavantages respectifs. Voici donc un résumé de ces deux options.

Avec **jlr.ca**, vous :

– aurez accès à plus de propriétés ;

– devrez défrayer des coûts relativement élevés ;

- aurez moins de détails relatifs aux propriétés ;
- pourrez visualiser plus facilement l'emplacement des pro-priétés ;
- devrez consacrer le temps requis pour sortir vous-même les immeubles.

Par le biais d'un courtier, vous :

- verrez que c'est habituellement gratuit ;
- aurez des fiches des immeubles plus détaillées ;
- aurez accès uniquement aux ventes avec courtiers par MLS ;
- déléguez la tâche ;
- pourriez recevoir des immeubles vendus dont le prix est légèrement plus élevé que la moyenne, faussant ainsi les données et laissant croire à une fausse aubaine ;
- bénéficiez de l'expérience du courtier.

NE VOUS FIEZ PAS À L'ÉVALUATION MUNICIPALE

Plusieurs futurs investisseurs que je croise me disent qu'ils pensent avoir une aubaine entre les mains, car ils paient le prix de l'évaluation municipale. Mais est-ce vraiment une aubaine pour autant ? Peut-être, mais pas obligatoirement.

 Ne vous fiez jamais à l'évaluation municipale pour déterminer si vous faites ou non une bonne affaire. L'évaluation municipale ne sert qu'à des fins de taxation. Elle n'est pas représentative du marché actuel. Certes, vous pouvez vous attarder à une propriété dont le prix demandé avoisine la valeur municipale, mais ne prenez jamais une décision simplement sur ce simple critère. En fonction du cycle de l'immobilier, du secteur dans lequel se situe l'immeuble, de l'état de l'immeuble, et plusieurs autres facteurs, les propriétés se vendront parfois au-dessus de l'évaluation municipale, parfois en dessous.

Imaginez un instant que le propriétaire-vendeur ait contesté l'évaluation municipale prétextant que sa propriété vaut, selon lui, 50 000 $ de plus que le montant fixé par la municipalité. Il y a de fortes chances que sa demande ait été acceptée par la municipalité, car celle-ci pourra percevoir des taxes foncières plus élevées. Et vous, vous désirez acheter cet immeuble au prix de l'évaluation municipale? Vous payez peut-être 50 000 $ de trop! Pensez-y.

DES ÉCOLES À PROXIMITÉ : UN MUST

En matière de flips, le fait que votre immeuble soit situé près d'une école primaire, d'une école secondaire, d'une université ou encore d'une garderie vous aidera grandement lors de la revente de celui-ci.

En effet, vous augmenterez votre bassin d'acheteurs potentiels qui souvent sont prêts à débourser quelques milliers de dollars supplémentaires pour cette proximité, augmentant par conséquent votre profit.

Mais il n'y a pas que les écoles qui favoriseront la revente. Les commodités aux alentours auront un impact direct sur le prix de vente et le délai requis. Je pense, entre autres, à un parc, une station de métro ou un circuit d'autobus, une épicerie, une piste cyclable et diverses commodités. Si tel est le cas, prenez soin de mentionner ces éléments dans votre fiche descriptive détaillée lorsque viendra le temps de revendre la propriété.

LES QUARTIERS RÉSIDENTIELS D'UNE TRENTAINE D'ANNÉES

Le choix de votre secteur influencera grandement le type de flips que vous serez en mesure de réaliser. Par exemple, dans un quartier en construction, vous aurez la chance de faire des flips « tels quels » ou encore des flips « à être construits ». Dans un secteur multilocatif, vous y trouverez un potentiel pour des « flips conversions » ou des « flips purement mathématiques ».

Dans de vieux quartiers résidentiels, vous trouverez des maisons unifamiliales se prêtant aux « flips rénos », aux « flips maquillages » et aux « flips tels quels ». J'affectionne tout particulièrement ce genre de secteurs, car on y retrouve souvent plusieurs successions et par le fait même, des vendeurs motivés. Notez qu'avec le vieillissement de la population dans les années à venir, il y aura de plus en plus de successions sur le marché.

De façon générale, les successions sont de belles sources de vendeurs motivés et d'aubaines.

PREMIÈREMENT, les immeubles sont la plupart du temps libres de toute hypothèque, ce qui favorise la négociation.

DEUXIÈMEMENT, les héritiers veulent rarement s'occuper de l'immeuble. Ils ont plutôt hâte de vendre l'immeuble et de toucher l'argent.

TROISIÈMEMENT, l'harmonie entre les héritiers n'est pas toujours au rendez-vous. Pour différentes raisons, il y a souvent de la discorde.

QUATRIÈMEMENT, le maquillage de la propriété y est souvent relativement simple à faire, du moins à l'intérieur. Un coup de pinceau, le changement des couvre-planchers, des moulures, des thermostats et des luminaires, et le tour est joué. En espérant que la cuisine et la salle de bain aient été mises à jour depuis la construction originale. Si ce n'est pas le cas, on parlera alors d'un « flip réno » plutôt que d'un « flip maquillage ».

CINQUIÈMEMEMENT, les prix sont normalement plus accessibles, c'est-à-dire plus bas, étant donné que les immeubles datent de quelques décennies. Par conséquent, votre prix de revente le sera également et vous pourrez ainsi attirer plus d'acheteurs. Dans ce genre de quartiers, vous attirerez la plupart du temps de premiers acheteurs. Rares sont les deuxièmes et troisièmes acheteurs qui voudront s'installer dans ce genre de quartiers. Mais ce n'est pas impossible !

Avec ce genre d'immeubles, soit des immeubles ayant atteint un premier cycle, soyez vigilant en ce qui a trait à la condition de la toiture et des portes et fenêtres. Ces deux éléments d'un bâtiment doivent généralement être remplacés après 25 ans à peu près. Or, si l'immeuble a une trentaine d'années, il est possible que vous deviez remplacer ces éléments très onéreux surtout s'ils sont d'origine. S'ils ont été récemment remplacés, l'ampleur des travaux sera beaucoup moins considérable.

 Informez-vous auprès de la municipalité si des subventions aux fins de rénovation sont offertes, entre autres pour l'extérieur de l'immeuble. Il pourrait s'agir par exemple d'un montant accordé pour changer les portes et fenêtres ou le revêtement extérieur. Informez-vous également auprès des deux paliers gouvernementaux si des programmes de subventions sont en vigueur afin de modifier le système de chauffage (à l'huile ou au mazout).

LOCALISATION – LOCALISATION – LOCALISATION

Comme dernier segment pour compléter ce chapitre 4, voici l'un des aspects des plus importants en matière d'investissement immobilier, c'est-à-dire la localisation de l'immeuble.

 Votre succès en tant que spéculateur immobilier sera grandement influencé par votre capacité à acheter le bon immeuble, dans la bonne rue, dans le bon secteur. Ce qui ne veut pas dire le plus beau ou le plus cher, au contraire !

Mais qu'est-ce qu'un bon immeuble ?

Il s'agit en fait de choisir un immeuble qui, en apparence, ne semble pas très alléchant. Étant situé dans une excellente rue, dans un bon secteur, cet immeuble offre donc un excellent potentiel

Efforcez-vous de trouver la propriété la plus moche de la plus belle rue !

Si vous investissez temps et argent sur ce genre d'immeubles, vos efforts seront grandement récompensés puisque les autres immeubles situés à proximité contribueront à accentuer la plus-value de votre immeuble. Au contraire, si vous optez pour un bel immeuble parmi de moins beaux, ces derniers dévalueront votre propriété. Vous aurez beau y mettre toute la gomme, vos efforts seront vains.

Gardez toujours à l'esprit cet aspect. Votre succès en dépend.

Bonne prospection à tous !

PROPOSITIONS D'ACTIONS À ACCOMPLIR POUR CE CHAPITRE

- ➠ Déterminez dans quels secteurs vous concentrerez vos recherches. Ciblez des immeubles à proximité d'écoles et de commodités, lorsque c'est possible.

- ➠ Visitez le plus d'immeubles possible dans ce secteur afin d'être en mesure de devenir un expert.

- ➠ Configurez votre machine de recherche passive. Créez-vous une adresse courriel consacrée uniquement à vos alertes ou encore créez des filtres afin que vos alertes soient automatiquement classées dès réception.

- ➠ Contactez plusieurs courtiers immobiliers et transmettez-leur vos critères d'investissement.

- ➠ Rencontrez le responsable du département de l'urbanisme. Posez-lui une série de questions relativement au secteur que vous aurez choisi.

- ➠ Munissez-vous de cartes professionnelles à titre d'investisseur immobilier.

Go go go, passez à l'action !

5

LE PROCESSUS D'ACHAT

VOICI CE QUE VOUS APPRENDREZ DANS CE **CINQUIÈME CHAPITRE**

- *Comment se porte votre crédit?*
- *Les cinq facteurs qui influencent votre cote de crédit.*
- *L'importance de la préqualification.*
- *Jamais d'achat sans inspection.*
- *Des imprévus peuvent survenir durant l'achat.*
- *Les promesses d'achat.*
- *Offrez – offrez – offrez!*
- *La négociation est omniprésente dans l'immobilier.*
- *Les frais à considérer lors de l'achat.*

⌒

Tout investisseur immobilier qui utilise du financement pour acquérir des immeubles se doit de savoir en tout temps comment se porte son crédit. Et là, je ne parle pas uniquement de la cote de crédit, mais bel et bien de l'ensemble de son crédit, car il y a une grande différence entre les deux.

Je m'explique.

La plupart des gens que j'accompagne dans leur démarche immobilière croient à tort que la cote de crédit est l'unique élément qui détermine si leur crédit est bon ou mauvais. Loin de là!

COMMENT SE PORTE VOTRE CRÉDIT ?

Lorsqu'il est question de votre crédit pour le banquier, cinq facteurs sont considérés par ce dernier afin de prendre la décision de vous accorder ou non un prêt. On parle alors des 5C du crédit. L'un de ces 5C est la cote de crédit, mais il y en a quatre autres tout aussi importants.

PREMIÈREMENT, le **capital** dont vous disposez.

Imaginez un instant que vous rencontrez votre banquier et que vous lui mentionnez que vous n'avez pas un rond à investir ! Il y a fort à parier qu'il ne voudra pas vous accorder de prêt. Habituellement, les banquiers ne sont pas très favorables au financement créatif.

DEUXIÈMEMENT, votre **caractère.**

L'approche et l'attitude que vous aurez devant votre banquier influenceront la confiance qu'il aura en vous. Si vous vous présentez bien, avec de bons dossiers bien préparés, vous mettez les chances de votre côté d'obtenir un oui.

Imaginez un instant que votre banquier tente de vous joindre par téléphone à la suite d'un paiement en retard et que vous ne le rappeliez pas. Se peut-il qu'il hésite à vous consentir de nouveaux prêts lorsque vous en ferez la demande ?

TROISIÈMEMENT, votre **capacité à réinjecter de l'argent** après l'achat de votre immeuble. Pour les cinq logements et moins, deux facteurs seront pris en compte quant à votre capacité à réinjecter de l'argent : vos revenus personnels et l'argent disponible, une fois l'immeuble passé devant notaire.

Vous restera-t-il 1 000 $ ou 50 000 $ lorsque vous aurez acheté l'immeuble en question ?

Générez-vous des revenus personnels de 20 000 $ par année ou bien de 400 000 $? Si tel est le cas, il y a plus de chances que vous soyez en mesure de réinjecter des sommes, advenant un pépin.

QUATRIÈMEMENT, les garanties *collatérales* (sûreté supplémentaire).

Un autre point important concernant la prise de décision du banquier a trait aux garanties collatérales dont vous disposez. Si votre aventure immobilière tourne mal, êtes-vous en mesure de fournir certaines garanties afin de rassurer le banquier? La majorité du temps, les garanties seront prises sur l'immeuble que vous vous apprêtez à acheter, mais il arrive parfois que le banquier soit plus gourmand et exige de vous d'autres garanties. Tout dépendra de votre profil de crédit et de l'immeuble que vous convoitez.

CINQUIÈMEMENT, votre **cote de crédit.**

Le dernier des 5C, mais non le moindre. Votre cote de crédit se situe entre 300 et 900. Plus elle est élevée, moins vous représentez de risques pour le créancier.

Afin de découvrir votre cote de crédit, consultez les sites Internet suivants : **www.transunion.ca** et **www.equifax.ca.**

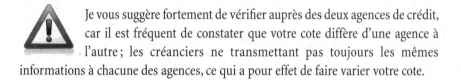

Je vous suggère fortement de vérifier auprès des deux agences de crédit, car il est fréquent de constater que votre cote diffère d'une agence à l'autre ; les créanciers ne transmettant pas toujours les mêmes informations à chacune des agences, ce qui a pour effet de faire varier votre cote.

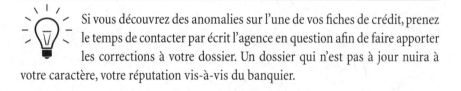

Si vous découvrez des anomalies sur l'une de vos fiches de crédit, prenez le temps de contacter par écrit l'agence en question afin de faire apporter les corrections à votre dossier. Un dossier qui n'est pas à jour nuira à votre caractère, votre réputation vis-à-vis du banquier.

Un autre conseil important que je désire partager avec vous, c'est de commander régulièrement vos deux dossiers de crédit, car ces derniers sont en perpétuels changements. Vous pouvez très bien avoir une cote de 750 à l'heure actuelle, par exemple, et vous retrouver quelques mois après avec une cote de 680. Comme le dit si bien l'adage : *Le passé n'est pas garant de l'avenir.*

Pour commencer, je vous suggère de commander une première fois vos dossiers et pointages de crédit Équifax et TransUnion. Vous pourrez ainsi examiner les différentes informations que les créanciers verront lors d'une demande de financement. Dans plus de 80 % des cas, un nettoyage est nécessaire. Nous offrons au Club d'investisseurs immobiliers du Québec la formation « **Comment optimiser au maximum votre crédit** » pour vous aider, entre autres, à comprendre et corriger vos dossiers de crédit. De plus, vous trouverez également comment procéder sur les sites d'Équifax et TransUnion ou en faisant une recherche sur Internet.

Six mois après ces démarches, commandez à nouveau votre dossier et pointage de crédit à l'une des agences de crédit, soit Équifax ou TransUnion. Six mois plus tard, commandez votre dossier et pointage de crédit de l'autre agence de crédit.

En procédant ainsi, vous saurez toujours ce qui se passe dans vos dossiers et pourrez ainsi maîtriser la situation.

LES CINQ FACTEURS QUI INFLUENCENT VOTRE COTE DE CRÉDIT

Maintenant, qu'en est-il des facteurs qui influenceront votre pointage de crédit, que nous appelons communément la cote de crédit?

Voici les cinq facteurs les plus importants, présentés par ordre d'importance:

1. VOS HABITUDES DE PAIEMENT, c'est-à-dire votre habileté à payer dans les délais exigés. Cet élément est le plus important. Il compte pour 35 % du calcul.

2. VOTRE RATIO D'UTILISATION, c'est-à-dire le total de l'ensemble de vos soldes de cartes de crédit et marges de crédit divisé par l'ensemble de votre limite totale de vos cartes et marges. Cet aspect compte pour 30 % du calcul.

3. VOTRE HISTORIQUE, c'est-à-dire depuis combien de temps vous avez accès à du crédit. Cet aspect compte pour 15 % du calcul. Plus cela fait longtemps que vous avez du crédit, meilleure se porte votre cote.

4. LE NOMBRE DE TYPES DE CRÉDIT dont vous disposez compte pour 10 % du calcul de votre cote.

5. LE NOMBRE DE DEMANDES DE CRÉDIT que vous avez effectuées depuis les 12 derniers mois. Cet aspect compte également pour 10 % du calcul. Évitez les demandes inutiles pour ne pas nuire à votre pointage.

Si vous faites un petit calcul rapide, le fait de payer dans les délais exigés et de ne pas être trop endetté vous permettra de générer 65 % du calcul de la cote de crédit. Tenez-vous-le pour dit !

Si pour une raison ou une autre, votre crédit est médiocre et vous empêche d'avancer, voici quelques solutions pour vous aider :

– associez-vous avec quelqu'un qui dispose d'un bon crédit ;

– demandez à quelqu'un de vous endosser ;

– payez comptant ;

– faites des « flips purs » ;

– faites appel à un prêteur privé.

Ne souffrez pas d'« excusite » aiguë. Soyez plutôt créatif.

L'IMPORTANCE DE LA PRÉQUALIFICATION

Tout d'abord, mentionnons que la préqualification consiste à obtenir de la banque un document, une lettre, mentionnant la limite de prêt que vous êtes capable d'obtenir en fonction des revenus personnels et dépenses personnelles que vous avez fournis à votre banquier ou encore à votre courtier hypothécaire.

Cette préqualification est possible uniquement lorsque vous désirez acheter une maison, un condo, un plex ou un chalet. Si vous convoitez un immeuble de six logements et plus, une telle préqualification n'est pas possible, car vous ne savez pas à l'avance les revenus et dépenses de l'immeuble. Dans un tel cas, ce sont essentiellement les revenus et dépenses de l'immeuble qui justifieront le montant du prêt que la banque vous consentira.

Dans le cas où une préqualification est applicable, je vous suggère fortement d'en obtenir une, car celle-ci offre plusieurs avantages.

PREMIÈREMENT, elle vous permettra de cibler le prix à payer pour le type d'immeuble choisi. Imaginez que votre budget vous permette d'acheter une maison de 200 000 $ maximum, et bien, vous n'irez pas chercher à acheter une maison de 400 000 $.

DEUXIÈMEMENT, la préqualification vous permettra de gagner du temps.

TROISIÈMEMENT, le taux d'intérêt en vigueur lors de la demande vous sera garanti pour une période variant de trois à six mois. En d'autres mots, si les taux d'intérêt hypothécaires venaient à monter, vous auriez droit au taux accordé lors de la préqualification. À l'opposé, si les taux venaient à baisser, vous auriez de surcroît, droit à ce nouveau taux plutôt qu'au taux accordé lors de la préqualification. Une situation plus que gagnante !

Les frais pour une telle préqualification ? Il n'y en a pas.

QUATRIÈMEMENT, c'est tout à fait gratuit ! Merveilleux, n'est-ce pas ? Contactez un courtier hypothécaire ou encore votre banquier et ils seront en mesure de vous préqualifier pour votre futur achat de cinq logements et moins. Préparez un dossier contenant toutes les informations exigées par les créanciers. Ce document pourra être utilisé à plusieurs reprises pour obtenir une préqualification si votre situation financière demeure la même.

Si votre situation financière venait à changer, vous n'auriez qu'à remplacer les sections concernées par ces changements. Cette façon de procéder vous permettra de gagner du temps et d'ainsi obtenir votre financement plus rapidement. Lorsque l'aubaine se présente, c'est une course contre la montre. Alors, ce n'est pas le moment de tenter d'obtenir un document manquant, qui peut-être, ne vous parviendra pas à temps et qui vous fera perdre une belle occasion. Imaginez rater la chance de faire 25 000 $ de profits nets en raison d'un manque d'organisation. Ce n'est pas trop payant !

JAMAIS D'ACHAT SANS INSPECTION

Une autre étape du processus d'achat est l'inspection en bâtiment qui consiste à faire examiner, par un expert, l'état physique d'un bâtiment. Cette étape est d'une importance capitale, car lorsqu'on investit dans l'immobilier, il n'y a pas que les chiffres qui entrent en ligne de compte. Contrairement à plusieurs types d'investissement, il y a un bâtiment à considérer.

Voici quelques aspects à prendre en considération :

– L'immeuble est-il en bon état ?

– Quels sont les travaux à effectuer à court, moyen et long terme ?

– L'immeuble est-il vendu avec ou sans garantie légale (caution judiciaire) ?

– Les travaux déjà effectués ont-ils été faits par des entrepreneurs en règle et compétents ?

– Quel est l'état de la toiture, des fenêtres, de la plomberie, de l'électricité et des fondations ?

Toutes les réponses à ces questions auront pour effet d'influencer à la hausse ou à la baisse le prix à payer pour un immeuble. C'est pourquoi vous vous devez d'en connaître les réponses avec le plus d'exactitude possible. L'inspection en bâtiment, entre autres, vous permettra d'obtenir des réponses à ces questions.

 Gardez toujours à l'esprit que vous ne devez **jamais, jamais, jamais acheter un immeuble sans le faire inspecter,** et ce, peu importe la raison que vous pourriez invoquer.

J'entends déjà certains d'entre vous se dire :

« *Oui, mais l'immeuble est neuf, alors pourquoi donc le faire inspecter !* »

À cela, je réponds :

« *N'avez-vous jamais entendu parler de vices de construction ?* »

Moi oui, et à plusieurs reprises.

Ce n'est pas parce que l'immeuble est neuf que vous n'aurez pas de problèmes physiques avec ce dernier.

D'autres me diront :

« *L'immeuble est vendu sans garantie légale aux risques et périls de l'acheteur. Alors, à quoi bon le faire inspecter si je n'ai pas de recours contre le vendeur ?* »

 Eh bien, si vous n'avez pas de recours contre le vendeur, peut-être pourriez-vous dans certains cas, en avoir contre l'inspecteur en bâtiment qui n'a pas effectué correctement son travail et qui aurait dû être en mesure de constater divers problèmes. Si vous n'avez pas de recours contre le vendeur, il me semble que c'est une raison valable pour être encore plus prudent et ainsi faire inspecter l'immeuble.

Vous aimeriez avoir une autre raison ? En voici une.

Vous pourriez renégocier le prix à la baisse à la suite de l'inspection. Le coût relatif à une inspection en bâtiment est très souvent compensé par une baisse de prix de loin supérieure à son coût. Il n'est pas rare de voir une baisse de quelques milliers de dollars pour donner suite à une inspection qui a coûté à peine quelques centaines de dollars.

Si le coût des rectifications requises décelées par l'inspecteur en bâtiment s'avérait trop élevé, et dans l'éventualité où le vendeur ne serait pas prêt à négocier après l'inspection, il vous serait toujours possible de renoncer à l'achat : c'est-à-dire de rendre la promesse d'achat nulle et non avenue. Toutefois, vous devez prendre soin de rédiger votre clause adéquatement afin de vous permettre d'être bien protégé.

Des coûts de réparation trop élevés peuvent souvent transformer une aubaine en une occasion bien ordinaire. Alors, soyez vigilant.

En ce qui me concerne, tenter d'économiser en omettant volontairement de faire inspecter un immeuble est ce que j'appelle « faire des économies de bouts de chandelles ». En immobilier, je ne le répéterai jamais assez, on jongle avec des dizaines de milliers de dollars, alors pourquoi lésiner pour quelques centaines de dollars de plus ?

Dites-vous qu'au lieu de payer un immeuble 500 000 $ par exemple, vous le paierez 501 000 $. Et si l'inspection vous évitait d'acheter un mauvais immeuble qui vous aurait coûté une fortune en travaux non prévus.

Assurez-vous d'être présent lors de l'inspection en bâtiment. Exigez que le vendeur le soit également afin de pouvoir lui poser des questions. Plus vous en saurez concernant l'état de l'immeuble et la situation du vendeur, plus vous augmentez vos chances de négocier à la baisse et de faire plus de profits à l'achat. Accompagner un inspecteur est du temps très bien investi.

Lorsque c'est possible, présentez au vendeur l'acceptation hypothécaire en même temps que le rapport d'inspection en bâtiment. Profitez de cette tactique de synchronisation pour tenter de renégocier le prix d'achat à la baisse. Vous mettrez ainsi de la pression sur le vendeur qui aura une décision à prendre à ce moment-là. S'il accepte la baisse de prix que vous proposez, il vendra son immeuble puisque vous êtes accepté au financement et qu'il n'y aura plus de conditions à remplir, à moins que vous vous soyez gardé une porte de sortie grâce à une autre condition.

S'il ne faut jamais acheter un immeuble sans l'avoir fait inspecter, c'est encore plus vrai concernant un achat sans visite des lieux. N'achetez jamais un immeuble sans l'avoir visité au préalable, ce qui pourrait, par exemple, être une condition exigée lors d'une vente par encan. Vous pourriez avoir de très grosses surprises et perdre beaucoup d'argent dans une telle aventure.

Finalement, l'inspection vous permettra d'acheter en meilleure connaissance de cause, en plus de vous aider à élaborer votre plan d'entretien et de réparations pour les années à venir.

DES IMPRÉVUS PEUVENT SURVENIR DURANT L'ACHAT

Tout n'est pas parfait dans ce bas monde et l'investissement immobilier ne fait pas exception à la règle. Au même titre que toute entreprise, l'immobilier procure son lot de problèmes. Ce n'est pas toujours aussi simple et facile que ça semble l'être dans certaines émissions de télévision sur les flips !

En écrivant ce livre, je n'avais pas l'intention de vous faire croire que l'immobilier est toujours parfait. Quoique très agréable et payant comme domaine, des situations imprévues et plutôt désagréables peuvent survenir lors du processus d'achat, lors de la possession, lors de la vente ainsi qu'après la vente de l'immeuble. Lors d'accompagnements téléphoniques que j'ai effectués, certains semblaient découragés par une situation imprévue qui se présentait à eux. Si l'une d'entre elles se présente lors de vos flips, dites-vous que vous n'êtes pas les seuls à qui cela arrive. Ça fait partie de la « game », comme on dit.

Je partage avec vous quelques imprévus auxquels je me suis heurté personnellement ou d'autres qui sont survenus lors du processus d'achat de certains de mes élèves. Notez que cette liste est loin d'être exhaustive :

– la propriété passe au feu avant la signature de l'acte de vente chez le notaire ;

– le vendeur change d'idée et ne désire plus vendre ;

– vous changez d'idée et ne désirez plus acheter l'immeuble ;

– le vendeur décède avant la signature de l'acte de vente ;

– votre associé qui devait injecter la majeure partie de l'argent se désiste ;

– votre demande de financement est refusée ;

– vous devez faire un test environnemental de phase 2 non prévu, au coût de 10 000 $;

– le sol est contaminé, et en plus, il ne peut pas être décontaminé. La banque ne veut donc pas vous accorder de prêt.

Concernant les sols, il existe un registre public qui vous permet de savoir à l'avance si le terrain a déjà fait l'objet d'une contamination. Il s'agit d'un site Internet que vous pourrez consulter à l'adresse suivante : **http://www.mddep.gouv.qc.ca.**

Ce n'est pas agréable comme situations, me direz-vous! Mais que voulez-vous, ce sont des choses qui peuvent survenir et c'est pourquoi vous devrez faire preuve de positivisme en de pareilles circonstances. Vous devriez surtout allouer un montant d'argent relativement aux imprévus pouvant survenir lors de l'achat. Ne jouez pas à l'autruche!

LES PROMESSES D'ACHAT

Il va de soi que je ne pourrais traiter du processus d'achat sans porter à votre attention les promesses d'achat ou offres d'achat; les deux étant synonymes.

Tout d'abord, une promesse d'achat consiste à offrir au vendeur, idéalement par écrit, un prix d'achat pour son immeuble, le tout assorti de diverses conditions.

Parmi ces conditions, on peut retrouver qu'elle soit, entre autres :

– conditionnelle à la visite de tous les logements, et ce, avant l'inspection en bâtiment;

– conditionnelle à l'inspection en bâtiment par un expert choisi par l'acheteur;

– conditionnelle à l'analyse des baux et documents relatifs à l'immeuble;

– conditionnelle à divers tests tels que la pyrite, le radon, la thermographie, les tests environnementaux;

– conditionnelle à l'obtention d'un prêt hypothécaire.

Le tout à l'entière satisfaction de l'acheteur qui devra s'en déclarer satisfait par écrit, à défaut de quoi la promesse d'achat deviendra
nulle et non avenue. En d'autres termes, la promesse d'achat sera
annulée.

À chacune des conditions que vous inclurez à votre promesse
d'achat, vous devrez déterminer un délai pour réaliser la condition
ainsi qu'une conséquence en cas de non-respect du délai.

Voici un exemple type de clause :

Cette promesse d'achat est conditionnelle à la visite, par l'acheteur, de tous les logements dans les 7 (sept) jours suivant l'acceptation
des présentes ; le tout à l'entière satisfaction de l'acheteur qui devra
s'en déclarer satisfait, par écrit, dans les 5 (cinq) jours suivant la
visite complète des lieux ; à défaut de quoi, la présente promesse
d'achat deviendra nulle et non avenue.

Lorsque vous rédigez vos clauses, gardez toujours à l'esprit les
quatre éléments suivants :

- qui ?

- fait quoi ?

- dans quel délai ?

- et la conséquence en cas de non-respect du délai.

Ainsi, vous serez en mesure de rédiger vos clauses adéquatement.

Pour rédiger vos promesses d'achat, vous pouvez construire vos
propres formulaires, ou encore utiliser des modèles déjà existants
que vous prendrez bien soin d'adapter à chacun des immeubles que
vous convoiterez.

Voici divers modèles mis à votre disposition :

- ceux que l'on retrouve gratuitement sur **duproprio.com** ;

- **jurifax.ca** ;

- **lexeek.com** ;

- formulaires disponibles dans toutes les bonnes librairies.

Si la rédaction de promesses d'achat ne vous est pas familière, il serait avisé de recourir aux services d'un avocat spécialisé dans l'immobilier, d'un notaire ou encore d'un courtier immobilier. Ils sauront vous aider à rédiger adéquatement vos offres et vous éliminerez ainsi les risques de vous mettre dans le pétrin, car une promesse d'achat se veut un contrat légal valide entre deux parties qui l'ont délibérément signée.

 Ayez sur votre ordinateur une promesse d'achat prête, que vous aurez obtenue de l'une des sources précédemment mentionnées. Elle sera déjà complétée avec vos propres conditions, nom et adresse. Vous serez ainsi prêt à la présenter en tout temps !

 À titre d'acheteur, lorsque vous avez une promesse d'achat acceptée et que l'immeuble est inscrit au réseau MLS, assurez-vous auprès de votre courtier que la mention PAC apparaît. Le but de cette démarche est de faire en sorte de réduire le nombre d'acheteurs s'intéressant à l'immeuble. Plusieurs d'entre eux décideront de ne pas faire d'offre d'achat ou de visite des lieux étant donné que vous avez déjà conclu une entente conditionnelle avec le vendeur. Nul besoin de vous dire que, s'il y a moins de concurrents, votre pouvoir de négociation avec le vendeur s'en trouve augmenté.

OFFREZ – OFFREZ – OFFREZ !

Un principe de base en matière d'offres d'achat est que plus vous en ferez, meilleures seront vos chances de faire des profits à l'achat. Plus vous ferez d'offres d'achat et meilleure sera votre situation par rapport aux vendeurs.

Imaginez un instant que vous fassiez une ou deux offres d'achat par année. Il est possible alors que vous n'achetiez pas d'immeubles, car il ne faut pas croire qu'une offre équivaut à un achat. Loin de là. C'est le principe de la loi du nombre qui s'applique.

Vous aurez peut-être à faire des dizaines et des dizaines d'offres avant de mettre la main sur l'aubaine. Par conséquent, vous devrez être patient, persévérant et tenace. Vous vous rappelez les qualités requises que j'énumérais à la page 29 du chapitre 1? Non?

Je vous invite respectueusement à les relire et à vous efforcer constamment de les développer.

LA NÉGOCIATION EST OMNIPRÉSENTE DANS L'IMMOBILIER

Durant votre carrière d'investisseur immobilier, vous aurez à négocier constamment.

Je pense, entre autres, à négocier avec:

– des locataires;

– des fournisseurs;

– des banquiers;

– des entrepreneurs en rénovation;

– des acheteurs, des vendeurs;

– des courtiers immobiliers;

– des associés;

– votre conjointe ou votre conjoint.

 C'est pourquoi je vous conseille fortement de suivre une formation sur la négociation. Quelques heures et quelques centaines de dollars qui seront très bien investis. C'est toujours le même principe! Un truc appris que vous appliquerez des dizaines et dizaines de fois lors de votre carrière d'investisseur vous rapportera bien au-delà du temps et de l'argent investis.

À la suite de la visite des lieux, si vous désirez négocier le prix d'achat à la baisse, gardez-vous des cartes cachées dans votre manche. Ne dévoilez pas tout au vendeur afin de pouvoir utiliser ultérieurement certains arguments lors de l'inspection en bâtiment. Vous aurez ainsi un pouvoir de négociation accru.

LES FRAIS À CONSIDÉRER LORS DE L'ACHAT

Pour conclure ce chapitre 5, voici une liste non exhaustive des frais que vous aurez peut-être à débourser lors de l'achat de vos immeubles :

- l'inspection en bâtiment (préachat) ;
- les frais de notaire reliés à l'enregistrement et la publication des actes ;
- les droits de mutation ;
- divers tests complémentaires requis ;
- le certificat de localisation ;
- l'assurance-titres (l'assurance du droit de propriété).

Je vous expliquerai en détail au chapitre 8 les frais les plus usuels.

Bons achats à tous !

PROPOSITIONS D'ACTIONS À ACCOMPLIR POUR CE CHAPITRE

➡ Commandez vos fiches de crédit et votre pointage aux deux bureaux de crédit.

➡ Faites corriger les erreurs pouvant s'y trouver.

➡ Si vous désirez investir dans les cinq logements et moins, et envisagez de le faire dans les mois à venir, faites-vous préqualifier.

➡ Préparez votre dossier de financement standardisé que vous présenterez aux prêteurs et aux courtiers hypothécaires afin d'obtenir vos préqualifications.

➡ Téléchargez sur **Duproprio.com** un modèle d'offre d'achat afin de vous y familiariser ou encore demandez à l'un de vos courtiers immobiliers de vous fournir un exemple de l'OACIQ (organisme d'autoréglementation du courtage immobilier du Québec).

➡ Mieux encore, osez aller plus loin et faites une offre directement à un vendeur pour vous exercer à le faire. Mais attention, incluez-y des clauses échappatoires afin de pouvoir vous retirer si tel est votre désir.

Go go go, passez à l'action !

6

LA POSSESSION DE VOS IMMEUBLES

VOICI CE QUE VOUS APPRENDREZ DANS CE **SIXIÈME CHAPITRE**

• Assurez-vous d'avoir assez de liquidités.

• La location avec option d'achat comme plan B.

• Des imprévus peuvent survenir durant la possession.

• Dotez-vous du bon véhicule de possession.

• Assurer un immeuble vacant coûte très cher.

• Les frais de possession à considérer.

ASSUREZ-VOUS D'AVOIR ASSEZ DE LIQUIDITÉS

La grande majorité des types de flips généreront des surplus de trésorerie négatifs. En d'autres mots, les revenus générés par l'immeuble ne seront pas suffisants pour couvrir les frais reliés à la possession, tels que le paiement hypothécaire, les assurances, les taxes foncières, la taxe scolaire, ainsi que l'entretien, pour ne nommer que ceux-là.

Prenons par exemple une maison, un chalet ou un condo que vous désirez *flipper*. Puisque vous souhaitez revendre ce type d'immeuble à des propriétaires occupants prêts à payer plus cher qu'un locataire le ferait pour habiter l'unité, vous devrez garder cette unité vacante et vous n'aurez par conséquent aucun revenu. Dans ce cas, vous constaterez que les paiements viennent rapidement chaque mois!

Il est donc primordial, lors de votre analyse, de vous assurer que vous aurez assez de liquidités pour mener à terme votre projet. Soyez réaliste et gardez-vous un coussin ! Les immeubles ne se vendent pas toujours en quelques semaines. C'est possible que vous ne trouviez pas preneur avant quelques mois, voire un an et même plus. Faites bien vos calculs. Je ne voudrais pas que vous deveniez un vendeur motivé parce que vous avez été trop optimiste en ce qui concerne le délai de possession.

En ce qui concerne les plex, vous aurez, dans la plupart des cas, des revenus de location suffisants pour couvrir les dépenses engendrées pour opérer l'immeuble. Ce type d'immeuble fera en sorte que vous ne serez pas aussi résolu à le vendre, advenant le cas où l'immeuble tarderait à trouver preneur. Puisque les revenus couvriront les dépenses, vous pourrez attendre votre acheteur en toute quiétude ; ce qui n'est pas le cas d'un immeuble laissé vacant et qui ne génère aucun revenu.

LA LOCATION AVEC OPTION D'ACHAT COMME PLAN B

Comme je le mentionnais précédemment, les maisons, chalets et condos exigeront de votre part plus de liquidités ; du moins en ce qui a trait aux coûts de possession.

Avez-vous pensé, lors de votre analyse initiale, à votre porte de sortie si vous n'arriviez pas à vendre votre immeuble, et ce, pour quelque raison que ce soit ?

 L'une des meilleures portes de sortie, lorsque vos immeubles sont vacants, demeure la location avec option d'achat. Le but est de trouver un locataire et de stopper l'hémorragie du cash-flow négatif. L'autre but est de pouvoir vendre à court terme votre immeuble à ce même locataire. D'où le terme, location avec option d'achat.

Si vous optez pour cette solution, vous devrez vous entendre au préalable avec votre locataire sur la durée de l'option, c'est-à-dire à quelle date il pourra exercer son option et devenir propriétaire !

Vous devrez également vous entendre sur le montant du loyer ainsi que la portion de ce dernier qui servira de versements applicables à l'éventuelle mise de fonds requise pour se porter acquéreur de l'immeuble.

Allons-y avec un exemple chiffré.

Supposons que le locataire-acheteur défraie un montant mensuel de 1200 $ à titre de loyer. De ces 1 200 $, supposons également que 300 $ soient applicables à titre d'acompte, et ce, pour une option d'achat de 12 mois. Alors, le locataire aura cumulé un dépôt de 3 600 $, soit (12 mois × 300 $ par mois = 3 600 $).

Vous pourriez également exiger que le locataire verse un dépôt initial lors de la signature du contrat de location. Celui-ci s'ajouterait donc aux 3 600 $ cumulés durant l'année.

 Je vous suggère de mettre une clause au contrat indiquant que le dépôt initial et les dépôts cumulés mensuellement ne sont pas remboursables, au cas où le locataire-acheteur n'exercerait pas son option d'achat.

Ces montants cumulés et non remboursables pourraient être fort utiles pour pallier les frais potentiels nécessaires afin de faire valoir vos droits et exécuter quelques travaux imprévus lors de son départ, volontaire ou forcé ! Notez qu'en matière de location avec option d'achat, le bail de la Régie du logement ne s'applique pas. Informez-vous auprès d'un avocat afin que celui-ci puisse vous conseiller et vous aider à rédiger le contrat de location avec option d'achat.

DES IMPRÉVUS PEUVENT SURVENIR DURANT LA POSSESSION

Comme je l'ai fait au chapitre précédent, je vous présente également une liste non exhaustive d'imprévus qui peuvent survenir durant la possession de vos immeubles :

- Certains de vos locataires ne vous paient pas.

- L'entrepreneur réalisant les travaux de rénovation déclare faillite.

- En raison d'une mauvaise estimation des coûts de rénovation, vous dépassez le budget alloué, diminuant ainsi vos profits.

- Vous devez faire valoir vos droits devant la Régie du logement.

- Vous manquez de temps pour vous occuper de votre projet.

- Vous devez payer la franchise d'assurance pour donner suite à une réclamation.

- Vous vous démotivez. Un de vos associés abandonne.

- Vous recevez une mise en demeure d'un voisin et devez vous défendre par le biais d'un avocat.

- Vous devez payer une somme additionnelle pour une cotisation spéciale reliée à votre condo.

- Les travaux des entrepreneurs laissent à désirer.

- Vous manquez de liquidités pour mener à terme votre projet.

- Un de vos locataires frustrés quitte les lieux après avoir endommagé le logement.

- Vous découvrez certains problèmes physiques reliés à l'immeuble et décidez de poursuivre l'ancien propriétaire en vices cachés.

- La garantie pour des travaux que l'ancien propriétaire a fait exécuter n'est plus valide.

Voilà quelques raisons pourquoi vous devrez allouer un montant d'argent pour les imprévus pouvant survenir lors de la possession. Ne jouez pas à l'autruche !

DOTEZ-VOUS DU BON VÉHICULE DE POSSESSION

Le mode de possession de vos immeubles peut prendre plusieurs formes. Vous pouvez les posséder en votre nom personnel. En pareil cas, vous devrez comptabiliser le revenu ou la perte lors de chaque année civile dans votre déclaration personnelle de revenus. Ce mode de possession offre l'avantage d'être simple, peu coûteux, et il pourrait vous être possible de réduire une perte locative de votre revenu imposable personnel.

 Si vous détenez vos immeubles en votre nom personnel, vous vous exposez toutefois à d'éventuels problèmes reliés à des poursuites en vices cachés de la part de votre acheteur. En effet, si vous avez en votre possession votre immeuble personnellement, votre patrimoine familial pourrait être mis en péril.

Vous pourriez également opter pour détenir vos immeubles au moyen d'une société par actions, communément appelée une compagnie. Dans ce cas, vous dissocierez les immeubles que vous posséderez de votre patrimoine familial. Un avantage indéniable !

D'autres options s'offrent également à vous telles que :

– la fiducie familiale ;

– la fiducie de protection d'actifs ;

– la société en commandite ;

– la société de personnes.

Je vous conseille fortement de consulter un bon avocat et un bon fiscaliste qui sauront vous guider selon votre situation actuelle et selon le type de projet que vous désirez réaliser. Ils sauront également trouver le meilleur véhicule de possession afin de vous protéger et aussi vous permettre d'épargner le plus d'impôts possible.

Ne laissez pas l'impôt accaparer tous vos profits !

Quelques centaines de dollars investis en consultation pourraient vous faire économiser des milliers de dollars en impôts. Avez-vous les moyens de vous en priver ?

ASSURER UN IMMEUBLE VACANT COÛTE TRÈS CHER

Voici un aspect important à considérer lorsque vous « flippez » des immeubles qui demeurent vacants. Dans ce genre de situation, les assureurs exigent des primes d'assurance extrêmement élevées en raison des risques accrus auxquels ils s'exposent. Voici quelques aspects considérés par l'assureur pour justifier de telles hausses de prime :

– les risques accrus de vandalisme ;

– les risques de bris de tuyaux attribuables au gel en hiver ;

– les dommages plus considérables lors de dégâts d'eau ;

– les risques accrus de perte totale en cas d'incendie étant donné qu'aucun occupant n'est présent et en mesure de réagir rapidement en début d'incendie.

Il n'est pas rare de voir des primes d'assurance de l'ordre de 200 $, 500 $ et 1000 $ par mois pour assurer, par exemple, une maison vacante durant un flip. Lors d'une formation sur les flips, un des participants m'a informé qu'il lui a fallu débourser 8 000 $ pour assurer une maison vacante durant 3 mois seulement. C'est faramineux comme prime.

Voici d'autres aspects à considérer en ce qui a trait à l'assurance d'immeubles vacants :

- l'éventail plus restreint d'assureurs ;
- le montant de la prime souvent payable en totalité, en un seul versement ;
- la franchise plus élevée ;
- les protections réduites au minimum.

 Ne faites pas l'erreur de faire croire à votre assureur que vous habiterez la propriété alors que c'est totalement faux, et ce, dans le seul but d'économiser quelques centaines de dollars. Le risque n'en vaut pas la chandelle puisqu'en cas de réclamation, vous risquez de ne pas être dédommagé.

Imaginez un instant que l'immeuble soit une perte totale à la suite d'un incendie et que l'assureur découvre que vous n'avez jamais habité la propriété et que vous avez fait une fausse déclaration lors de la souscription.

Vous risquez de tout perdre !

 Voici donc une liste de trucs qui vous permettront de réduire votre prime d'assurance :
- augmentez la franchise ;
- faites installer un système d'alarme relié à une centrale ;
- ne réclamez pas inutilement pour de petits montants ;
- faites installer un clapet antiretour ;
- maintenez une bonne cote de crédit ;
- selon la région, faites installer un détecteur d'humidité au sous-sol ;
- n'assurez pas inutilement vos immeubles au-delà de leur coût de reconstruction nécessaire. Par exemple, n'assurez pas un immeuble pour un coût de reconstruction de 500 000 $ alors qu'il n'en coûterait que 300 000 $ pour le reconstruire, advenant une perte totale.

Vous voilà maintenant mieux outillé pour négocier avec vos assureurs.

 Utilisez les services d'un courtier d'assurance afin d'obtenir le produit correspondant le mieux à votre situation. Leurs services sont gratuits puisqu'ils sont rémunérés par les assureurs. En cas de réclamations éventuelles, ils seront en mesure de vous représenter adéquatement.

LES FRAIS DE POSSESSION À CONSIDÉRER

Pour conclure ce chapitre 6, voici une liste non exhaustive des divers frais de possession que vous aurez peut-être à considérer :

- les versements hypothécaires ;
- les taxes foncières ;
- la taxe scolaire ;
- la prime d'assurance ;
- les frais d'électricité ;
- les frais de chauffage ;
- le déneigement ;
- la tonte de la pelouse et l'entretien paysager ;
- les frais de gestion d'immeubles ;
- les honoraires professionnels ;
- les frais juridiques ;
- les frais de condo et les cotisations spéciales ;
- les frais de publicité pour la location de vos logements ;
- les réparations et l'entretien courants et usuels de l'immeuble ;
- les travaux de rénovation ;

– les frais pour effectuer la conversion en condos ;

– l'intérêt sur l'argent emprunté ;

– les frais de contrat de location ;

– l'achat d'outils et d'équipements ;

– la franchise reliée à une réclamation d'assurance ;

– les imprévus.

Vous verrez en détail au chapitre 8 les frais les plus usuels.

Bonne gestion à tous !

PROPOSITIONS D'ACTIONS À ACCOMPLIR POUR CE CHAPITRE

➠ Faites des recherches afin de vous procurer un modèle de contrat de location avec option d'achat dans le but de vous familiariser avec son contenu. Faites-le ensuite adapter par un avocat et/ou un notaire.

➠ Contactez un courtier d'assurance afin de connaître lequel des assureurs est le plus concurrentiel en matière de prime d'assurance lorsque l'immeuble est vacant. La réponse à cette question variera dans le temps et en fonction de vos réclamations passées.

Go go go, passez à l'action !

7

LE PROCESSUS DE REVENTE

VOICI CE QUE VOUS APPRENDREZ DANS CE **SEPTIÈME CHAPITRE**

- *Il est temps de faire sonner la caisse.*
- *La mise en marché de vos immeubles.*
- *Vendre sa propriété avec ou sans courtier immobilier.*
- *Le meilleur des deux mondes.*
- *L'autre côté de la médaille.*
- *Où annoncer et comment en retirer le maximum?*
- *Négociez gagnant-gagnant-gagnant.*
- *Comment créer une offre irrésistible?*
- *Votre propriété est-elle sur son 36?*
- *Vendre plus cher grâce au «home staging».*
- *Une image vaut mille mots.*
- *Le gouvernement veut aussi sa part du gâteau.*
- *Des imprévus peuvent survenir durant la vente.*
- *Vendre avec ou sans garantie légale.*
- *La déclaration du vendeur: on ne peut pas s'en passer.*
- *Fixation du prix de vente: laissez les émotions de côté.*
- *Soyez prêt à vendre.*
- *L'art de faire visiter l'immeuble à vos acheteurs.*
- *Un tiens vaut mieux que deux tu l'auras.*
- *Les frais à considérer lors de la revente.*

IL EST TEMPS DE FAIRE SONNER LA CAISSE

Vous voilà rendu à l'étape la plus stimulante du processus, c'est-à-dire celle de mettre votre immeuble en vente et d'encaisser bientôt vos profits.

Vous avez travaillé dur pour dénicher votre aubaine et vous vous êtes échiné à la sueur de votre front pour faire des travaux ?

Si c'est le cas, félicitations ! Vous avez de quoi être fier de vous.

Mais ne festoyez pas trop rapidement, car le plus important reste à venir afin de compléter le processus : c'est-à-dire de vendre votre immeuble. Sans l'achèvement de cette étape, la majorité des efforts que vous avez déployés précédemment ne porteront pas de fruits.

Vous vous souvenez que je vous mentionnais, au début de ce livre, que le profit se fait à l'achat ? C'est tout à fait vrai, mais j'aimerais ajouter qu'il s'encaisse à la revente. Si l'une des clés dans le cas des flips est le profit réalisé à l'achat, l'autre est sans l'ombre d'un doute la concrétisation de la vente de votre immeuble. Pas de vente, pas de profit !

Ce chapitre a pour objectif de vous aider à vendre votre propriété le plus cher et le plus rapidement possible. À chacun de vos flips, lorsque vous serez rendu au processus de revente, je vous invite à relire ce chapitre. Il vous servira d'aide-mémoire.

LA MISE EN MARCHÉ DE VOS IMMEUBLES

Vous verrez dans les pages suivantes comment mettre toutes les chances de votre côté pour vendre plus rapidement votre immeuble et au meilleur prix possible.

 La clé réside en une excellente mise en marché. Plus vous déploierez d'efforts lors de cette étape pour que votre propriété soit vue par le plus grand nombre de gens possible, et plus vous courez la chance de réaliser de profits. Notez que le moment de la mise en vente initiale est celui où normalement vous aurez le plus d'achalandage. Soyez prêt !

VENDRE SA PROPRIÉTÉ AVEC OU SANS COURTIER IMMOBILIER

Débutons par une question existentielle que plusieurs investisseurs-vendeurs se posent fréquemment, et où les opinions divergent complètement selon les intervenants.

Est-il préférable de vendre par soi-même ou encore par le biais d'un courtier immobilier? À cette question, je répondrai par une autre question?

Le but est-il de vendre ou non votre propriété? La réponse est évidemment de vendre la propriété.

 Aors, dans ce cas, pourquoi ne pas considérer les deux options qui s'offrent à vous? Vendre par le biais d'un courtier et vendre également par vous-même.

LE MEILLEUR DES DEUX MONDES

Certes, il y a des avantages à vendre par vous-même, mais sachez qu'il y en a également lorsque vous utilisez les services d'un courtier immobilier.

Débutons par les avantages de vendre par vous-même:

– vous n'aurez pas de commission à verser à un courtier;

– à la limite, si vous n'avez pas de commission à verser, vous pourriez vendre à prix moindre, donc plus rapidement, et réduire les frais reliés à la possession;

– un meilleur «feedback» des acheteurs puisque vous serez en relation directe avec eux.

Poursuivons maintenant avec les avantages de vendre par le biais d'un courtier:

– ce dernier a accès au service MLS offrant une grande visibilité;

– vous n'avez pas de sortie d'argent à effectuer tant et aussi longtemps que l'immeuble n'est pas vendu;

– vous gagnez du temps, car c'est le courtier qui reçoit les appels et les offres d'achat, qui rencontre et qualifie les acheteurs potentiels ;

– surenchère possible plus fréquente par le service MLS attribuable à une plus grande visibilité ;

– le courtier est parfois un expert en son domaine ;

– le courtier possède une assurance le couvrant en cas d'erreurs et d'omissions.

Comme vous venez de le constater, les deux mondes offrent leurs avantages. J'aurais l'impression de jouer à l'autruche si je ne vous mentionnais pas les désavantages d'utiliser l'une ou l'autre des méthodes de vente.

L'AUTRE CÔTÉ DE LA MÉDAILLE

Conservons la même formule et débutons par les désavantages de vendre par vous-même :

– Avez-vous les connaissances et les habiletés vous permettant de négocier directement avec vos acheteurs potentiels ?

– Avez-vous le temps de faire visiter votre immeuble ? Le temps pour recevoir les appels et les offres d'achat ?

– Vous recevrez plusieurs appels de courtiers immobiliers désirant obtenir un mandat de vente.

– Vous devrez déterminer vous-même le prix de vente. Ce qui peut s'avérer difficile comme exercice.

– Vous devrez effectuer les déboursés reliés à la publicité que vous devrez faire par vous-même.

– Vous pourriez être inondé de publicités postales à l'adresse de l'immeuble à vendre, par des courtiers.

– Avez-vous les connaissances légales pour bien rédiger les clauses de la promesse d'achat ?

Le principal désavantage sera sans l'ombre d'un doute le temps que vous devrez accorder à la vente de votre immeuble. Une statistique démontre que le temps consacré par un courtier immobilier pour vendre une propriété est en moyenne de 30 heures. Voici un calcul tout simple qui vous permettra de figurer la valeur de votre implication.

Supposons que vous épargniez 9 000 $ en commission en investissant 30 heures pour vendre votre propriété, vous aurez alors « travaillé » à un taux horaire de 300 $ l'heure.

Intéressant, n'est-ce pas ?

Pour conclure ce segment, mentionnons qu'il n'y a pas tant de désavantages à utiliser un courtier, mise à part la commission que vous aurez à lui verser. Ce qui n'est pas négligeable comme désavantage, j'en conviens.

Une solution que vous devriez envisager, c'est de mettre en vente votre immeuble par le biais d'un courtier immobilier qui acceptera que vous puissiez également vendre par vous-même. De plus en plus d'agences immobilières et de courtiers immobiliers offrent cette possibilité que je trouve personnellement géniale. D'ailleurs, j'utilise toujours cette stratégie. Pourquoi débourseriez-vous une commission si c'est vous qui trouvez l'acheteur ? Votre implication ne vaut-elle pas autant que celle du courtier ? À la limite, négociez au préalable une réduction de commission dans la perspective où vous trouveriez vous-même l'acheteur.

 Prenez le temps de bien magasiner les différents produits offerts par les agences qui sont de plus en plus créatives en matière de partage de commission.

En résumé, ne vous privez pas de toutes les sources possibles afin de vendre. Après tout, c'est bien ce que vous voulez, vendre votre immeuble et encaisser les profits ?

OÙ ANNONCER ET COMMENT EN RETIRER LE MAXIMUM ?

Plusieurs options s'offrent à vous lorsque vient le temps de publiciser vos immeubles. Certains moyens sont plus efficaces que d'autres en plus d'être moins onéreux.

Je vous présente ci-dessous une liste non exhaustive des divers canaux de diffusion à envisager. Notez que l'ordre de présentation est aléatoire.

1. UN CLASSIQUE : LA PANCARTE À VENDRE

Prenez soin de la placer bien en évidence et de vous assurer que les informations inscrites sont bien lisibles. Écrivez assez gros pour que l'information soit visible de loin et utilisez un crayon indélébile.

2. LES SITES INTERNET DE PETITES ANNONCES

L'avantage majeur de cet outil réside en son coût presque nul ainsi qu'en la possibilité d'élaborer de longs textes de vente comprenant certains mots-clés correspondant à votre clientèle cible. Vous pouvez également y ajouter plusieurs photos qui faciliteront la vente. De plus, la plupart des sites vous permettent d'avoir accès aux statistiques et vous offrent également la chance de modifier les informations comme bon vous semble. Les changements que vous effectuerez seront instantanés et accessibles immédiatement à vos acheteurs potentiels.

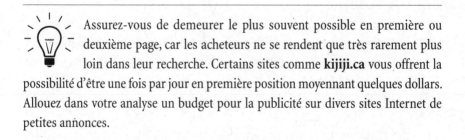 Assurez-vous de demeurer le plus souvent possible en première ou deuxième page, car les acheteurs ne se rendent que très rarement plus loin dans leur recherche. Certains sites comme **kijiji.ca** vous offrent la possibilité d'être une fois par jour en première position moyennant quelques dollars. Allouez dans votre analyse un budget pour la publicité sur divers sites Internet de petites annonces.

En voici quelques-uns pouvant vous être utiles :

- **Lespacs.ca** ;

- **Micasa.ca** ;

- **Cvendu.ca** ;

- **Immoannoncextra.com** ;

- **Vitevitevite.ca** ;

- **Kijiji.ca** ;

- **Craiglist.ca** ;

- **Waka.ca** ;

- **Annonces123.com** ;

- **Lespuces.com.**

 Assurez-vous d'avoir un titre représentatif afin d'attirer la clientèle cible. Votre titre devrait également être accrocheur. De plus, ne lésinez pas sur les détails, tout en gardant les phrases relativement courtes.

---

3. LES ANNONCES DANS LES JOURNAUX

Si votre budget le permet, ce qui devrait être le cas, car vous l'avez prévu lors de votre analyse, vous pourriez faire vos petites annonces dans les journaux, dans la rubrique correspondante à votre type d'immeuble. Vous pourriez les publiciser aussi dans les journaux de quartier ou encore dans les grands quotidiens ; ce qui toutefois vous coûtera beaucoup plus cher. Encore là, tout est relatif. Si vous vendez ne serait-ce qu'un mois plus rapidement, vous économiserez sûrement plus en coût de possession qu'il ne vous en aura coûté pour l'annoncer.

Comme c'est le cas avec les sites Internet, le but avec les annonces dans les journaux, c'est d'être en tête de liste. La tactique pour y parvenir consiste à communiquer avec le journal en question et à demander ce que vous devez faire pour être le plus haut possible. Certains journaux vous répondront qu'il suffit d'encadrer l'annonce, d'autres priorisent les lettres AAA, d'autres les annonces surlignées en jaune ou en bleu. À vous de voir avec eux.

4. LES BABILLARDS

Qui n'a jamais vu d'annonces affichées sur un babillard du supermarché, à la pharmacie ou au dépanneur du coin? Ce genre de publicité ne coûte pratiquement rien et attirera les gens du voisinage qui sont peut-être à la recherche, ou encore connaissent quelqu'un qui est à la recherche d'un immeuble dont vous êtes l'heureux propriétaire. Qui sait?

 Pour de meilleurs résultats, pensez à inclure au bas de votre annonce de petites languettes détachables avec votre numéro de téléphone portant la description correspondant à votre annonce. Comme par exemple: Coaching immobilier: 450 679-0261.

5. LES DIRECTIONNELS

Faites comme certains courtiers et installez aux abords de quelques rues avoisinantes des pancartes dirigeant les acheteurs vers votre immeuble. De bons résultats à peu de frais.

6. LES SERVICES DE VENTE SANS COMMISSION

Au Québec, il existe principalement deux entreprises offrant ce genre de service. Le plus connu étant **Duproprio.com** et un tout nouveau joueur apparu en 2012, **Viaproprio.ca**. Ces dernières diffuseront votre propriété sur leur site Internet, moyennant quelques centaines de dollars. Toutefois, elles n'agiront pas comme intermédiaires et vous n'aurez alors aucune commission à leur verser. Ces deux entreprises offrent également des services complémentaires afin de vous aider et de faciliter la vente.

7. LETTRE AU VOISINAGE

Distribuez dans les rues avoisinantes une lettre incluant la description de la propriété et vantant ses mérites. Vos voisins connaissent des gens qui souhaitent parfois déménager dans le quartier.

8. LA BOÎTE À «LISTINGS»

Installez une boîte contenant des «listings» de la propriété près de la porte d'entrée ou sous la pancarte. Apposez une inscription sur la boîte invitant les gens qui regardent votre propriété d'un peu plus près à repartir avec l'information relative à celle-ci. Prenez soin d'y inscrire vos coordonnées et d'y indiquer le meilleur moment pour vous joindre.

9. LE «TALKING HOUSE»

Le «talking house» est un système d'émetteur en bande AM qui permet de diffuser de l'information sur la propriété. Les gens intéressés par votre propriété ont simplement à syntoniser la bande indiquée à partir de leur radio d'automobile pour entendre le message diffusé en boucle. Veuillez vous informer concernant la réglementation sur l'usage de ce type d'appareil dans votre secteur. Visitez le **www.talkinghouse.com** pour plus de détails.

10. SITE INTERNET PRIVÉ

Faites faire un site Internet où seulement vos propriétés s'y retrouveront et qui pourra contenir plus de photos et de descriptions que les sites mentionnés au point 2. De plus, votre site pourrait comprendre une section vous permettant de vous construire une banque d'acheteurs potentiels. Vous pourriez collecter des informations relatives à vos acheteurs potentiels telles que:

– le type de propriétés qu'ils recherchent ;

– leurs coordonnées ;

– le moment auquel ils veulent acheter ;

– sont-ils préqualifiés ou non ?

– si oui, quel est le montant de la préqualification ?

– dans quels secteurs recherchent-ils ?

– le comptant dont ils disposent.

Imaginez-vous disposer éventuellement d'une banque de plusieurs centaines d'acheteurs potentiels vous permettant de revendre rapidement vos aubaines ou encore de réaliser des « flips purs ».

N'est-ce pas intéressant comme principe ?

11. LA VISITE LIBRE

Prévoyez de faire des visites libres à journée déterminée et à heures fixes. Il pourrait s'agir idéalement des samedis et dimanches, de 14 h à 16 h. Le principe de la visite libre est de concentrer vos efforts. Vous optimisez votre temps et créez une certaine concurrence entre les acheteurs. Lors de visites, assurez-vous de remettre aux acheteurs potentiels une copie de la fiche descriptive détaillée de l'immeuble. La fiche descriptive continuera à « travailler » pour vous, une fois rendue aux domiciles des acheteurs. Les frais d'une telle technique sont pratiquement inexistants.

12. LE BOUCHE À OREILLE

Voilà un moyen qui est tout à fait gratuit et qui ne requiert pas de temps. En effet, vous pouvez très souvent glisser dans une conversation avec un ami, un parent, un collègue de travail, une relation d'affaires, une connaissance, un autre membre du club, que votre immeuble est à vendre. Ils connaissent peut-être des personnes qui pourraient être intéressées par votre propriété. Qui sait ? Ça vaut la peine d'essayer.

13. LES RÉSEAUX ET MÉDIAS SOCIAUX

Imaginez un instant avoir plusieurs milliers d'amis ou de fans sur les réseaux sociaux et que vous «postiez» l'un de vos immeubles à vendre. Est-ce possible que la multiplication joue en votre faveur et vous permette de trouver votre acheteur? Utilisés à bon escient, les réseaux et médias sociaux sont des outils intéressants à considérer. Mal utilisés cependant, ils sont des grugeurs de temps redoutables!

Finalement, en matière de vente d'immeubles, gardez toujours à l'esprit que le but est de vendre et que plus vous serez vu, plus vous aurez de chances de trouver preneur rapidement et à bon prix.

NÉGOCIEZ GAGNANT-GAGNANT-GAGNANT

C'est bien connu et il va de soi que personne n'aime sortir d'une négociation et sentir qu'il a perdu quelque chose. Dans un mode spéculatif, vous aurez dans un court laps de temps à négocier avec le vendeur et avec votre acheteur.

Lors de la négociation avec le vendeur, gardez à l'esprit que vous résolvez son problème, ce pour quoi il est motivé à vendre. Le vendeur devrait donc être heureux de ceci. De votre côté, vous ferez également une bonne affaire puisque vous achèterez bien en deçà de la valeur marchande. Les deux parties seront gagnantes.

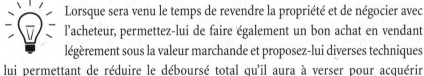 Lorsque sera venu le temps de revendre la propriété et de négocier avec l'acheteur, permettez-lui de faire également un bon achat en vendant légèrement sous la valeur marchande et proposez-lui diverses techniques lui permettant de réduire le déboursé total qu'il aura à verser pour acquérir l'immeuble.

Tout le monde en sortira gagnant.

COMMENT CRÉER UNE OFFRE IRRÉSISTIBLE

Comme je viens tout juste de le mentionner, le fait que les acheteurs auront moins de comptant à débourser fera en sorte d'attirer plus d'acheteurs potentiels et vous permettra ainsi de vendre plus rapidement. S'il faut débourser 50 000 $ pour acquérir votre immeuble, il y aura beaucoup moins de gens aptes à acheter que s'il en faut seulement 5 000 $. Et si l'achat ne requiert aucun comptant, votre bassin d'acheteurs sera évidemment beaucoup plus grand. Moins de comptant requis = plus d'acheteurs potentiels, c'est logique !

Mais comment procéder pour vous assurer que les acheteurs auront le moins de comptant possible à débourser ?

Voici quelques trucs simples, mais combien efficaces !

 Proposez à votre acheteur, lorsque c'est possible, d'utiliser une assurance hypothécaire. Ceci aura pour effet de réduire le pourcentage requis en mise de fonds exigée par l'institution financière.

Dans le cas d'une maison, d'un condo ou encore d'un duplex, le pourcentage de mise de fonds est réduit de 20 % à 5 %.

Concernant les triplex et quadruplex, ce pourcentage passe de 20 % à 10 % seulement.

Pour ce qui est des 5 logements et plus, au lieu de 25 % de mise de fonds, votre acheteur n'aura qu'à débourser 15 % du prix d'achat. Toutefois, pour ce genre d'immeubles, seule la SCHL offre cette possibilité puisque Genworth assure les prêts pour des immeubles de 4 logements et moins avec propriétaires occupants seulement.

Poursuivons avec d'autres techniques.

 Que diriez-vous d'inclure dans votre prix de vente certaines dépenses qui habituellement sont aux frais de l'acheteur ? Par exemple, les frais de notaire et les droits de mutation.

Vous commencez à saisir ?

Que diriez-vous également si l'acheteur optait pour la remise en espèces offertes par certaines institutions financières ? En effet, il est possible pour l'acheteur, moyennant un taux d'intérêt plus élevé, d'obtenir une remise en espèces de l'ordre de 5 % du prêt que l'institution consent à lui prêter.

Pour bien saisir le concept, voyons un exemple chiffré.

Supposons que vous revendiez 265 000 $ le duplex que vous avez acquis au chapitre 1. En optant pour un prêt assuré avec une mise de fonds de 5 %, l'acheteur aura alors 13 250 $ de comptant à verser et un prêt de son institution prêteuse de 251 750 $. Les 265 000 $ requis pour procéder à la vente sont donc dans le compte en fidéicommis du notaire (13 250 $ + 251 750 $ = 265 000 $).

Advenant le cas où l'acheteur opterait pour la remise en espèces, son institution financière lui remettra chez le notaire un montant de 5 % du prêt consenti, soit 12 587,50 $ (251 750 $ X 5 % = 12 587,50 $).

L'acheteur récupérerait alors 12 587,50 $ des 13 250 $ préalablement déboursés. Ce qui revient pratiquement à dire qu'il récupère sa mise de fonds, à quelques centaines de dollars près.

 Et si en plus vous avez inclus les frais de notaire et les droits de mutation dans votre prix de vente, l'acheteur n'aura eu qu'à débourser 662,50 $ au final pour faire l'acquisition de votre maison.

Magique ? Presque !

Comme rien n'est gratuit dans ce bas monde, l'institution financière exigera un taux d'intérêt plus élevé puisqu'elle consent à remettre immédiatement 5 % du montant du prêt. Le taux d'intérêt hypothécaire sera augmenté d'environ 1 %, ce qui aura pour effet d'augmenter les paiements hypothécaires mensuels de l'acheteur. Mais quand même, si ce dernier utilise à bon escient les 12 587,50 $ non déboursés, il pourrait être drôlement avantagé par cette stratégie.

Ne serait-ce que de payer une autre dette de consommation lui coûtant un taux d'intérêt plus élevé que celui payé à la banque pour son prêt hypothécaire.

Évidemment, votre acheteur aura besoin d'une certaine dose de sagesse pour ne pas dilapider cet argent et se retrouver au même point que s'il avait mis la mise de fonds totale et avec des mensualités plus basses. Et vous, auriez-vous cette sagesse si vous étiez l'acheteur?

 N'oubliez pas que vous bénéficiez des trucs et astuces ci-dessus mentionnés également comme acheteur. Tentez toujours de faire inclure à votre prix d'achat le plus de frais possible. Vous pourrez ainsi réduire l'apport financier et par conséquent augmenter vos rendements de façon considérable. Je vous avais mentionné au début du livre que cet ouvrage valait son pesant d'or. En voici un autre exemple.

 La technique de la remise en espèces n'est pas recommandée en mode acquisition de flips puisque les institutions prêteuses exigeront que vous preniez un terme de cinq ans minimums. Votre but étant de revendre rapidement, vous devrez alors rembourser le montant de la remise en espèces au prorata du temps restant, en plus de devoir payer un montant considérable à titre de pénalité pour remboursement anticipé.

Utilisez la technique de la remise en espèces seulement pour favoriser la vente de vos immeubles. Ainsi, si vous vendez plus rapidement, vous récupérez plus rapidement votre argent pour faire un autre projet.

VOTRE PROPRIÉTÉ EST-ELLE SUR SON 36?

Lorsqu'on désire vendre une propriété, n'est-il pas logique de la mettre en valeur le plus possible, au même titre que lorsqu'on vend une voiture, par exemple. En effet, lorsqu'on vend sa voiture, que faisons-nous la majorité du temps? Nous passons l'aspirateur à l'intérieur, nous lavons l'extérieur, y ajoutons des petits sent-bon, nous l'astiquons dans le but d'en obtenir le meilleur prix possible.

Alors, pourquoi ne pas appliquer le même principe à la vente de notre immeuble qui lui, vaut plusieurs centaines de milliers de dollars! Faites toujours en sorte que votre immeuble soit toujours sur son 36.

1. VENDRE PLUS CHER GRÂCE AU HOME STAGING

Il existe un moyen de plus en plus utilisé pour y parvenir. Il s'agit du «home staging» qui consiste à mettre en valeur la propriété afin d'en obtenir le meilleur prix de vente possible. Le «home staging» est à considérer lorsque vous faites des flips de maisons, condos et plex, et s'avère à peu près inutile pour des flips de six logements et plus.

Vous pouvez tenter de faire le «home staging» par vous-même ou encore faire appel à des gens spécialisés en la matière qui exigeront normalement entre 1% et 2% du prix de vente. Ces frais incluent habituellement la fourniture de meubles pour la durée de la mise en vente. Ces frais sont souvent compensés par un prix de vente plus élevé ainsi qu'un délai de vente plus court, réduisant ainsi les frais reliés aux coûts de possession. De bons spécialistes en «home staging» valent leur pesant d'or.

Vous désirez faire le «home staging» vous-même? Voici quelques notions de base à appliquer:

- désencombrez les pièces;

- faites le ménage;

- meublez les pièces afin de créer des ambiances;

- dépersonnalisez la décoration;

- créez des ambiances grâce à l'éclairage;

- éliminez les odeurs désagréables.

Mettez également en valeur l'extérieur de la propriété, car la première impression est très importante. Voici quelques trucs:

- enlevez les objets inutiles sur le terrain ;
- tondez la pelouse, éliminez les mauvaises herbes ;
- nettoyez la piscine ;
- égayez le terrain en plantant des fleurs aux couleurs vives ;
- taillez les haies ;
- rangez le cabanon et le garage.

Tous ces trucs simples auront pour effet d'agrémenter la propriété et de la rendre la plus attrayante possible aux yeux des acheteurs.

2. UNE IMAGE VAUT MILLE MOTS

 Toujours dans l'optique de présenter la propriété sous son meilleur jour, assurez-vous d'avoir des photos qui sont dignes d'être vues. Les statistiques démontrent que plus de 80 % des acheteurs sélectionnent les propriétés à visiter sur Internet. Alors, il faut faire bonne impression dès le début. Ne perdez pas des dizaines de visites attribuables à de mauvaises photos.

Combien de fois ai-je vu des listings qui ne comportaient pas de photos ? Pire encore, j'ai souvent vu des immeubles à vendre où la qualité des photos était tellement médiocre qu'elles nuisaient à la vente de la propriété.

 Lors de l'analyse de vos flips de petits immeubles, prévoyez dans le poste « divers », les services d'un photographe professionnel spécialisé en immobilier. Il vous en coûtera environ 250 $ pour une série de photos d'intérieur et d'extérieur.

LE GOUVERNEMENT VEUT AUSSI SA PART DU GÂTEAU

C'est bien beau tous ces projets de flips à coups de dizaines de milliers de dollars de profits chaque fois, mais il ne faudrait pas oublier que tous ces montants générés en profits seront imposables au même titre que vos revenus d'emploi, vos revenus de dividendes, vos revenus de commissions, vos revenus d'intérêts ou autres. À moins qu'il s'agisse de «flip propriétaire occupant» où il peut y avoir exemption d'impôts à payer, comme vous l'avez vu au chapitre 2.

J'entends souvent des gens me dire que les flips sont moins intéressants, car il y a de l'impôt à payer immédiatement. Que voulez-vous, l'impôt, on ne s'en sort pas!

Mais n'oubliez pas que si le but est de vivre rapidement de l'immobilier à titre d'investisseur, vous n'avez pas d'autres options. Si vous décidez d'y aller en mode accumulation afin de reporter l'impôt lors de refinancements ou lors de la vente, il vous sera très difficile d'en vivre à court terme. En mode accumulation, vous pourriez arriver à en vivre rapidement à la seule condition d'y injecter d'énormes sommes comme mises de fonds. Ce qui n'est pas à la portée de toutes les bourses.

Relisez les explications à la page 23 de l'introduction si vous n'êtes pas encore convaincu.

DES IMPRÉVUS PEUVENT SURVENIR DURANT LA REVENTE

Vous avez pu constater dans les deux chapitres précédents que divers imprévus peuvent survenir lors de l'achat et lors de la possession de vos immeubles. La revente de ceux-ci ne fait pas exception.

Voici donc une liste non exhaustive d'imprévus auxquels vous aurez peut-être à faire face éventuellement:

- La propriété ne se vend pas, car vous exigez un prix de vente trop élevé.

- Vous réalisez que vous subirez finalement une perte monétaire.

- Votre propriété est «brûlée», car est elle demeurée trop longtemps en vente sur le marché.

- Les taux d'intérêt augmentent rapidement ou encore le gouvernement change les règles reliées au financement hypothécaire, ayant pour effet de réduire considérablement votre bassin d'acheteurs potentiels.

- Le marché immobilier chute drastiquement.

- Le processus de vente échoue, car le rapport d'inspection ne satisfait pas l'acheteur.

- L'acheteur est refusé au financement.

- Votre acheteur vous offre le prix que vous désirez, mais souhaite passer chez le notaire seulement dans trois mois.

- Vous devez vous rendre à l'évidence que, à la suite de l'inspection en bâtiment par l'acheteur, vous devrez baisser votre prix si vous désirez vendre, et ce, en raison d'un problème physique que vous ignoriez.

Voilà autant de raisons pourquoi vous devrez allouer un montant d'argent relatif aux imprévus pouvant survenir lors de la vente. Ne jouez pas à l'autruche !

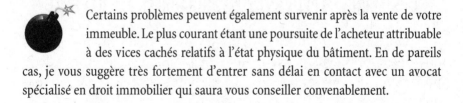

Certains problèmes peuvent également survenir après la vente de votre immeuble. Le plus courant étant une poursuite de l'acheteur attribuable à des vices cachés relatifs à l'état physique du bâtiment. En de pareils cas, je vous suggère très fortement d'entrer sans délai en contact avec un avocat spécialisé en droit immobilier qui saura vous conseiller convenablement.

VENDRE AVEC OU SANS GARANTIE LÉGALE

Vous trouverez sur le marché des immeubles vendus avec garantie légale (caution judiciaire), d'autres vendus sans garantie légale et d'autres, très occasionnellement, vendus avec garantie légale conventionnelle.

Dans le cas de reprises bancaires et de successions, les ventes sont toujours effectuées sans garanties légales puisque les banques et les héritiers n'ont jamais habité les propriétés qu'ils vendent. Par conséquent, ils ne désirent pas être tenus responsables d'éventuels problèmes de vices cachés.

Et vous, pourriez-vous vendre sans garantie légale ?

Certes, et ce, même si vous avez habité la propriété durant plusieurs années. Tous sont en droit de vendre sans garantie légale. Toutefois, une baisse de prix s'impose dans de telles conditions. Un achat ou une vente sans garantie légale devrait toujours se monnayer à la baisse puisque l'acheteur n'aura aucun recours contre le vendeur, à moins que ce dernier ait fait du « dol », c'est-à-dire qu'il ait menti ou camouflé volontairement un problème ou un vice.

Lors d'achats sans garantie légale, soyez très vigilant et redoublez de prudence, car une vente sans garantie légale comporte des exceptions. Consultez votre avocat pour faire vérifier la rédaction de cette exclusion, car une vente sans garantie légale et une vente sans garantie légale aux risques et périls de l'acheteur est bien différente et pire, car elle amène d'autres conséquences. Votre juriste saura vous expliquer et vous mettre en garde de cette exclusion à la promesse d'achat et au contrat d'achat notarié.

LA DÉCLARATION DU VENDEUR : ON NE PEUT S'EN PASSER

Dans un mode de protection et de transparence, remplissez toujours en tant que vendeur un formulaire nommé « déclaration du vendeur ». Si un courtier immobilier agit comme intermédiaire dans une transaction résidentielle de moins de quatre logements, ce formulaire sera obligatoire et devrait être idéalement rempli dès la mise en marché de votre immeuble. Toutefois, si vous vendez sans intermédiaire, vous n'êtes pas tenu de remplir un tel document. Malgré cela, je vous recommande fortement d'en produire un quand même. Dans ce document, vous aurez à répondre, autant que vous sachiez, à une multitude de questions.

Voici un aperçu du genre de questions auxquelles vous devrez répondre :

- À votre connaissance, y a-t-il ou y a-t-il déjà eu des infiltrations d'eau ?
- L'immeuble a-t-il déjà été loué ?
- À votre connaissance, y a-t-il ou y a-t-il déjà eu formation de glaçons en hiver en bordure du toit ?
- Quelle est l'année du chauffe-eau ?
- À votre connaissance, y a-t-il ou y a-t-il déjà eu contamination des sols, affaissements ou glissements de terrain ?
- Depuis quand habitez-vous la propriété, s'il y a lieu ?
- Depuis quelle année êtes-vous propriétaire ?
- À votre connaissance, l'immeuble est-il isolé à la MIUF (mousse isolante d'urée formaldéhyde) ?

La déclaration du vendeur est relativement longue à remplir, car elle peut contenir jusqu'à six pages. Mais croyez-moi, il est important de prendre tout le temps nécessaire afin de bien la compléter, car en cas d'éventuelle poursuite en vices cachés de la part de l'acheteur, vous serez mieux protégé. Un adage en droit dit : *Trop fort ne casse pas !*

FIXATION DU PRIX DE VENTE : LAISSEZ LES ÉMOTIONS DE CÔTÉ

 Pour des raisons émotives, vous aurez tendance à surestimer la valeur marchande de votre propriété, c'est tout à fait normal. Un prix de départ trop élevé pourrait avoir pour effet de retarder la vente de votre immeuble.

Si après quelques semaines il n'y a eu que très peu d'activité, ne tardez pas à baisser le prix afin d'attirer plus d'acheteurs potentiels. Il n'est jamais bon pour un acheteur de constater qu'une propriété est sur le marché depuis longtemps, car ce dernier croira que la propriété présente des problèmes. Il sera réticent et se méfiera de votre propriété. Souvent à tort, mais c'est ainsi.

N'oubliez pas que le but est de vendre rapidement et d'encaisser le profit afin de poursuivre avec un autre projet. Alors, rien ne sert de s'acharner à vouloir vendre au plein prix durant des mois et des mois, pour ensuite se résigner à baisser le prix. Vous perdrez du temps précieux et de l'argent inutilement. Toutefois, lors du premier mois de mise en marché, vous pourriez tenter de vendre au plein prix afin d'optimiser votre profit. On ne sait jamais, peut-être trouverez-vous preneur. Si personne ne se manifeste, baissez le prix rapidement sous la valeur marchande afin de rendre votre propriété plus intéressante aux yeux des acheteurs.

Concernant la fixation du prix de vente de votre immeuble, il est essentiel qu'il soit légèrement inférieur aux immeubles comparables actuellement en vente, ou si vous préférez, légèrement inférieur à la concurrence, car les acheteurs « magasinent » souvent, en premier lieu, un prix. Ne soyez pas trop gourmand et laissez la chance à l'acheteur de faire un bon achat, c'est-à-dire de faire lui aussi un profit à l'achat.

 Ne faites surtout pas l'erreur de demander un prix de vente bien au-delà de la valeur marchande en vous disant que vous aurez une grande marge de manœuvre pour négocier. Dites-vous que la plupart des acheteurs, monsieur et madame Tout-le-Monde, seront mal à l'aise de vous faire une offre bien en deçà du prix que vous demandez. Ils risquent tout simplement de ne pas vous faire d'offre. Ils diront non à votre place et vous risquez de devoir finalement ramener le prix à sa juste valeur, car vous n'aurez pas de visites et que personne ne s'intéressera à votre propriété.

Pour conclure ce segment relatif au prix de vente, de grâce, mentionnez-le dans vos publicités. Combien de fois ai-je vu des annonces d'immeubles à vendre sans que le prix de vente y soit indiqué ? Beaucoup trop souvent à mon goût ! Si vous omettez volontairement d'indiquer le prix de vente dans vos publicités, vous perdrez un temps fou à répondre inutilement au téléphone. Vous aurez beaucoup moins d'acheteurs potentiels, car la plupart de ceux-ci ne prendront pas la peine de vous téléphoner. Ils passeront au prochain immeuble.

La technique de l'annonce sans prix de vente est utilisée par certains courtiers immobiliers dans le seul et unique but de faire sonner le téléphone. Une fois qu'ils sont en contact téléphonique avec l'acheteur potentiel, ils tentent de leur vendre d'autres propriétés dont ils sont les courtiers inscripteurs. C'est très peu efficace comme gestion du temps selon moi, à moins que vous ayez plusieurs immeubles à vendre en même temps ou que vous désiriez vous constituer une banque d'acheteurs potentiels.

SOYEZ PRÊT À VENDRE

 Comme je le mentionnais précédemment, vendre une propriété exige que vous y consacriez du temps. Dans cette optique, prenez bien soin de préparer votre dossier de vente en y incluant tous les documents requis afin d'être le plus efficace possible et d'être toujours prêt. Je pense, entre autres :

- aux comptes de taxes foncières et taxe scolaire ;
- aux titres de propriété, soit l'acte de vente ;
- au certificat de localisation ;
- à la déclaration du vendeur ;
- aux règlements de copropriété, états financiers et comptes rendus des procès-verbaux dans le cas d'un condo ;
- à une analyse des propriétés comparables ou à une évaluation agréée justifiant le prix demandé ;

- aux factures relatives aux travaux effectués ;
- aux comptes d'électricité de la dernière année ;
- à la fiche descriptive détaillée de la propriété ;
- à des photos prises en été si la vente est effectuée en hiver ;
- aux baux, aux contrats de services ;
- à un rapport d'inspection de prévente ;
- et bien sûr, aux formulaires d'offres d'achat préremplis adaptés à l'immeuble.

Vous devez être prêt en tout temps à répondre aux questions de vos acheteurs potentiels et/ou de votre courtier immobilier. Ne perdez pas une vente par manque d'organisation.

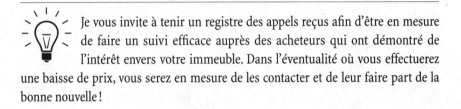

Je vous invite à tenir un registre des appels reçus afin d'être en mesure de faire un suivi efficace auprès des acheteurs qui ont démontré de l'intérêt envers votre immeuble. Dans l'éventualité où vous effectuerez une baisse de prix, vous serez en mesure de les contacter et de leur faire part de la bonne nouvelle !

Utilisez une technique de vente fort simple lorsque les gens vous contactent par téléphone. Dites à votre interlocuteur que vous allez le rappeler dans quelques minutes, car vous êtes dans l'impossibilité de lui parler en ce moment. Si l'acheteur est sérieux, il vous donnera son nom et son numéro de téléphone. Vous pourrez alors inscrire le tout dans votre registre d'appels pour un suivi éventuel.

L'ART DE FAIRE VISITER L'IMMEUBLE À VOS ACHETEURS

Dans un premier temps, assurez-vous que la propriété est physiquement présentable, comme vous l'avez vu précédemment. S'il s'agit d'un immeuble à revenus, vous ne pouvez pas faire grand-chose à l'intérieur des quatre murs des locataires. Avertissez-les qu'il y aura une visite de leur logement et demandez-leur de faire le ménage en espérant qu'ils y procéderont. Faites tout ce qui est en votre pouvoir pour l'extérieur et les aires communes, là où vous avez le contrôle.

Une fois ces étapes complétées, vous serez en mesure d'accueillir vos premiers acheteurs potentiels.

Deux options s'offrent à vous pour faire visiter votre propriété. Soit que vous laissiez les acheteurs faire la visite seuls ou que vous les accompagniez. Si c'est le cas, ne perdez pas votre salive à leur dire qu'il s'agit de la cuisine, de la salle de bain! Je crois qu'ils sont capables de s'en rendre compte par eux-mêmes. Le but de les accompagner dans chacune des pièces est de répondre à leurs questions au fur et à mesure. Si les acheteurs sont dans votre propriété en train de visiter, c'est qu'ils ont de l'intérêt. Alors, ne mettez pas de pression inutilement à essayer de pousser la vente, tel un concessionnaire d'automobiles.

Dans le cas où les acheteurs préféreraient visiter la propriété seuls, vous pourrez répondre à leurs interrogations à la fin de la visite. C'est à vous de vous adapter à la situation, à la personnalité des acheteurs, à leur rythme. Demandez-leur ce qu'ils préfèrent : visiter seuls ou avec vous.

Avant une visite, prenez soin de ranger vos objets de valeur. On ne sait jamais. Assurez-vous qu'il y ait assez d'éclairage, fermez le téléviseur, réglez la température ambiante pour que ce ne soit ni trop chaud ni trop froid, veillez à ce que les animaux de compagnie soient à l'écart. Rendez la visite des lieux agréable pour vos futurs acheteurs.

Vous pourriez également leur préparer des reproductions d'un plan à l'échelle et y inscrire les dimensions des pièces en pieds et en mètres. Une fois chez eux, les acheteurs seront en mesure de faire divers scénarios d'aménagement de mobiliers. Ceci pourrait éviter une seconde visite de leur part et les aider à prendre une décision rapide.

Quelques jours après la visite, faites votre suivi téléphonique afin de vérifier s'ils semblent intéressés ou non par votre propriété. Si la réponse s'avère négative, tentez de savoir ce qui ne leur a pas plu. Vous pourrez ainsi apporter des correctifs et améliorer les prochaines visites. Si c'est une question de prix, tentez de voir avec eux s'il y aurait un terrain d'entente possible en baissant votre prix ou encore en créant une offre irrésistible, c'est-à-dire en incluant certains frais dans le prix de vente, comme vous l'avez vu précédemment. Grâce à cette technique, vous verrez peut-être leur niveau d'intérêt augmenter.

UN TIENS VAUT MIEUX QUE DEUX TU L'AURAS

Ne perdez pas une belle occasion de vendre votre propriété pour quelques milliers de dollars. N'oubliez pas que le but est de revendre rapidement, d'encaisser le profit et de passer à un autre projet.

Imaginez un instant que vous ayez une promesse d'achat signée avec un acheteur et qu'à la suite de l'inspection, ce dernier, qui est déjà préqualifié pour le financement, négocie le prix à la baisse de 5 000 $.

Que faites-vous alors?

Perdrez-vous la vente pour 5 000 $?

Si vous refusez la baisse de prix et qu'il vous faut attendre encore quelques mois avant de trouver preneur au prix désiré, serez-vous réellement gagnant?

Ce n'est vraiment pas certain, car vous devrez continuer à mettre du temps et de l'énergie à recevoir des appels, faire visiter la propriété, recevoir des offres d'achat, déneiger ou tondre la pelouse, selon la saison, pour peut-être vendre au même prix que l'actuel acheteur ou pire encore plus bas, au bout du compte.

Dans un pareil cas, pensez-y deux fois, car il vous faudra soutenir encore pendant plusieurs mois le cash-flow négatif, ce qui risque fort bien de vous coûter plus cher que la baisse de prix offerte par l'acheteur actuel. Il faut savoir quand vendre et savoir aussi parfois se contenter. *Un tiens vaut mieux que deux tu l'auras!*

LES FRAIS À CONSIDÉRER LORS DE LA REVENTE

Voici une liste non exhaustive des frais que vous aurez peut-être à considérer lors de la revente de vos immeubles :

- la pénalité pour remboursement anticipé ;
- la quittance ;
- la commission du courtier immobilier ;
- l'assurance des titres de propriété ;
- la vidange de la fosse septique ;
- le certificat de localisation ;
- le rapport d'inspection en bâtiment (prévente) ;
- les tests environnementaux.

Vous verrez en détail les frais les plus usuels au prochain chapitre.

Ceci complète donc le chapitre 7 concernant le processus de vente de vos immeubles, ce qui, j'ose l'espérer, vous aura permis de découvrir plusieurs trucs pour vous aider à vendre le plus cher et le plus rapidement possible. Rappelez-vous que vendre par vous-même exige du temps, de l'énergie et de l'argent également.

Bonnes ventes à tous !

PROPOSITIONS D'ACTIONS À ACCOMPLIR POUR CE CHAPITRE

➠ Promenez-vous dans le secteur de votre immeuble et notez les pancartes « À vendre » des courtiers qui semblent les plus actifs. Contactez-les pour connaître leurs conditions de vente et choisissez-en un qui acceptera que vous puissiez vendre par vous-même.

➠ Contactez **Duproprio.com** et **Viaproprio.ca** afin de connaître leurs tarifs, modalités et méthodes de fonctionnement.

➠ Annoncez vos propriétés par vous-même aux endroits énumérés dans ce chapitre.

➠ Incluez certains éléments à votre prix de vente afin de créer une offre irrésistible.

➠ Communiquez avec un courtier hypothécaire afin de connaître quelles institutions offrent la remise en espèces.

➠ Contactez les différents journaux et demandez-leur quel est le meilleur moyen d'être en haut de la section.

➠ Trouvez un photographe spécialisé dans la vente d'immeubles.

➠ Faites des recherches et trouvez quelques spécialistes en « home staging ». Demandez-leur quels sont leurs tarifs, leurs modalités et leur mode de fonctionnement.

➠ Préparez votre dossier de vente en prenant soin d'y inclure tous les documents requis. C'est l'été? Alors, prenez des photos de l'extérieur pendant que l'aménagement est visible.

➠ Préparez l'immeuble en vue des visites.

➠ Faites un plan à l'échelle avec les divisions intérieures et les dimensions en pieds et en mètres.

Go go go, passez à l'action!

8

LE CALCUL VAUT LE TRAVAIL

VOICI CE QUE VOUS APPRENDREZ DANS CE **HUITIÈME CHAPITRE**
- *Le profit à l'achat est essentiel lors de flips.*
- *Les éléments à considérer lors d'une transaction.*
- *Les frais relatifs à l'acquisition.*
- *Bienvenue chez vous.*
- *La base d'imposition pour le calcul des droits de mutation.*
- *Quelques frais supplémentaires.*
- *Le coût de possession.*
- *Les frais reliés à la vente.*
- *Le prix de vente net.*
- *Le calcul du profit.*
- *Qu'en est-il de votre rendement?*
- *La feuille de calculs nommée le «flipper».*
- *La notion de profit apparent, profit net et de profit réel.*
- *La règle du pouce.*
- *Une multitude d'éléments à estimer.*
- *L'importance de toujours faire trois scénarios.*

⟿

Voici l'un des chapitres les plus importants de cet ouvrage. Vous y apprendrez comment analyser un flip. Je vous invite à vous y reporter avant chacun des flips que vous effectuerez. Ce chapitre sera en quelque sorte votre aide-mémoire.

LE PROFIT À L'ACHAT EST ESSENTIEL LORS DE FLIPS

Comme Jacques Lépine l'a expliqué et démontré dans son premier ouvrage *L'Indépendance financière grâce à l'immobilier,* le profit se fait à l'achat. Dans le cas des flips, ce principe est essentiel.

Contrairement au mode accumulation, en mode spéculatif, vous n'avez pas les nombreuses années à venir qui joueront en votre faveur. En mode accumulation, vous pourriez à la limite payer le prix du marché et très bien vous en tirer lorsque viendra le temps de revendre plusieurs années plus tard. En mode spéculation, vous ne pouvez vous permettre de payer le prix du marché si vous désirez réaliser un profit et progresser. Plus de profits vous ferez à l'achat, plus d'argent vous aurez à votre disposition pour poursuivre l'aventure.

 Gardez toujours à l'esprit que la plus grosse dépense de votre flip demeure son prix d'achat. Alors, si vous désirez augmenter vos profits, vous vous devez de réduire au maximum cette dépense.

Une bonne négociation vous permettra de retrancher plusieurs milliers de dollars au prix d'achat, et par conséquent, vous permettra d'encaisser davantage de profits lors de la revente.

Pour vous aider à faire plus de profits lors de vos transactions, je vous invite à investir quelques heures dans la lecture d'ouvrages traitant de négociation. Suivez des formations et perfectionnez vos techniques. Comme dans tous les autres domaines de la vie, la maîtrise d'un art vient avec la pratique, alors mettez-vous à l'œuvre dès aujourd'hui et pratiquez constamment. Je suis convaincu qu'il s'agira, au taux horaire, des heures les mieux investies et les plus payantes de votre vie.

LES ÉLÉMENTS À CONSIDÉRER LORS D'UNE TRANSACTION

Un flip se résume principalement à trois grandes étapes. Il y a d'abord l'acquisition de l'immeuble, ensuite la possession qui peut prendre diverses formes et finalement, il y a la revente de l'immeuble.

À chacune de ces étapes, plusieurs frais doivent être pris en considération afin de vous assurer du profit net que vous réaliserez. Souvent, lors d'appels téléphoniques personnalisés dans le cadre de coaching de groupe ou privé, les gens me présentent des projets de flips. Pour donner suite à quelques calculs effectués ensemble, ils en viennent à l'évidence que le profit net qu'ils feront est de loin inférieur au profit apparent qu'ils envisageaient avant l'appel.

Le profit net d'une transaction se calcule de la façon suivante :

Le prix de vente

moins les frais reliés à la vente ;

moins le coût de possession ;

moins les frais reliés à l'achat ;

moins le prix d'achat.

Vous verrez en détail dans les pages qui suivent les calculs à effectuer à chacune des étapes afin de vous assurer à l'avance du profit net.

Je vous invite à vous reporter à la page 173 au fur et à mesure que les frais vous seront présentés. Ils seront en caractères gras suivis d'un astérisque. Par exemple, **200 $** *. Une feuille de calculs nommée « flipper » s'y trouve avec les chiffres déjà inscrits. Vous trouverez également à la page 257 un aide-mémoire pour vous permettre de faire vos analyses.

Vous vous rappelez le petit duplex payé **200 000 $** * et revendu **265 000 $** * au début du livre ? Eh bien, il est de retour ! Allons-y de façon chronologique, c'est-à-dire avec le prix d'achat total qui inclut le prix payé et les frais d'acquisition. Le prix payé étant de 200 000 $, il ne reste qu'à vous expliquer les frais d'acquisition.

LES FRAIS RELATIFS À L'ACQUISITION

Dans la plupart des cas, les premiers frais d'acquisition de votre processus sont reliés à l'inspection en bâtiment. À titre de référence, il vous en coûtera entre 400 $ et 600 $ pour une maison unifamiliale, une maison mobile, un condo ou un chalet. Prévoyez approximativement 100 $ par logement pour les immeubles à revenus. De façon générale, plus l'immeuble comptera d'unités, plus les frais reliés à l'inspection seront élevés en termes de dollars absolus.

Contactez quelques inspecteurs et demandez-leur quels sont leurs tarifs. Profitez-en pour obtenir·des références de clients satisfaits afin de vous permettre de faire un choix éclairé. Je vous recommande de choisir des inspecteurs en bâtiment qui utilisent l'imagerie thermique. Ce n'est pas une obligation, mais disons que c'est un must ! De plus, les inspecteurs choisis devraient être membres d'un ordre professionnel, tels qu'un architecte ou un ingénieur en bâtiment.

Dans l'exemple de notre duplex, j'ai fixé à **500 $** * les frais d'inspection en bâtiment.

Les prochains frais engagés sont ceux payés pour rendre l'acquisition officielle, c'est-à-dire les frais de notaire. À titre de référence, il vous en coûtera entre 1 000 $ et 1 500 $ pour l'acte de vente. Prenons **1 250 $** *, dans le cas qui nous intéresse, ce qui s'avère un scénario réaliste.

Nous sommes donc rendus à 1 750 $ en frais déboursés, soit 500 $ pour l'inspection en bâtiment et 1 250 $ pour les frais de notaire.

Poursuivons notre exemple.

BIENVENUE CHEZ VOUS !

Une fois devenu propriétaire, vous recevrez quelques mois plus tard, une correspondance en provenance des autorités municipales où votre immeuble est situé. Ne vous inquiétez pas. Il s'agit d'un petit mot de bienvenue accompagné d'une facture vous demandant d'acquitter certains frais. Il s'agit en fait des droits de mutation, communément appelés « taxe de bienvenue » en l'honneur du ministre de l'Immigration Jean Bienvenue qui avait instauré cette taxe au milieu des années 70. À chacune des acquisitions immobilières que vous ferez, vous aurez à payer cette taxe.

Le montant à défrayer variera en fonction de la base d'imposition. La *taxe de bienvenue* est une taxe ascendante répartie en trois tranches. Plus la base d'imposition sera grande, plus le montant à payer sera élevé.

Vous verrez plus loin quels sont les trois critères pris en considération pour établir le montant de base. Pour l'instant, voyons ensemble comment s'effectue le calcul.

1. La première tranche est celle comprise entre 0 $ et 50 000 $. Puisque le taux d'imposition est de 0,5 %, le montant à payer sera alors de 250 $, soit 50 000 $ × 0,5 % = 250 $.

2. La seconde tranche s'additionnant aux 250 $ déjà calculés, est celle comprise entre 50 000 $ et 250 000 $. Le taux d'imposition étant de 1 %, le montant à payer dans notre exemple sera de 1 500 $, soit 200 000 $ − 50 000 $ = 150 000 $

   150 000 $ × 1 % = 1 500 $.

3. La troisième et dernière tranche à calculer est celle du montant qui excède 250 000 $ et qui est imposée à 1,5 %.

Dans notre exemple, elle n'est pas pertinente puisque nous avons payé le duplex 200 000 $.

En résumé, vous aurez à payer des droits de mutation, pour un immeuble dont la base d'imposition est de 200 000 $, un montant de **1 750 $***, soit 250 $ + 1 500 $.

Avant de poursuivre avec les autres frais d'acquisition, je referai un autre exemple rapide, mais cette fois avec un immeuble dont la base d'imposition est de 2 000 000 $

1. La première tranche de 50 000 $ vous coûtera 250 $, comme nous l'avons vu dans le calcul précédent.

2. La seconde tranche de 50 000 $ à 250 000 $ vous coûtera 2 000 $ puisque que le taux d'imposition est de 1 %, soit 250 000 $ − 50 000 $ = 200 000 $ × 1 % = 2 000 $.

3. La troisième tranche s'applique cette fois-ci pour cet immeuble puisque la base d'imposition est de 2 000 000 $, ce qui est bien au-delà du 250 000 $.

Nous avons donc pour la troisième tranche un montant excédent de 1 750 000 $, soit (2 000 000 $ − 250 000 $). Puisque le taux de cette tranche est de 1,5 %, le montant à payer sera alors de 26 250 $, soit 1 750 000 $ × 1,5 %.

Finalement, les droits de mutation pour cet immeuble s'élèveront à 28 500 $ soit : (250 $ + 2 000 $ + 26 250 $). Ce qui n'est pas négligeable, n'est-ce pas, lors d'une transaction de cette ampleur ? Et si vous faisiez payer ces frais par le vendeur en incluant le montant dans le prix d'achat ! Pensez-y quelques instants. Cette technique vaut son pesant d'or, croyez-moi !

 Afin de déterminer les droits de mutation que vous aurez à payer, il existe pour vous aider des applications disponibles sur téléphones intelligents et également divers calculateurs que vous pourrez trouver sur différents sites Internet. Notez également que le calcul des droits de mutation est le même pour toutes les villes de la province de Québec, à l'exception de la Ville de Montréal où les droits de mutation sont plus élevés.

Finalement, sachez qu'il existe quelques exemptions où les droits de mutation ne s'appliquent guère. Dans le doute, contactez un notaire qui pourra vous renseigner et vous confirmer à savoir si des droits de mutation s'appliquent ou non à la transaction.

LA BASE D'IMPOSITION
POUR LE CALCUL DES DROITS DE MUTATION

Vous venez tout juste de voir un calcul effectué en fonction du prix payé. Les villes ou encore les municipalités percevront toutefois les droits de mutation basés sur le plus haut des trois montants suivants :

- le prix payé ;

- l'évaluation municipale pondérée ;

- la juste valeur marchande de l'immeuble.

De façon générale, le calcul est effectué sur la base d'imposition du prix payé. Mais puisque vous serez un acheteur d'aubaines, il y a fort à parier que vous dénicherez des propriétés vendues sous l'évaluation municipale et que la base d'imposition aux fins de calcul des droits de mutation sera par le fait même effectuée sur l'évaluation municipale pondérée. Comme vous l'avez vu au chapitre 4, soyez vigilant avec l'évaluation municipale, ce n'est pas celle-ci qui dicte si c'est une aubaine ou non.

Si nous récapitulions concernant les frais d'acquisition, nous avons 500 $ de frais pour l'inspection en bâtiment, 1 250 $ pour le notaire, 1 750 $ pour les droits de mutation, ce qui nous fait pour l'instant 3 500 $ de frais qui s'ajouteront à la mise de fonds exigée par les institutions financières, ainsi qu'au prix d'achat de 200 000 $.

Étant donné que nous avions fixé à **5 000 $** * les frais d'acquisition au début du chapitre 1, nous avons donc une marge de manœuvre de **1 500 $** *, soit 5 000 $ − 3 500 $ = 1 500 $ qui pourront être utilisés à diverses fins.

QUELQUES FRAIS SUPPLÉMENTAIRES

Voici une liste détaillée, mais non exhaustive de frais supplémentaires pouvant survenir lors de l'achat d'un immeuble :

- frais d'évaluation agréée ;

- honoraires professionnels de consultations immobilières ;

- test environnemental de phase I, II et III ;

- test de caméra ;

- test de pyrite ;

- test de fumée ;

- test d'infiltrométrie ;

- test de radon ;

- test de vermiculite ;

- honoraires professionnels en fiscalité ou comptabilité ;

- frais d'incorporation ;

- test de qualité d'air ambiant ;

- test de qualité d'eau potable ;

- imagerie thermique ;

- taxe sur la prime d'assurance hypothécaire ;

- rajustements des taxes foncières et de la taxe scolaire ;

- frais d'ouverture de dossier de l'assurance-prêt ;

- divers ajustements chez le notaire ;

- conventions entre les actionnaires ;

- assurances-titres ;

- certificat de localisation ;

- frais de consultations diverses.

Comme vous le constatez, les 1 500 $ de surplus que nous avons prévus peuvent parfois être insuffisants. En ce qui a trait à notre exemple, nous considérerons qu'ils le sont suffisants.

Nous avons donc un prix d'achat total de 205 000 $, soit : 200 000 $ + 5 000 $.

Le petit duplex que vous avez payé 200 000 $, vous reviendra à 205 000 $ une fois les frais d'acquisition déboursés. Aux fins de pré-analyse rapide seulement, je vous propose d'utiliser la plupart du temps 5 000 $ comme frais d'acquisition. Ce montant est assez représentatif de la réalité pour de petits immeubles comme les maisons, condos, petits plex, chalets et maisons mobiles. Pour les immeubles de plus grande valeur dans les grands centres, faites vos calculs avec précision, car la taxe de bienvenue sera beaucoup plus onéreuse. À elle seule, elle excédera souvent 5 000 $.

LE COÛT DE POSSESSION

Vous voilà maintenant propriétaire d'un joli petit duplex dont vous avez acquitté tous les frais d'acquisition.

Que ferez-vous maintenant avec cet immeuble ? Une conversion afin de changer sa vocation, des rénovations, vous le revendrez dans son état actuel ?

Quel que soit votre plan, vous aurez différentes dépenses reliées à la possession de l'immeuble. La somme de ces dépenses représentera ce que j'appelle le coût de possession.

Voici quelques-unes des dépenses que vous devrez considérer.

Tout d'abord, vous aurez à payer la mensualité hypothécaire, et ce, vous l'aurez deviné tout au long de la durée de votre projet. La banque ne fait malheureusement pas de cadeau ! Cette mensualité sera influencée par le taux d'intérêt, l'amortissement utilisé et bien sûr le montant du prêt consenti par l'institution financière ou encore le prêteur privé. Vous verrez plus en détail au chapitre 9 le financement par les prêteurs privés.

Je vous conseille de consulter divers sites Internet, d'utiliser une calculatrice financière ou encore une table d'amortissement afin de connaître les mensualités hypothécaires que vous aurez à payer. Dans notre exemple, j'utiliserai un taux d'intérêt de 5 %, un amortissement de 25 ans et un prêt de 160 000 $, soit 80 % du prix d'achat de 200 000 $. Ce financement permettra d'éviter les frais reliés à l'assurance hypothécaire, et par le fait même, augmentera votre profit.

Grâce à l'utilisation d'un calculateur sur Internet, la mensualité sera de 930,57 $, arrondissons à **930 $** *.

Ici, je me dois de faire une hypothèse quant à la durée du flip. Disons **6 mois** *, le temps de faire la mise en marché, le délai pour qu'un acheteur se présente et complète son processus d'achat. Comme vous l'avez vu au chapitre précédent, il y a plusieurs moyens d'optimiser la mise en marché de vos immeubles, d'espérer ainsi réduire le temps de possession et par le fait même augmenter votre profit.

 Lors d'un flip, le temps c'est de l'argent. Une fois l'immeuble notarié, commencez un décompte et imaginez-vous avec un sablier qui s'écoule. Ne perdez pas de temps et franchissez chacune des étapes le plus rapidement possible.

Revenons au calcul du coût de possession. J'en étais, avec les mensualités, à verser un montant durant les 6 mois où vous serez propriétaire. Vous aurez donc 6 × 930 $ à verser, soit 5 580 $ *. De ces 5 580 $, 3 942 $ représentent les frais d'intérêt et **1 638 $** * représenteront le capital remboursé. Comme vous le savez sûrement, lors d'un versement hypothécaire, une portion du paiement est attribuée aux intérêts et l'autre portion est attribuée au capital remboursé. En d'autres termes, le montant que vous devez à l'institution financière diminue avec le temps.

Bien sûr, certains d'entre vous se disent intérieurement :

« Ce duplex rapporte des revenus qu'il faut considérer. »

J'en conviens et vous verrez ultérieurement l'impact de ces revenus.

Poursuivons avec les dépenses.

Vous aurez également à payer des taxes foncières et la taxe scolaire. Posons l'hypothèse suivante, qui selon moi est assez réaliste. Supposons des taxes foncières annuelles de 2 100 $ et une taxe scolaire de 300 $ annuellement. Le total est donc de 2 400 $, soit (2 100 $ + 300 $) par année, ce qui représente **200 $** * par mois. Toujours avec l'hypothèse que votre projet durera 6 mois, vous aurez donc 1 200 $ de taxes à payer (6 × 200 $).

Vous aurez également à assurer votre immeuble. Supposons que votre prime annuelle soit de 600 $. Le coût mensuel sera alors de **50 $** *, ce qui fera en sorte que vous devrez débourser, durant les 6 mois de possession, un autre 300 $ en frais d'assurances.

Vous voilà donc maintenant à 7 080 $ en coût de possession, soit 5 580 $ + 1 200 $ + 300 $.

Mais ce n'est pas tout! Il s'avère que vous avez acheté votre duplex au mois de septembre.

« Et puis! », me direz-vous.

Vous aurez à faire tondre la pelouse toutes les deux semaines durant les deux prochains mois, faire déneiger le stationnement du mois de décembre au mois de février. Encore d'autres frais, disons **300 $** * aux fins d'exercice.

Là vous vous dites :

« C'est assez pour les frais de possession, nous avons tout prévu! »

Mais non!

Imaginez-vous donc qu'un des locataires a pris la poudre d'escampette durant la nuit du 20 novembre, tout en vous devant un mois de loyer et en laissant un logement vacant durant le mois de décembre. Malheur! Vous aurez à mettre de la publicité pour relouer votre logement, et vous trouverez preneur seulement à la mi-décembre, et ce, pour le 1er janvier.

Et qui assumera les frais de chauffage du logement durant que le logement sera vacant? C'est vous, bien sûr!

Votre aventure de mauvais locataire vous aura coûté au bas mot **1 500 $** *.

Je cesse ici pour ce qui est des dépenses relatives au coût de possession, car le but n'est pas de vous décourager, mais plutôt de vous sensibiliser et de vous faire prendre conscience que de petits pépins et des imprévus peuvent survenir lors d'un flip. C'est pourquoi il est important de prévoir plusieurs scénarios, comme vous verrez à la fin de ce chapitre, et surtout d'acheter une aubaine afin d'espérer un profit décent pour tous vos efforts déployés.

Pour les six mois que durera votre projet, vos dépenses s'élèveront donc à :

1 200 $ en taxes ;

300 $ en frais d'assurance ;

300 $ pour la pelouse et le déneigement ;

1 500 $ pour la perte de loyers ;

3 942 $ en intérêts. Toutefois, vous devez débourser 5580 $ durant le projet. Le capital sera récupéré à la vente.

Ce qui fait la modique somme de 8 880 $ pour 6 mois de possession.

Toutefois, comme je l'ai mentionné précédemment, votre duplex rapporte des revenus qui pourront être appliqués aux dépenses afin de réduire le coût de possession, voire créer un coût de possession positif.

Supposons que votre duplex rapporte 740 $ par mois par logement, soit **1 480 $** * par mois.

Vos revenus de location seront alors de 740 $ × 2 logements × 6 mois = 8 880 $. Magie ! Votre coût de possession sera nul. Voilà pourquoi je n'en avais pas fait mention au début du chapitre 2.

Par contre, dans la grande majorité des flips, votre coût de possession sera négatif. C'est souvent le cas avec les chalets, les maisons unifamiliales, les condos, les terrains et les maisons mobiles qui ne génèrent aucun revenu, puisqu'ils sont souvent laissés volontairement vacants. Vous devrez alors considérer dans votre analyse financière une somme d'argent supplémentaire pour la possession de l'immeuble.

Si vous avez emprunté l'argent requis pour la mise de fonds et l'ensemble de votre projet, n'oubliez pas d'ajouter le coût d'emprunt relié aux intérêts à payer. À titre d'exemple, si vous avez emprunté 50 000 $ à 5 % pour réaliser un projet qui aura duré un an, vous aurez alors 2 500 $ de moins comme profit, soit 50 000 $ × 5 % = 2 500 $.

Vous voilà déjà rendu à la dernière étape de votre projet. Vous êtes de plus en plus près d'encaisser le profit que vous avez fait lors de l'achat.

LES FRAIS RELIÉS À LA VENTE

Tout comme c'est le cas lors de l'acquisition d'un immeuble, des frais s'ajoutent lors de la revente de celui-ci. C'est pourquoi j'introduis le prix de vente net.

Il s'agit en fait du prix de vente moins les frais de vente engagés.

Voyons-les en détail. Précisons toutefois qu'ils ne vous sont pas présentés par ordre chronologique ni par ordre d'importance.

1. LE CERTIFICAT DE LOCALISATION

Si lors de l'un de vos projets vous avez décidé d'ajouter une remise, par exemple, d'agrandir un patio, d'ajouter une piscine, une clôture ou encore une haie, vous devrez fournir un nouveau certificat de localisation.

 Pensez-y deux fois avant d'apporter ce genre de modifications, car un nouveau certificat de localisation fera en sorte d'augmenter le coût total de vos travaux.

Dans le cas de votre duplex, vous avez négocié avec l'acheteur que vous ajouterez une haie au coût de **1 000 $** * afin de rendre plus intime son futur terrain. Prévoyez alors qu'il vous en coûtera environ

750 $ * pour obtenir un nouveau certificat de localisation. Habituellement, les frais varient entre 600 $ et 1 000 $.

Un autre point important à considérer en ce qui concerne le certificat de localisation, c'est le délai requis pour sa production. Lors de certaines périodes de pointe immobilières, comme au printemps, vous pourrez compter de trois à cinq semaines avant d'avoir en main le nouveau certificat de localisation. Si vous avez oublié ce détail lors de la planification de votre projet, il se peut que vous deviez attendre un mois de plus avant de «notarier» la vente de l'immeuble. S'il s'agit d'un immeuble ne rapportant aucun revenu, vous aurez alors à défrayer la totalité des frais supplémentaires suivants : un versement hypothécaire, un mois de taxes foncières et de taxe scolaire, un mois d'assurance, un mois d'électricité, etc.

Vous voyez l'impact ?

 Pour pallier ce délai d'attente de production du certificat de localisation, l'assurance-titres est à envisager. Perdrez-vous une belle occasion de vendre à cause d'un certificat de localisation qui tarde à venir ?

La réponse est non !

Il existe diverses compagnies offrant ce genre de produit. Je pense, entre autres, à Stewart, Chicago, FCT pour ne nommer que celles-ci. Informez-vous auprès de votre notaire, il saura vous renseigner davantage à ce sujet. Il vous en coûtera entre 200 $ et 500 $ pour un tel produit.

2. LA COMMISSION DU COURTIER IMMOBILIER

Voyons maintenant une dépense de vente facultative, mais qui risque de réduire considérablement votre profit si jamais vous décidez d'avoir recours à un courtier immobilier pour vendre votre immeuble.

Dans la majorité des cas, le coût relié à un contrat de courtage varie entre 3 % et 6 % du prix de vente de votre immeuble. N'oubliez pas que s'ajouteront également la TPS et la TVQ sur le montant à verser au courtier.

Poursuivons l'exemple de votre duplex.

Vous signez un contrat de courtage au taux de 5 % de rétribution, communément appelée la commission. Votre duplex vaut sur le marché 275 000 $ et vous avez trouvé preneur à 265 000 $.

La rétribution au courtier inscripteur se calculera ainsi : 265 000 $ × 5 % = 13 250 $.

Si l'on ajoute les taxes en vigueur au moment d'éditer ce livre, soit 5 % pour la TPS et 9,5 % pour la TVQ, le montant total à verser au courtier inscripteur sera alors de **15 234 $** *, soit 265 000 $ × 5 % = 13 250 $ × 1,05 $ × 1,095 $.

Votre prix de vente sera par le fait même réduit à 249 766 $, soit 265 000 $ – 15 234 $.

 Je vous suggère, dans la mesure du possible, de choisir un courtier immobilier qui vous laissera la liberté de vendre également la propriété par vous-même, ce qui aurait pour effet de réduire la rétribution d'un certain pourcentage si vous trouviez vous-même l'acheteur. Il est parfois possible avec certains courtiers de n'avoir aucune commission à payer si vous trouvez l'acheteur. Ceci est plutôt rare, mais si vous appliquez certains principes de négociation, vous devriez être en mesure de négocier ces modalités avec un courtier qui acceptera ce genre d'entente. Certaines agences immobilières prévoient un pourcentage si l'acheteur est trouvé par le courtier et un pourcentage moindre s'il est trouvé par le vendeur. Voici un conseil qui vaut à lui seul, parfois, jusqu'à mille fois le prix payé pour ce livre !

Vous vous souvenez que je vous ai fortement recommandé au début du livre de lire plusieurs bouquins et de suivre quelques formations sur la négociation ? Voilà un autre exemple où vous pourrez économiser de grosses sommes !

Imaginez un instant que vous aurez à revendre 10, 20, 30 immeubles au cours de votre carrière de spéculateur immobilier !

Nul besoin de vous expliquer l'impact que ceci aura sur votre valeur nette dans plusieurs années.

3. LES FRAIS DE PUBLICITÉ

Si vous réussissez à négocier avec votre courtier indiquant que vous pourrez vendre par vous-même, cela voudra donc dire que vous aurez à participer activement à la mise en marché de votre immeuble. Vous devrez dans ce cas, allouer un montant à la publicité. Disons **200 $ ***.

Ce n'est pas terminé avec les frais de vente, loin de là! Il y a encore plusieurs autres possibilités qui diminueront votre profit potentiel.

En voici deux autres.

4. LES PÉNALITÉS POUR REMBOURSEMENT ANTICIPÉ

Prenons maintenant le cas des pénalités attribuables au remboursement anticipé de votre prêt hypothécaire.

Si vous n'avez pas envisagé d'utiliser un prêt hypothécaire ouvert ou encore une marge de crédit hypothécaire, vous aurez alors une pénalité à payer à votre institution financière.

Je n'entrerai pas dans les détails quant aux calculs des pénalités, car plusieurs facteurs peuvent influencer le montant à payer. De plus, chaque institution financière a ses propres règles en matière de calcul de pénalités.

Je me contenterai à ce stade-ci de vous suggérer d'opter pour une marge de crédit hypothécaire ou encore un prêt hypothécaire ouvert, et ce, même si le taux d'intérêt obtenu est un peu plus élevé qu'un prêt fermé. Vous pourriez également opter pour un prêt à taux variable où la pénalité sera de trois mois. Ce qui est très raisonnable en matière de flips. Pour les besoins de cet exemple, je prendrai **2 000 $ ***.

Un autre conseil que je veux vous transmettre, c'est d'entrer en contact avec un courtier hypothécaire qui saura vous diriger vers le meilleur produit disponible correspondant le mieux à votre projet. Choisissez le bon produit et faites bien vos calculs. N'oubliez pas le titre du chapitre : Le calcul vaut le travail !

5. LA QUITTANCE OU LA MAINLEVÉE

Les derniers frais que vous verrez dans ce chapitre, seront ceux reliés à la mainlevée ou si vous préférez, la quittance de la banque.

Lorsque vous remboursez un prêt hypothécaire, le créancier fournira une quittance attestant le remboursement du prêt, en totalité ou en partie, et qui sera inscrit par le notaire au registre foncier. Comme rien n'est gratuit dans ce bas monde, vous aurez à débourser entre 500 $ et 750 $ pour cette quittance. Allons-y avec **600 $** *.

LE PRIX DE VENTE NET

Revenons au petit duplex et voyons ensemble le calcul du profit net que vous aurez réalisé si vous le détenez durant 6 mois.

Rappelons que le prix payé était de 200 000 $ et qu'en considérant les frais d'acquisition de 5 000 $, le coût total d'acquisition s'élevait donc à 205 000 $. Pour sa part, le coût de possession était nul puisque les loyers couvraient les frais reliés aux dépenses.

Ne reste plus qu'à calculer le prix de vente net pour ensuite être en mesure de déterminer le profit net réalisé.

Vous l'avez vendu **265 000 $** *, mais vous devez soustraire les frais de vente suivants :

- 600 $ pour la quittance ;

- 2 000 $ en frais de pénalités pour remboursement anticipé ;

- 750 $ pour la certification de localisation ;

- 15 234 $ en rétribution à votre courtier ;

- 1 000 $ pour la haie ;
- 200 $ en frais de publicité.

Les frais totaux de vente s'élèvent alors à **19 784 $**. *

Par conséquent, le prix de vente net est de 245 216 $, soit 265 000 $ − 19 784 $.

LE CALCUL DU PROFIT

Comme je l'ai mentionné auparavant, vos paiements mensuels hypothécaires contenaient des frais d'intérêt et un remboursement en capital. Il faut donc ajouter au profit net, 1 638 $ en capital remboursé.

Finalement, le profit net lors de votre flip de duplex sera de : **41 854 $ ***.

Soit :

245 216 $ comme prix de vente net ;

− 205 000 $ comme prix d'achat total ;

+ 1 638 $ en remboursement de capital.

Fort différent du profit apparent de 75 000 $, soit la valeur marchande de 275 000 $ moins le prix payé de 200 000 $.

Comme vous venez de le constater, il y a plusieurs frais à considérer lors d'une transaction immobilière. Je vous résume donc les principaux et les plus usuels.

À L'ACHAT

- l'inspection en bâtiment ;
- le notaire ;
- les droits de mutation.

DURANT LA POSSESSION

- les taxes foncières ;
- la taxe scolaire ;
- les assurances ;
- les versements hypothécaires.

LORS DE LA VENTE

– la quittance ou la mainlevée ;
– la pénalité pour remboursement anticipé ;
– le certificat de localisation ;
– la commission du courtier immobilier.

QU'EN EST-IL DE VOTRE RENDEMENT ?

Afin de pouvoir calculer le rendement que vous avez réalisé grâce à ce flip, vous avez besoin de trois paramètres, soit l'argent investi, le profit net ainsi que la durée du projet.

Concernant le profit net, nous venons de calculer qu'il était de 41 854 $. Pour ce qui est de la durée du projet, nous savons que 6 mois ont été nécessaires. Ne manque plus qu'une variable, soit l'argent investi.

Calculons ensemble.

Vous avez injecté initialement une mise de fonds de 44 000 $. Ensuite, vous avez investi un autre 500 $ pour l'inspection, 1 250 $ pour les frais de notaire, 1 750 $ pour les droits de mutation et un autre 1 500 $ en frais divers reliés à l'achat. La somme de ces montants est donc de 49 000 $.

Concernant la possession, vous n'avez pas eu à débourser d'argent puisque la location de vos deux logements a contribué à payer toutes les dépenses.

Finalement, vos sommes déboursées relatives à la vente de votre immeuble ont été de 750 $ pour un nouveau certificat de localisation, 1 000 $ pour une haie et 200 $ en frais de publicité, pour un total de 1 950 $.

Notez que les frais reliés à la commission du courtier immobilier, à la quittance, à la pénalité pour remboursement anticipé ainsi que la perte en location de deux mois ne sont pas inclus puisque vous n'avez pas eu à débourser ces sommes. Elles sont tout simplement incluses dans le calcul du profit net.

En résumé, vous aurez investi 49 000 $ pour acquérir l'immeuble ainsi que 1 950 $ pour le revendre, ce qui fait donc un montant déboursé total de 50 950 $.

Puisque vous avez réalisé un profit net de 41 854 $ sur 50 950 $ investis, votre rendement est donc de :

$$\frac{41\ 854\ \$}{50\ 950\ \$} \times 100 = 82,15\ \%$$

Intéressant, n'est-ce pas comme rendement ? Sans oublier que votre projet n'a duré que 6 mois.

Pour les besoins de la cause, imaginez un instant qu'avec le même argent, vous faites un autre flip identique durant les 6 prochains mois. Votre rendement annualisé sera alors de 164 %.

Et si vous empruntiez les 50 950 $ en question, votre rendement serait alors **INFINI**. C'est vraiment magique d'utiliser l'argent des autres. Vous faites 83 700 $ de profit net avant impôts avec de l'argent que vous n'avez même pas.

Qui dit mieux comme véhicule d'investissement ?

Et votre taux horaire dans tout ça ?

Si vous avez consacré 400 heures au total, incluant la recherche, l'analyse, les visites, la gestion durant la possession, la mise en vente et autres, votre taux horaire est donc de 210 $, soit 83 700 $/400 heures = 210 $ l'heure.

Et tout cela à temps partiel, puisque 400 heures réparties sur un an équivalent environ à 8 heures par semaine, soit environ une heure par jour.

Go go go, passez à l'action au plus vite avec l'argent des autres !

LE « FLIPPER »
Résumé de l'analyse détaillée du duplex

PRIX DE VENTE   265 000 $

Frais relatifs à l'achat

Inspection	500 $	
Notaire	1 250 $	
Droits de mutation	1 750 $	
Divers et imprévus	1 500 $	

Sous-total (A).. (5 000) $

Frais de possession (mensuels)

Revenus	1 480 $	
Moins		
Taxes foncières	175 $	
Taxe scolaire	25 $	
Assurances	50 $	
Versements hypothécaires	930 $	
Pelouse/déneigement	50 $	
Total (B) ***	**250 $**	

Durée du projet en mois (C)   6 mois

Sous-total (B X C) *** .... 1 500 $

Frais relatifs à la vente

Quittance	600 $	
Pénalité	2 000 $	
Certificat de localisation	750 $	
Commission du courtier	15 234 $	
Haie	1 000 $	
Publicité	200 $	

Sous-total.. (19 784) $

PRIX D'ACHAT   (200 000) $

Pertes de location	(1 500) $
Capital remboursé	1 638 $

PROFIT NET ***   **41 854 $**

Comme mentionné précédemment, il ne s'agit que d'un exemple. Libre à vous d'ajouter tous les postes de dépenses et de complexifier davantage votre fiche de calculs.

Personnellement, j'ai développé un fichier électronique que j'ai nommé «**Le flipper 3.1**» et qui permet de découvrir le profit net réalisé en fonction de la durée du projet. Un excellent outil sous format Excel est inclus avec la formation «**Vivez rapidement de l'immobilier grâce aux flips**» que j'offre par le biais du Club d'investisseurs immobiliers du Québec, plusieurs fois par année, tant à Montréal, Longueuil et Québec.

Lors de cette formation, en plus de recevoir la version électronique du «**flipper 3.1**», vous pourrez poser vos questions, vous recevrez des réponses à des questions d'autres participants, sans compter tous les trucs et astuces que vous apprendrez et le temps que vous gagnerez, car vous n'aurez pas à concevoir de fichier électronique. Plusieurs participants assistent à cette formation simplement pour recevoir «**Le flipper 3.1**».

Vous apprendrez en accéléré. Souvenez-vous du principe. Un seul truc appliqué et la formation sera payée plusieurs fois !

LA NOTION DE PROFIT APPARENT, DE PROFIT NET ET DE PROFIT RÉEL

Votre profit net pourrait augmenter ou diminuer en fonction du temps de possession de l'immeuble. Si le «cash-flow» ou encore le surplus de trésorerie mensuel de l'immeuble est négatif, votre profit net diminuera avec le temps, et s'il s'avère positif, votre profit net augmentera. Ceci est vrai seulement dans l'hypothèse où les autres frais demeurent identiques, plus précisément les frais relatifs à l'achat et à la revente.

Qu'en est-il maintenant du profit apparent ?

Il s'agit en fait du profit calculé entre la valeur marchande et le prix payé. Il s'agit souvent d'une erreur commise par les débutants. Celle d'omettre les frais reliés à l'achat, la possession et la vente.

Ceux-ci représentent une grande part de profit en moins. Dans l'exemple de notre duplex, le profit apparent de 75 000 $ s'est transformé en profit net de 41 854 $, en raison des quelque 33 000 $ de frais.

Finalement, le profit réel est tout simplement le profit réalisé une fois le processus de flip complété. Et ce profit, vous ne pourrez pas le connaître tant et aussi longtemps que vous ne serez pas passé chez le notaire pour la vente de l'immeuble.

LA RÈGLE DU POUCE

Comme vous venez d'apprendre dans ce chapitre, tous les frais d'achat et de vente diminueront considérablement votre profit apparent.

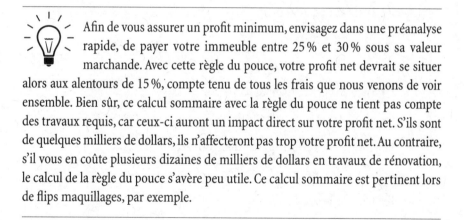

Afin de vous assurer un profit minimum, envisagez dans une préanalyse rapide, de payer votre immeuble entre 25 % et 30 % sous sa valeur marchande. Avec cette règle du pouce, votre profit net devrait se situer alors aux alentours de 15 %, compte tenu de tous les frais que nous venons de voir ensemble. Bien sûr, ce calcul sommaire avec la règle du pouce ne tient pas compte des travaux requis, car ceux-ci auront un impact direct sur votre profit net. S'ils sont de quelques milliers de dollars, ils n'affecteront pas trop votre profit net. Au contraire, s'il vous en coûte plusieurs dizaines de milliers de dollars en travaux de rénovation, le calcul de la règle du pouce s'avère peu utile. Ce calcul sommaire est pertinent lors de flips maquillages, par exemple.

Lorsque vous effectuez vos analyses détaillées, considérez que votre profit net devrait être de l'ordre de 25 % si le marché de l'immobilier est dans une phase descendante et de 10 % s'il est dans une phase ascendante. En d'autres termes, soyez encore plus prudent si le marché semble être à la baisse. Dans ce cas, exigez un profit net plus élevé.

Ne vous investissez jamais dans un projet de flips avec la simple formule de règle du pouce. Rien ne vaut une bonne analyse détaillée.

UNE MULTITUDE D'ÉLÉMENTS À ESTIMER

Avant de vous lancer dans le feu de l'action avec un projet de flips, vous aurez une multitude d'éléments à estimer et à analyser. Le succès de vos flips résidera principalement en votre capacité à estimer avec le plus de précision possible les aspects suivants :

- la valeur marchande au moment de l'achat ;
- le prix d'achat, celui que vous serez prêt à payer ;
- les frais d'acquisition ;
- la durée du projet ;
- les frais de possession ;
- les travaux à réaliser et leurs coûts ;
- les imprévus ;
- la valeur marchande au moment de la revente ;
- les frais de vente ;
- le prix de revente ;
- le profit envisageable ;
- les risques inhérents à la transaction ;
- le temps que vous devrez consacrer à votre projet.

Vous devrez donc vous transformer en champion de l'estimation !

Les trois éléments les plus difficiles à estimer sont très souvent :

– la valeur marchande au moment de l'achat ;

– le prix de revente ;

– le temps requis pour vendre.

Ces trois éléments auront un impact direct sur le profit que vous réaliserez et sur votre rendement.

L'IMPORTANCE DE TOUJOURS PRÉVOIR TROIS SCÉNARIOS

 Puisque ces trois éléments sont relativement difficiles à estimer, ne faites pas l'erreur que plusieurs commettent, soit d'être trop optimistes. Ils surestiment le prix de vente et croient que les immeubles se vendent toujours en un temps record. Ce n'est pas nécessairement le cas.

Dans un premier temps, faites vos calculs avec le plus de réalisme possible. Considérez des frais normaux, des délais de possession moyens, un prix d'achat et de revente moyens.

Dans un deuxième temps, faites vos calculs selon un scénario optimiste. Avec ce genre de scénario, vous prévoirez un délai de revente très court, un prix d'achat relativement bas, un prix de vente élevé, des coûts de travaux au minimum, une revente effectuée par vous-même sans l'aide de courtiers immobiliers. Votre profit devrait alors être des plus intéressants. Mais est-ce ainsi que le tout se déroulera ? J'en doute, mais je vous le souhaite.

Et si votre projet ne se déroulait pas aussi bien que vous l'aviez envisagé au départ. Imaginez un prix de vente moindre en plus de devoir utiliser les services d'un courtier immobilier, un délai de revente excessivement long avec une propriété vacante, des coûts de travaux de rénovation plus élevés causés par des imprévus. Ce scénario pessimiste est moins agréable, j'en conviens, mais il doit être fait.

Lorsque vous élaborerez ces trois scénarios, assurez-vous d'être à l'aise avec un scénario réaliste. Assurez-vous également d'être capable de mener à terme le projet advenant la concrétisation du scénario pessimiste. Mais surtout, faites les efforts qui s'imposent pour que le projet se finalise avec le scénario optimiste que vous avez élaboré au départ. Vos efforts soutenus pourraient faire la différence entre un piètre projet et un excellent projet des plus payants.

Ceci complète donc ce chapitre, qui je l'espère, vous aura éclairé davantage et conscientisé sur l'importance d'effectuer une bonne analyse de rentabilité avant de vous lancer dans un projet de flips.

Bons calculs à tous !

PROPOSITIONS D'ACTIONS À ACCOMPLIR POUR CE CHAPITRE

➡ Commencez à vous bâtir un fichier Excel pour vous permettre de calculer rapidement votre profit en fonction du temps de possession.

➡ Prenez un immeuble que vous avez déjà visité et amusez-vous à prévoir trois scénarios (pessimiste – réaliste – optimiste).

➡ Faites quelques simulations afin de vous familiariser avec les notions de profit apparent et profit net.

➡ Contactez quelques inspecteurs en bâtiment et obtenez leur grille tarifaire ainsi que quelques références de clients ayant fait affaire avec eux.

Go go go, passez à l'action !

9

IL EST TEMPS DE FINANCER VOS FLIPS

VOICI CE QUE VOUS APPRENDREZ DANS CE **NEUVIÈME CHAPITRE**

· *Utilisez l'argent des autres.*
· *Les différentes façons de trouver les liquidités.*
· *Le calcul de l'ATD et de l'ABD.*
· *N'utilisez pas toutes vos liquidités.*

⟵⟶

UTILISEZ L'ARGENT DES AUTRES

Voici venu le moment où il faudra user de créativité et faire preuve d'une certaine audace, du moins si vous n'avez pas beaucoup de liquidités, ce qui est souvent le cas lorsqu'on débute. Et même si vous disposez de beaucoup de liquidités, je vous suggère fortement d'utiliser au maximum l'argent des autres.

Vous avez enfin trouvé, après plusieurs semaines, voire plusieurs mois de recherche, une aubaine avec laquelle vous prévoyez faire de beaux profits. Il est maintenant l'heure de financer l'acquisition avec l'argent des autres comme il est mentionné dans le dernier livre de M. Jacques Lépine: *Faites de l'argent en immobilier avec l'argent des autres.*

Il est possible que vous ayez l'argent disponible à l'heure actuelle pour acquérir l'immeuble, mais dites-vous qu'un jour ou l'autre, vous manquerez de liquidités, car vous voudrez faire plusieurs projets en parallèle, vous investirez dans des projets de plus grande envergure ou encore votre argent sera immobilisé dans d'autres projets.

C'est pourquoi je me permets de vous présenter différentes sources d'argent possibles afin de pouvoir financer autant d'aubaines que vous êtes capable de trouver.

Encore une fois, la liste est non exhaustive et les sources ne vous sont pas présentées par ordre d'importance.

1. LE PRÊTEUR PRIVÉ

Voici un intervenant qui vous sera fort utile lorsque viendra le moment de trouver de l'argent. En effet, le prêteur privé s'avère un allié important pour les spéculateurs immobiliers.

Le prêteur privé peut prêter de son argent en échange bien sûr d'un rendement et d'une garantie hypothécaire de premier ou de second rang sur un immeuble que vous possédez déjà ou encore sur celui que vous êtes sur le point d'acheter.

Dans un mode spéculatif, le prêteur privé s'avère très utile, car sa prise de décision est beaucoup plus rapide que les banques, ses critères sont plus flexibles et il est souvent prêt à prendre un peu plus de risques que les banques, ce qui est tout à votre avantage bien sûr.

Vous devriez considérer le prêteur privé comme un associé dans votre transaction. Un intervenant qui vous permettra de réaliser de beaux profits et qui mérite bien sûr de mettre la main sur une part du profit, par le biais de frais divers ou d'intérêts perçus.

Toutefois, soyez prudent, car vous constaterez, lorsque vous ferez quelques calculs de base, que le montant d'intérêts que vous devrez lui verser grimpera rapidement, étant donné qu'habituellement les taux du marché sont de l'ordre de 10 à 20 %.

Lorsque vous financez vos acquisitions par le biais d'un prêteur privé, c'est une course contre la montre. Je dirais même qu'il s'agit plutôt d'un sprint contre la montre puisqu'à la base, un flip est déjà une course contre la montre. Si vous optez pour un financement par un prêteur privé, vous prendrez davantage conscience que le temps c'est de l'argent !

2. UTILISEZ VOTRE REER

Saviez-vous que si cela fait plus de cinq ans que vous n'êtes pas propriétaire d'un immeuble, vous pouvez utiliser l'argent accumulé dans votre REER comme mise de fonds?

En effet, au moment d'écrire ce livre, votre conjoint et vous pourriez utiliser jusqu'à 25 000 $ chacun pour l'achat de votre propriété. Par contre, vous devrez rembourser le montant utilisé d'ici les 15 prochaines années, et ce, à partir du deuxième 31 décembre. Advenant une année où vous ne pourriez pas, ou ne voudriez pas remettre l'argent dans votre REER, le montant non remboursé de l'année courante sera ajouté à votre revenu imposable. Une stratégie que je rencontre fréquemment lors de financement créatif utilisé par des investisseurs qui ne croient plus au rendement de leur REER. Ils n'ont pas tout à fait tort, selon moi!

3. LES INSTITUTIONS FINANCIÈRES

Comment traiter de financement immobilier sans parler d'institutions financières? Dans la plupart de vos flips, il s'agira de votre principal «partenaire». C'est ainsi que vous devriez considérer les institutions financières. Sans elles, l'investissement immobilier ne serait pas ce qu'il est.

Les institutions financières, telles que les banques et les caisses accepteront de vous prêter de l'argent moyennant l'enregistrement d'une hypothèque de premier rang afin d'avoir une garantie en cas de non-paiement.

 Il existe maintenant sur le marché une panoplie de produits en matière de prêts hypothécaires et c'est pourquoi je vous recommande fortement de faire affaire avec un courtier hypothécaire qui saura bien vous conseiller selon le type de projets que vous désirez réaliser.

Dans le cas des flips, disons que le principe de base est d'éviter, ou du moins, de réduire au maximum la pénalité applicable au remboursement anticipé de votre prêt. Un prêt variable fait souvent l'affaire puisque la pénalité dans la majorité des cas équivaut à trois mois d'intérêt, ce qui est fort acceptable en matière de flips. Un prêt ouvert est également une autre option intéressante à considérer.

4. VOS CARTES DE CRÉDIT

Que diriez-vous d'utiliser vos cartes de crédit comme source d'argent ? C'est une technique quelque peu osée, n'est-ce pas ?

J'en conviens. Et elle est aussi fort dangereuse si elle est mal utilisée.

 Si vous optez pour du financement à haut taux d'intérêt comme les cartes de crédit et les prêteurs privés, il est primordial que celui-ci soit de courte durée. En effet, emprunter à des taux d'intérêt de l'ordre de 15 % à 20 % s'avère très risqué si vous n'avez pas de plan de revente rapide ou encore, à la limite, de refinancement à court terme.

Lorsque je mentionne la possibilité de financer par le biais de cartes de crédit, ce qui vient à l'esprit de la plupart des gens, ce sont des taux d'intérêt de l'ordre de 20 %. Mais sachez qu'il existe un grand éventail de types de cartes de crédit. La plupart sont effectivement à des taux d'intérêt supérieurs à 15 %, par contre vous pourrez en trouver plusieurs qui sont inférieurs à 12 %. Il y en a même qui sont à 6 %. Plus intéressant encore, il y a certaines cartes qui offrent des taux de 3 %, 2 %, 1 %, voire 0 % durant une période donnée allant de 6 mois à 15 mois. Voilà qui peut être très enthousiasmant à utiliser lors de vos flips.

 L'un des meilleurs conseils que je peux vous donner en matière d'utilisation de vos cartes de crédit lors d'un projet de flips, c'est de ne pas dépasser 50 % de vos limites totales. Et encore !

Enfin bref, soyez extrêmement prudent.

5. LA MARGE DE CRÉDIT HYPOTHÉCAIRE

Quel excellent moyen de financer vos projets de flips. La marge de crédit hypothécaire consiste à utiliser l'équité que vous possédez sur un de vos immeubles afin de libérer des liquidités. Dans la plupart des cas, vous pourrez financer vos immeubles jusqu'à 80 % de leur valeur marchande. La beauté de ce produit, c'est que vous commencerez à rembourser seulement quand vous utiliserez l'argent qui vous a été préalablement autorisé. En d'autres mots, la banque vous autorisera un montant que vous pourrez utiliser comme bon vous semble, le moment venu ; contrairement au prêt hypothécaire où vous devrez commencer à rembourser dès que la banque vous aura octroyé le prêt.

De plus, grâce à la marge de crédit hypothécaire, vous aurez le loisir de ne payer que les intérêts si vous le désirez, comparativement à un prêt hypothécaire où vous devrez payer les intérêts en plus de rembourser une partie du capital.

Informez-vous auprès de votre banquier ou de votre courtier hypothécaire afin de connaître les possibilités qui s'offrent à vous en matière de marge hypothécaire, car les ratios évoluent dans le temps en fonction des règles établies. Au moment d'écrire ce livre, en 2012, on envisageait de réduire de 80 % à 65 % de la valeur de l'immeuble l'emprunt possible par le biais de la marge de crédit hypothécaire.

6. LA MARGE DE CRÉDIT OU LE PRÊT PERSONNEL

Si vos ratios d'endettement le permettent, vous pourriez utiliser une marge de crédit personnelle ou un prêt personnel comme source d'argent pour la mise de fonds.

En effet, en fonction de vos revenus et dépenses personnelles, vous pourriez vous qualifier pour de tels emprunts. Le courtier hypothécaire et le banquier sont les intervenants tout indiqués pour vous informer si vous pouvez vous prévaloir de tels produits. Contactez-les.

7. LE « LOVE MONEY »

Combien de gens se lancent en affaires avec l'argent d'un parent ou d'un ami ! C'est ce dont il s'agit lorsqu'on parle de « love money », d'un capital-risque convivial, de l'argent du cœur. Vous utilisez l'argent de quelqu'un qui vous fait confiance et qui de surcroît n'exigera pas de garantie en échange de l'argent qu'il ou qu'elle vous prête. Le prêt est uniquement basé sur la confiance que la personne vous témoigne.

J'ai d'ailleurs moi-même débuté de cette façon. Pour connaître une partie de mon parcours immobilier, je vous invite à lire mon témoignage, aux pages 129 à 144, dans l'un des livres de M. Jacques Lépine qui s'intitule *Faites de l'argent en immobilier avec l'argent des autres.*

Pour que l'institution financière considère l'argent d'un parent comme admissible à la mise de fonds, vous devrez fournir une lettre de don prouvant que votre parent accepte de vous prêter la somme, ou une partie de la somme exigée comme mise de fonds. Dans plusieurs cas, l'institution financière exigera la preuve que votre parent possède bel et bien ladite somme, et ce, depuis un certain temps. Dans la plupart des cas, elle exigera que l'argent soit disponible depuis au moins trois mois.

8. LES ASSUREURS HYPOTHÉCAIRES

Si vous désirez mettre moins de mise de fonds que les banques l'exigent, vous vous devez de faire assurer le prêt, soit par la SCHL (Société canadienne d'hypothèques et de logement), soit par Genworth ou encore AIG qui sont les trois assureurs actuellement au Canada. On parle alors dans ce cas de prêts assurés contrairement aux prêts dits conventionnels, ceux dont vous mettrez la mise de fonds exigée par la loi des banques.

Dans un projet de flips, ce genre de prêt ne s'avère pas très intéressant, car les assureurs vont ajouter au prêt consenti une prime variant selon le type d'immeubles et l'amortissement choisi. Ce qui revient à dire que lorsque vous revendrez l'immeuble quelque temps après, votre profit sera réduit considérablement. Sans oublier la pénalité qui sera beaucoup plus élevée.

De plus, vous aurez à payer quelques frais additionnels reliés à l'assurance hypothécaire. Je pense, entre autres, aux frais d'ouverture de dossier, à la taxe de 9 % applicable à la prime et parfois, selon le nombre de logements, des frais additionnels.

 Pour tous les détails relatifs aux primes applicables, je vous invite à consulter le site de la SCHL et Genworth aux adresses suivantes : **www. cmhc-schl.gc.ca** et **genworth.ca**. Vous y trouverez également une quantité impressionnante de renseignements très utiles à l'investisseur immobilier.

Considérez les assureurs en dernier recours, car leur utilisation s'avère très coûteuse. S'il s'agissait d'acheter des immeubles en mode accumulation, il en serait tout autrement, mais ce n'est pas le propos de cet ouvrage.

9. LE VENDEUR DIRECTEMENT

Le vendeur peut s'avérer une autre source de financement pour vous. En effet, lors de la vente d'un immeuble, il est possible que le vendeur accepte de demeurer en solde de prix de vente, communément appelée dans le jargon, en « balance de vente ».

Le principe est fort simple.

Au lieu de toucher la totalité de l'argent qui lui revient lors de la vente, le vendeur en touche une partie et l'autre partie lui est due selon les conditions et modalités de paiements que vous aurez négociées avec lui.

Allons-y d'un exemple simple.

Supposons qu'un vendeur possède un immeuble entièrement payé et qu'il accepte de vous le vendre pour 400 000 $. Dans le cas où aucun solde de prix de vente ne s'applique, le notaire qui dresse le contrat remettra au vendeur 400 000 $, si l'on fait abstraction de divers frais reliés à la vente.

D'un autre côté, si une entente est intervenue à l'effet que le vendeur vous consent un solde de prix de vente, disons 25 000 $ dans l'exemple qui nous intéresse, alors le vendeur touchera 375 000 $ chez le notaire et un autre 25 000 $ à une période donnée, selon l'entente que vous aurez négociée avec lui.

Vous pourriez par exemple lui rembourser les 25 000 $ en question d'ici la prochaine année, ou d'ici les trois ou cinq prochaines années. Tout dépend des besoins et de la souplesse du vendeur.

 Vous pourriez convenir avec lui de ne payer que les intérêts plutôt que de devoir lui payer le capital et les intérêts. Vos paiements mensuels seraient plus bas, et par conséquent, votre cash-flow plus élevé.

Une multitude d'options s'offrent à vous en matière de balance de vente. À vous de négocier avec le vendeur. Allez. Osez !

10. LA REMISE EN ESPÈCES

La remise en espèces consiste à recevoir de votre institution financière un montant correspondant la plupart du temps à 5 % du prêt qu'elle vous consent, le tout moyennant un taux d'intérêt plus élevé. Comme dans le cas des prêts assurés, la remise en espèces ne s'avère pas très intéressante en matière de flips. Lors de la revente, vous aurez à rembourser au prorata du temps restant au terme du prêt. Et puisque les banques exigent toujours un terme de 5 ans avec ce genre de produits, le montant à rembourser sera très élevé.

11. L'ÉQUITÉ SUR VOS IMMEUBLES

Si vous possédez déjà des immeubles et que ceux-ci ont une certaine équité, vous pouvez utiliser cette équité comme source de comptant.

Rappelons en quoi consiste l'équité. Il s'agit en fait de la différence entre la valeur marchande d'un immeuble et la somme des hypothèques reliées à cet immeuble.

À titre d'exemple, si vous possédez un immeuble ayant une valeur marchande de 400 000 $ et que cet immeuble est hypothéqué en premier rang d'une somme de 200 000 $ consentie à une institution financière, et une autre somme de 50 000 $ en second rang, cette fois consentie à un prêteur privé, l'équité sur cet immeuble est donc de 150 000 $, soit 400 000 $ − (200 000 $ + 50 000 $).

Comme autres sources d'argent, vous pourriez encaisser une police d'assurance vie, vendre vos actions à la Bourse, faire du troc avec le vendeur, escompter vos obligations, encaisser vos certificats de dépôt ou de placement, former un groupe d'investisseurs, assumer l'hypothèque existante du vendeur, refinancer votre maison ou condo. Ce n'est pas les sources qui manquent, si vous usez de créativité. D'ailleurs, la créativité est une qualité essentielle à développer en matière de financement. Plus vous serez créatif et moins vous mettrez de comptant dans vos acquisitions.

LE CALCUL DE L'ABD ET DE L'ATD

Tout d'abord, mentionnons que l'ABD signifie l'amortissement brut de la dette et l'ATD représente l'amortissement total de la dette.

Ces deux paramètres sont pris en compte par les institutions financières lorsque vous désirez financer des immeubles de cinq logements et moins. Pour ce qui est des immeubles de six logements et plus, la qualification du prêt se fait essentiellement sur les revenus et dépenses reliés à l'immeuble.

Voici le détail de la formule de l'ABD (mensuel) :

$$\frac{\text{Paiement hypothécaire + taxes + chauffage}}{\text{Revenus}} \times 100$$

Ce ratio ne doit pas dépasser 32 %.

Voici le détail de la formule de l'ATD (mensuel) :

$$\frac{\text{Paiement hypothécaire + taxes + chauffage + autres}}{\text{Revenus}} \times 100$$

Ce ratio ne doit pas dépasser 42 %.

Allons-y d'un exemple chiffré.

Supposons que vos revenus bruts familiaux soient de 4 500 $ par mois, que la mensualité hypothécaire de la maison que vous convoitez soit de 1 000 $, qu'il vous en coûte 200 $ par mois en taxes et que les frais de chauffage soient de 100 $ par mois.

L'amortissement brut de la dette se calcule donc comme suit :

$$\frac{1\,000\,\$ + 200\,\$ + 100\,\$}{4\,500\,\$} \times 100 = 28,8\,\%$$

Ceci démontre bien que vous respectez le ratio de l'ABD.

Regardons maintenant si vous respectez le ratio de l'ATD.

En plus des frais que vous venez de voir dans le calcul de l'ABD, supposons que vous ayez un véhicule financé, dont les paiements mensuels sont de 500 $, et que le paiement minimum de votre carte de crédit est de 300 $ par mois. Vous avez donc 800 $ de plus d'engagements mensuels.

L'amortissement total de la dette se calcule alors comme suit :

$$\frac{1\,000\,\$ + 200\,\$ + 100\,\$ + 500\,\$ + 300\,\$}{4\,500\,\$} \times 100 = 46,6\,\%$$

Ceci démontre bien que vous ne respectez pas le ratio de l'ABD puisque le total de vos engagements excède 42 %.

En ce qui a trait aux calculs de l'ABD et de l'ATD, plusieurs facteurs influenceront les calculs et exigences. En voici quelques-uns :

- les soldes et les limites de vos cartes de crédit ;
- les soldes et les limites de vos marges de crédit ;
- les frais de condos, le cas échéant ;
- le fait d'être employé ou travailleur autonome ;
- les revenus générés par les autres petits immeubles que vous possédez.
- votre cote de crédit.

Je vous conseille fortement d'entrer en contact avec un courtier hypothécaire qui sera en mesure de vous aider à effectuer les calculs. Il existe également plusieurs simulateurs sur Internet vous permettant de les réaliser par vous-même.

N'UTILISEZ PAS TOUTES VOS LIQUIDITÉS

Lorsque vous faites un projet flip, assurez-vous de ne pas utiliser la totalité de l'argent dont vous disposez. Vous pourrez ainsi :

- pallier les délais de possession qui pourraient s'étirer ;
- être en mesure de payer divers imprévus ;
- remédier aux coûts de rénovation plus élevés que vous l'aviez prévu ;
- injecter davantage d'argent dans la publicité afin de vendre plus rapidement ;
- réduire votre niveau de stress.

Ceci complète donc ce chapitre qui vous permettra de financer vos acquisitions de façon créative.

Bons financements à tous !

PROPOSITIONS D'ACTIONS À ACCOMPLIR POUR CE CHAPITRE

➠ Contactez un courtier hypothécaire afin qu'il calcule pour vous vos ratios ABD et ATD. Demandez-lui si vous pourriez, selon vos ratios, utiliser une marge de crédit ou encore un prêt personnel à titre de mise de fonds.

➠ Vérifiez le montant de votre REER et celui de votre conjoint et informez-vous pour savoir si vous êtes admissibles au RAP (Régime d'accès à la propriété).

➠ Approchez des parents, des amis afin de leur emprunter de l'argent, et ce, sans garantie hypothécaire.

➠ Faites le calcul du montant disponible sur vos cartes et marges de crédit, et ce, sans dépasser 50 % des limites. Réfléchissez à savoir si vous êtes à l'aise d'utiliser ces liquidités disponibles pour réaliser un flip. Soyez à l'écoute de votre petite voix intérieure.

➠ Faites l'inventaire des différentes sources de liquidités et de financement dont vous disposez. Vous avez plus d'argent à votre disposition que vous ne le croyez.

Go go go, passez à l'action !

10

QUELQUES MYTHES IMMOBILIERS

VOICI CE QUE VOUS VERREZ DANS CE **DIXIÈME CHAPITRE**

1. *« Lorsque je consulte mon dossier de crédit, ma cote baisse. »*
2. *« Si j'achète ou vends par le biais d'une compagnie,*
   il y a des taxes. »
3. *« Si j'étais courtier immobilier, ça serait plus facile. »*
4. *On ne peut convertir un immeuble en condos*
   si des locataires habitent l'immeuble.
5. *Il faut attendre que le marché soit bas pour commencer à investir.*
6. *« Je ne peux acheter, car je n'ai pas beaucoup d'argent. »*
7. *Les gens ne voudront pas vendre sous la valeur marchande.*

MYTHE N° 1 : « LORSQUE JE CONSULTE MON DOSSIER DE CRÉDIT, MA COTE BAISSE. »

Totalement FAUX !

Il faut comprendre qu'il existe deux types de demandes. Les demandes offensives et les demandes inoffensives. Les demandes offensives affectent votre cote de crédit à la baisse et les demandes inoffensives n'ont aucun effet sur celle-ci.

Voici quelques situations où votre cote de crédit est affectée à la baisse. Lorsque vous :

– faites des demandes de cartes de crédit ;

- changez de fournisseur de cellulaire;
- utilisez une préqualification hypothécaire;
- louez un logement à titre de locataire et que le propriétaire exige une enquête de prélocation;
- faites des demandes de prêts hypothécaires;
- augmentez, dans certains cas, la limite d'une carte ou d'une marge de crédit;
- achetez un véhicule financé;
- demandez un prêt personnel.

Bref, chaque fois qu'un créancier fait une demande à votre sujet afin de vous octroyer, ou non du crédit.

Notez qu'au Canada, les créanciers désirant vous accorder du nouveau crédit doivent obtenir votre autorisation par écrit ou par voie d'enregistrement vocal.

Voici quelques exemples de demandes inoffensives :

- Lorsque vous consultez par vous-même votre dossier de crédit.
- Lorsqu'un créancier vous ayant déjà accordé du crédit consulte à nouveau votre dossier pour mise à jour à l'interne.
- Lorsque la GRC, Revenu Québec ou l'Agence du revenu du Canada vérifient quelque chose à votre sujet.
- Dans certains cas, lorsqu'un assureur vous fait une soumission.

 Finalement, rappelez-vous que vous devriez consulter vos deux dossiers de crédit régulièrement, c'est-à-dire deux fois par année par agence de crédit. Il se peut que vous y retrouviez certaines erreurs qui risqueraient de nuire à votre crédit, c'est pourquoi vous devez faire corriger les informations erronées afin de développer un crédit qui représente votre situation financière réelle.

Avoir un crédit impeccable, c'est capital!

MYTHE N° 2: « SI J'ACHÈTE OU JE VENDS PAR LE BIAIS D'UNE COMPAGNIE, IL Y AURA DES TAXES. »

Plusieurs investisseurs croient à tort que si l'immeuble est détenu par une incorporation, communément appelée une compagnie, des taxes s'ajouteront lors de l'achat ou la revente de l'immeuble.

C'est faux… mais pas totalement !

Il existe cinq cas d'exception où les taxes peuvent ou doivent s'ajouter :

PREMIER CAS: La vocation de l'immeuble est commerciale, c'est-à-dire que les locataires exercent des activités de nature commerciale dans un zonage commercial. Plusieurs confondent le fait que la demande de financement soit transmise au service commercial de l'institution financière avec la nature des activités. Vous pouvez très bien financer un immeuble résidentiel, un immeuble de 12 logements par exemple, et voir votre financement transféré au service commercial de l'institution prêteuse. Ceci n'en fait pas pour autant un immeuble à vocation commerciale. Vous saisissez la nuance ?

DEUXIÈME CAS: L'immeuble est semi-commercial. Dans le cas du semi-commercial, il se pourrait que des taxes s'ajoutent sur la portion commerciale de l'immeuble. Il est important de comprendre que le calcul est en fonction du rapport entre la superficie commerciale et la superficie totale de l'immeuble. Règle générale, si la superficie commerciale excède 20 % de la superficie totale, les taxes devraient s'appliquer sur la portion commerciale seulement.

 Je vous suggère fortement de consulter votre notaire ou votre fiscaliste afin de déterminer si des taxes s'ajoutent ou non.

TROISIÈME CAS: L'immeuble est neuf, c'est-à-dire qu'il est vendu pour la toute première fois depuis sa construction par un promoteur. Saviez-vous que lors de l'achat d'une maison ou d'un condo neuf, il est possible dans certains cas, de récupérer une portion des taxes selon l'admissibilité de la propriété?

QUATRIÈME CAS: L'immeuble a fait l'objet de rénovations majeures, plus précisément il a été rénové ou transformé à plus de 90 %. Ce n'est pas toujours évident par contre de déterminer le pourcentage exact. Mentionnons tout simplement que l'immeuble a été refait au complet tout en conservant son ossature, c'est-à-dire ses fondations, ses murs extérieurs, ses murs de soutien, son toit, ses planchers et ses escaliers.

CINQUIÈME CAS: Une autre situation peut également se présenter à vous. Celle où vous achetez un terrain d'un promoteur qui en fait le commerce, c'est-à-dire qu'il a plusieurs terrains à vendre. Dans ce cas, les taxes s'ajouteront à votre prix d'achat. Lorsqu'à votre tour, vous revendrez le terrain, construit ou non, vous ne pourrez toutefois ajouter les taxes à votre prix de vente, sauf si vous étiez inscrit aux fins de la TPS et de la TVQ.

En résumé, il ne faut pas confondre le mode de détention et la nature des activités. Ce n'est pas parce qu'un immeuble est détenu par une compagnie que la vocation de l'immeuble est automatiquement commerciale et que des taxes s'ajoutent.

MYTHE N° 3 : « SI J'ÉTAIS COURTIER IMMOBILIER, ÇA SERAIT PLUS FACILE. »

Voilà un autre mythe qui fait dépenser beaucoup d'argent, de temps et d'énergie à plusieurs personnes qui désirent vivre rapidement de l'immobilier.

Ces personnes croient que si elles veulent faire de l'argent en immobilier, elles doivent suivre un cours de courtier immobilier. Bien sûr, certains courtiers font beaucoup d'argent à titre d'intermédiaire lors d'une transaction. Certains courtiers vivent bien, mais peu d'entre eux font fortune grâce à leurs commissions.

Si vous désirez vivre rapidement de l'immobilier, vous devriez envisager d'y parvenir à titre investisseur et non à titre de courtier.

Consacrez le même temps comme investisseur que vous consacreriez comme courtier et je vous garantis que vous ferez beaucoup plus d'argent. Je n'ai qu'à regarder ceux et celles qui ont suivi leur cours de courtier immobilier, et qui après quelques mois, ont décidé de suivre le cours de coaching et mentorat du Club pour m'en convaincre.

La plupart des courtiers sont si occupés à chercher des immeubles pour leurs clients qu'ils n'ont pas le temps de chercher pour eux. Ils sont pris dans un tourbillon qui fait en sorte qu'ils ne voient même pas l'aubaine qui se présente sous leurs yeux !

Que font les courtiers pour trouver des immeubles à inscrire lorsqu'ils ont fait le tour de leur entourage ? Ils vont cogner aux portes. Et croyez-vous qu'ils cherchent à inscrire des immeubles qui sont plus chers que le marché ou à inscrire des immeubles à bons prix ? Des immeubles à bons prix, n'est-ce pas ?

Alors, pourquoi suivriez-vous un cours de courtier pour inscrire des immeubles à bons prix et toucher une commission plutôt que d'acheter ces immeubles à bons prix comme investisseur et encaisser tout le profit au lieu de simplement la commission.

N'allez pas croire que je dénigre les courtiers, loin de là, car je possède moi-même un certificat de courtier immobilier. Par contre, c'est comme investisseur que je vis de l'immobilier.

Finalement, rappelez-vous qu'il n'est pas plus facile de trouver des aubaines comme courtier que comme investisseur.

MYTHE N° 4 : ON NE PEUT CONVERTIR UN IMMEUBLE EN CONDOS SI DES LOCATAIRES HABITENT L'IMMEUBLE

Lors de la formation sur la conversion en condos, trois associés sont venus me rencontrer avant que la formation commence afin de me poser la question à savoir si l'on pouvait convertir un immeuble en condos si des locataires habitent l'immeuble. Un de leurs amis investisseurs leur avait dit qu'on ne pouvait pas en pareil cas.

En effet, plusieurs investisseurs croient à tort qu'il n'est pas possible de convertir un immeuble locatif en copropriétés divises (condos) si des locataires habitent l'immeuble.

C'est pourtant permis, et ce, même si des locataires s'y trouvent au moment de la conversion. Ces derniers auront toutefois droit, à vie, à la jouissance des lieux, tant et aussi longtemps qu'ils honoreront leurs obligations de locataires. Ils auront les mêmes droits et obligations envers le propriétaire qu'ils avaient avant que l'immeuble soit converti.

Si vous procédez à un « flip conversion » et que des locataires s'y trouvent, vous devrez alors attendre que ces derniers quittent leurs logements afin de pouvoir vendre vos unités à des propriétaires occupants, ce qui risque de prendre un certain temps, car vos locataires ne quitteront pas les lieux tous en même temps. Cela pourrait prendre quelques années. À la limite, certains resteront à vie, ou presque.

Une autre option s'offre toutefois à vous. Vendre vos unités à des propriétaires investisseurs qui loueront leur unité respective aux locataires déjà en place. On parlera alors d'unité de condo locatif.

Finalement, gardez à l'esprit que vous devrez obtenir l'autorisation de la Régie du logement pour procéder à la conversion de vos immeubles en condos. Par conséquent, vous devrez au préalable obtenir, par écrit, le règlement municipal autorisant la conversion.

 Avant de vous lancer dans un projet de conversion, il est primordial de vous assurer que la ville autorise la conversion, sinon, vous pourriez vous retrouver avec un immeuble que vous devrez exploiter comme un immeuble à revenus locatifs.

Adieu les profits mirobolants que vous pensiez réaliser en convertissant votre immeuble !

MYTHE N° 5 : IL FAUT ATTENDRE QUE LE MARCHÉ SOIT BAS POUR COMMENCER À INVESTIR

Voici un mythe parfait pour ceux qui aiment procrastiner ou qui sont inquiets !

Beaucoup de gens désirent depuis plusieurs années investir dans l'immobilier, mais attendent encore et encore que le marché baisse avant de faire leurs premiers pas.

Grave erreur !

Comme vous l'avez vu, l'un des principes de base dans l'investissement immobilier, c'est qu'il faut faire son profit à l'achat. Ceci vous permettra évidemment de créer une équité instantanée, mais permettra également de sécuriser votre investissement relativement à une baisse éventuelle du marché.

Je m'explique.

Supposons que vous achetiez un immeuble 20 % sous sa valeur marchande et qu'après quelque temps le marché baisse subitement de 15 % pour différentes raisons que vous n'aviez pas prévues lors de votre analyse initiale. Vous serez alors propriétaire d'un immeuble dont la valeur marchande demeurera supérieure au prix payé, et ce, malgré la récente baisse.

C'est toutefois une situation beaucoup plus agréable que d'acheter un immeuble au prix courant et que ce dernier subit une baisse drastique, toujours de 15 %. Vous vous retrouvez alors avec un immeuble payé au-delà de sa valeur marchande. Ce qui n'est pas très agréable, me direz-vous !

Croyez-vous que les aubaines se présentent seulement lorsque le marché est bas ?

Certes non !

Elles se présentent, peu importe la phase du cycle immobilier dans lequel vous vous trouvez. Que le marché soit haut, qu'il soit bas, ascendant, descendant, que ce soit un marché équilibré, un marché de vendeurs ou encore un marché d'acheteurs, ne soyez pas inquiet :

il y aura toujours des vendeurs motivés et, par conséquent, des aubaines.

MYTHE Nº 6 : « JE NE PEUX PAS ACHETER, CAR JE N'AI PAS BEAUCOUP D'ARGENT. »

Plusieurs personnes que je rencontre lors des événements mensuels et lors des formations me disent qu'ils attendent d'avoir amassé suffisamment d'argent pour commencer à investir.

Erreur !

L'un des nombreux défis que vous aurez à relever comme investisseur immobilier sera de trouver constamment des liquidités. Même si vous possédez déjà plusieurs dizaines de milliers de dollars pour réaliser votre premier achat, le jour viendra où vous devrez user de créativité pour trouver de nouvelles liquidités.

Bien sûr, lorsqu'on dispose d'un bon capital, les débuts en immobilier sont simplifiés.

Mais si vous commencez à vous intéresser à l'immobilier et que vous n'avez pas beaucoup de liquidités disponibles, il vous faudra savoir compenser par d'autres éléments. Il faudra, entre autres choses, être créatif et avoir de l'audace. Beaucoup d'audace pour oser demander.

Disons plutôt, que vous devrez oser offrir et non pas oser demander. L'esprit de l'approche est tout à fait différent. Vous devrez :

- oser offrir à votre entourage la chance de vous prêter de l'argent ;
- oser offrir aux vendeurs de participer au financement ;
- oser offrir de bons rendements à des prêteurs privés ;
- oser offrir à vos connaissances la chance de s'associer avec vous.

Au fait, que diriez-vous de vous associer avec une personne qui, elle, a de l'argent à investir ? En échange, vous pourriez lui faire bénéficier de votre expertise. Vous pourriez investir de votre temps dans la recherche d'aubaines, la négociation, la gestion des immeubles et la revente de ceux-ci. Il vous faut donc devenir un dénicheur d'aubaines et accepter de partager les profits.

Faites preuve d'audace et allez offrir aux gens la chance d'investir avec vous. Vous avez tout à gagner. Dans le pire des cas, ils vous diront non.

Finalement, rappelez-vous que le fait que vous ayez actuellement peu de liquidités ne devrait pas être une raison pour vous empêcher de vous lancer dans l'immobilier. N'attendez surtout pas d'avoir amassé tout l'argent requis.

Usez de créativité et osez !

MYTHE N⁰ 7 : LES GENS NE VOUDRONT PAS VENDRE SOUS LA VALEUR MARCHANDE

Voilà une réflexion que plusieurs personnes ont lorsqu'elles débutent dans l'immobilier.

Mais détrompez-vous ! Il est fréquent de voir des propriétaires vendre leur immeuble sous la valeur marchande. Plus ils sont motivés, plus ils sont enclins à vendre leur immeuble à un prix en dessous du marché.

C'est d'ailleurs ce que vous devez rechercher, des vendeurs motivés. Plus vous en trouverez, et plus vous aurez d'occasions de dénicher d'excellentes aubaines.

Mais pour quelles raisons un propriétaire serait-il motivé ? Je vous en ai présenté quelques-unes au chapitre 4.

En voici d'autres :

– Le propriétaire n'arrive plus à faire face à ses obligations financières relativement à ses paiements hypothécaires. En d'autres termes, il n'est plus capable de rembourser l'institution financière qui lui a accordé le prêt et perdra éventuellement son immeuble s'il ne régularise pas sa situation rapidement.

– Il est accablé par la maladie.

– Il vient d'hériter d'un immeuble dont il ne veut pas ou dont il ne peut pas s'occuper.

– Il est arrivé à l'âge de la retraite.

– Il souffre d'une « écœurantite aiguë immobilière ».

– Son emploi l'oblige à déménager.

– Et plusieurs autres motifs.

Mais comment faire pour trouver de telles aubaines ? Elles ne viendront pas à vous par miracle ! Du moins, pas au début.

La seule et unique façon de les trouver est de chercher, chercher et encore chercher. Les aubaines ne se présentent qu'à ceux qui cherchent régulièrement. Simple comme principe, mais pas facile de demeurer constant, surtout après quelques mois de recherche sans succès. Vous aurez besoin de persévérance et de détermination pour ne pas vous décourager. Vous vous souvenez des qualités requises énumérées à la page 40 du chapitre 1 ?

Je le répète ! Dans l'immobilier, on ne joue pas avec des centaines de dollars, mais bel et bien avec des dizaines de milliers de dollars. Alors, gardez toujours à l'esprit, lors de vos actions, que lorsque vous aurez enfin trouvé une aubaine, vous viendrez de créer une équité instantanée non négligeable, qui pourrait même, dans certains cas, dépasser vos revenus annuels.

Un couple me demandait lors d'une partie de cash-flow 101 organisée par le Club :

« Quel est le meilleur secteur pour acheter des immeubles ? »

Je leur répondis alors :

« Le but est de trouver des vendeurs motivés. Alors, selon vous, y a-t-il plus de faillites, d'écœurantites aiguës, de mutations ou de gens atteints de maladies, dans un secteur plutôt qu'un autre ? »

Leur réponse fut évidemment non.

En conclusion, les vendeurs motivés sont fréquents dans n'importe quel secteur, mais se présentent uniquement aux acheteurs réellement déterminés et résolus à les trouver. Des vendeurs motivés, il y en a et il y en aura toujours, peu importe le secteur.

Pour ce chapitre, vous n'avez pas d'actions à accomplir. Profitez-en pour faire celles des chapitres précédents si vous n'avez pas encore eu la chance de les compléter.

11

PARLONS RÉNOVATIONS

VOICI CE QUE VOUS APPRENDREZ DANS CE **ONZIÈME CHAPITRE**

• *Faire les travaux par soi-même ou non ?*
• *Ne tentez pas de tout faire par vous-même.*
• *Faites attention à la surrénovation.*
• *Faire le bon choix de matériaux.*
• *Les imprévus et les « tant qu'à y être ».*
• *Travaux majeurs : demandez toujours trois soumissions.*
• *Faites vos vérifications avant de choisir vos entrepreneurs.*
• *L'importance de bien planifier vos travaux.*
• *Effectuez les travaux les plus rentables.*
• *Les prêts d'améliorations.*

Ce chapitre sur la rénovation n'est pas applicable aux « flips purs », aux « flips fermetures doubles », aux « flips à être construits » et bien sûr aux « flips tels quels ». Tous les autres types de flips peuvent faire l'objet de rénovations. Ce chapitre est très important puisque dans la plupart des flips que vous ferez, vous aurez des travaux à effectuer. Parfois des travaux mineurs, parfois des travaux majeurs.

Les principes présentés dans ce chapitre s'appliquent tant aux immeubles que vous flipperez qu'à ceux que vous conserverez à long terme.

FAIRE LES TRAVAUX PAR SOI-MÊME OU NON

Voilà une question qui vaut la peine qu'on s'y attarde, car elle a souvent un grand impact sur le profit que vous réaliserez, tout particulièrement lors de «flips rénos».

Pour répondre à cette question, vous aurez plusieurs facteurs à considérer. Je pense, entre autres :

- au temps que vous avez à votre disposition pour effectuer les travaux ;
- à la distance séparant votre domicile et votre projet de rénovation ;
- à la marge de profit prévue ;
- aux outils et équipements que vous possédez ;
- à votre niveau de compétence, à vos habiletés manuelles ;
- au plaisir que vous avez à rénover.

Voyons chacun des points en détail. Débutons par le temps que vous avez à votre disposition.

Si le nombre d'heures que vous consacrez à votre emploi est déjà très élevé, il serait peut-être préférable d'envisager de faire appel à quelqu'un pour effectuer les travaux de votre «flip réno».

Imaginez un instant que vous travaillez déjà 60 heures par semaine, et qu'en plus, vous deviez rénover un duplex à temps partiel, c'est-à-dire par les soirs et les fins de semaine. Combien de mois croyez-vous que cela prendra ? Deux mois, trois mois, six mois !

Durant que ces travaux s'éterniseront, vous devrez supporter tous les frais de possession, ce qui aura pour effet de diminuer vos profits. Ne serait-il pas plus payant pour vous d'engager un entrepreneur en rénovation qui ferait les travaux en un seul mois plutôt qu'en six mois ; vous permettant ainsi d'économiser probablement cinq mois en frais de possession ? Le calcul ne vaut-il pas le travail ?

Un autre facteur qui devrait influencer votre prise de décision, est la distance entre votre demeure et votre projet. En effet, s'il vous faut parcourir des dizaines et des dizaines de kilomètres pour aller effectuer les travaux, vous perdrez beaucoup de temps. S'il ne s'agit que de menus travaux, cela peut toujours aller, mais s'il s'agit par contre de travaux majeurs exigeant de longues heures de besogne chaque fois, vous risquez de vous éreinter à l'ouvrage.

Et qu'en est-il de votre marge de profits ? Est-elle suffisante pour vous permettre d'engager quelqu'un ou est-elle trop mince ? Si elle est insuffisante, vous serez peut-être dans l'obligation d'effectuer par vous-même les travaux.

Voici un autre facteur qui peut sembler un peu farfelu, mais qui est à envisager dans votre prise de décision.

Êtes-vous équipé pour faire des travaux de rénovation ? Aurez-vous à passer de nombreuses heures à courir les magasins en quête d'outils, sans compter tout l'argent qu'il vous en coûtera ? Les outils et équipements de bonne qualité s'avèrent relativement dispendieux, surtout pour une personne qui fait des travaux occasionnellement.

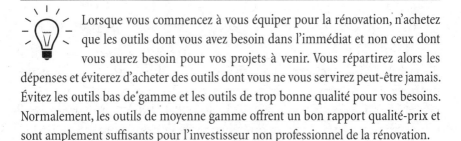

Lorsque vous commencez à vous équiper pour la rénovation, n'achetez que les outils dont vous avez besoin dans l'immédiat et non ceux dont vous aurez besoin pour vos projets à venir. Vous répartirez alors les dépenses et éviterez d'acheter des outils dont vous ne vous servirez peut-être jamais. Évitez les outils bas de gamme et les outils de trop bonne qualité pour vos besoins. Normalement, les outils de moyenne gamme offrent un bon rapport qualité-prix et sont amplement suffisants pour l'investisseur non professionnel de la rénovation.

Le dernier point à considérer, mais non le moindre, c'est le plaisir que vous avez à rénover. Tous les aspects négatifs relativement aux points précédemment cités n'auront que très peu de poids si vous aimez rénover. J'aurais beau vous énumérer tous les arguments possibles et imaginables, si la rénovation est une passion pour vous, vous ne tiendrez pas compte de mes arguments.

Gardez à l'esprit qu'un travail fait avec passion est mieux fait, plus rapidement et plus efficacement. Il est également plus enrichissant et gratifiant qu'un travail effectué à reculons. Si la rénovation vous rebute, déléguez.

 Ne perdez pas de belles occasions simplement parce que vous n'êtes pas habile manuellement.

NE TENTEZ PAS DE TOUT FAIRE PAR VOUS-MÊME

Voici une erreur qui ne s'applique pas uniquement au domaine de l'immobilier. En effet, beaucoup de gens ont tendance à tenter de tout faire par eux-mêmes. Grave erreur.

Imaginez un instant que vous faites par vous-même tous les travaux de rénovation de vos flips, que vous faites visiter des lieux, vous tondez la pelouse ou déneigez, selon la saison, que vous collectez les loyers, faites la tenue de livres, etc. Vous risquez de manquer de temps.

Vous gagnerez de l'argent dans l'immédiat, mais à quel prix ?

En faisant par vous-même tous les travaux, vous aurez moins de temps pour rechercher et trouver des aubaines ! Combien de profits à l'achat croyez-vous que vous ferez lorsque vous trouverez la perle rare ? Des profits de 25 000 $, 50 000 $, 100 000 $? Chose certaine, beaucoup plus que ce que vous paierez pour faire effectuer les travaux par quelqu'un d'autre.

Voici une réflexion importante que vous devez avoir en investissement immobilier comme dans tous les autres domaines.

Quelle est la valeur de votre temps ?

Est-ce mieux d'effectuer par vous-même les travaux afin d'épargner quelques centaines de dollars ou de faire exécuter les travaux par quelqu'un d'autre ? Le temps libéré en déléguant les travaux devrait être utilisé pour générer des revenus plus élevés que les frais déboursés pour confier les travaux à quelqu'un d'autre.

Un autre aspect à considérer est l'énergie que vous devrez consacrer en voulant tout faire par vous-même. C'est bien beau de vouloir épargner quelques centaines de dollars, tant que vous ne vous épuisez pas à l'ouvrage.

De plus, est-ce que la tâche que vous exécuterez par vous-même sera aussi bien faite que par un spécialiste? Consacrerez-vous le double du temps requis normalement pour faire cette tâche?

Finalement, rappelez-vous qu'en immobilier, comme dans tout domaine, vous devez vous concentrer sur vos forces et tenter de déléguer les tâches pour lesquelles vous êtes moins efficace, moins habile ou encore que vous n'aimez pas réaliser, et qui vous grugent par le fait même de l'énergie inutilement.

FAITES ATTENTION À LA SURRÉNOVATION

Voici une erreur que plusieurs investisseurs font. Celle de mettre trop d'argent dans la rénovation, en d'autres mots, de surrénover.

Mais que signifie le terme surrénovation?

Il s'agit en fait d'effectuer des travaux de rénovation qui ne vous permettront pas de récupérer la totalité de l'argent investi. Par exemple, vous investissez 30 000 $ en travaux de rénovation, mais ces derniers vous permettent de vendre l'immeuble seulement 10 000 $ de plus. Ce principe de surrénovation s'applique tant aux logements que vous avez à louer qu'aux immeubles que vous désirez flipper.

Lors d'un appel personnalisé de 30 minutes avec l'une des participantes d'un des groupes de coaching, celle-ci me disait qu'elle a rénové 4 unités dans son immeuble de 6 logements, mais qu'elle n'arrivait malheureusement pas à les relouer aux prix espérés. Elle avait acheté l'immeuble 6 mois auparavant dans l'espoir d'augmenter considérablement les loyers à la suite des travaux qu'elle comptait effectuer à l'intérieur des logements.

Voici donc quelques réflexions que j'ai partagées avec elle et qui vous seront utiles avant d'acheter un immeuble à rénover:

- Quel sera le retour sur votre investissement?

- Le montant du loyer actuel est-il déjà au prix du marché? Ne seriez-vous pas mieux de simplement rendre le logement présentable à peu de frais et le relouer rapidement quelques dizaines de dollars de plus par mois?

- Pourrez-vous réellement augmenter les revenus après avoir fait vos rénovations?

- Est-ce que le secteur permettra de revendre l'immeuble plus cher?

- Dans combien de temps allez-vous récupérer l'argent investi?

- La clientèle du secteur recherche-t-elle réellement des logements ou des immeubles «top clean»?

- Avez-vous rénové les bons éléments avec les bons matériaux en fonction de la valeur de l'immeuble?

- Les immeubles avoisinants seront-ils à la hauteur de votre immeuble une fois ce dernier rénové?

En résumé, faites une analyse approfondie des valeurs locatives et des valeurs marchandes avant de vous lancer dans des rénovations, car il se pourrait fort bien qu'elles soient peu rentables, et même dans certains cas, totalement inutiles.

FAIRE LE BON CHOIX DE MATÉRIAUX

En matière de rénovation, il est important de prendre en considération la valeur intrinsèque de l'immeuble à rénover. Il serait complètement inutile de remplacer le plancher flottant d'un condo par un plancher de marbre, si ce condo se vend 100 000 $, tout comme il serait également inapproprié de poser des carreaux de vinyle dans la cuisine d'une maison valant 500 000 $.

Gardez à l'esprit que les rénovations que vous effectuez ont pour but d'augmenter la valeur de la propriété. Laissez de côté vos goûts personnels. Choisissez plutôt des couleurs neutres, des matériaux de finition de bon goût et classiques. Optez pour des choix passe-partout qui plairont au plus grand éventail d'acheteurs possible. De plus, si vous standardisez vos choix, il vous sera possible d'utiliser vos restes de matériaux dans un prochain flip.

 Dans le doute, faites appel à un designer d'intérieur et/ou à un architecte qui seront en mesure de vous aider à faire le bon choix de matériaux et de couleurs. Les frais reliés à ces deux intervenants devraient faire partie de votre analyse initiale, du moins lors de l'élaboration de votre scénario pessimiste.

LES IMPRÉVUS ET LES « TANT QU'À Y ÊTRE »

Voici un autre aspect qui devrait également être considéré dans vos scénarios pessimistes, celui d'allouer un montant d'argent suffisant pour les imprévus et pour les « tant qu'à y être ». Lors d'un projet de rénovation, vous savez quand vous commencez, mais vous ne savez pas quand vous finirez. Plusieurs imprévus peuvent survenir en cours de projet.

En raison de leur nature, les imprévus sont difficiles à éliminer. Dans un flip idéal, il n'y a pas d'imprévus, mais la réalité est toute autre. On les découvre lors de la réalisation des travaux. Soyez créatif lorsqu'ils apparaissent et efforcez-vous de trouver les meilleures solutions qui vous permettront de respecter votre budget initial. Demeurez positif !

Par contre, les « tant qu'à y être » ne devraient pas exister dans votre projet si vous faites une bonne planification. Ne faites pas d'improvisation, car c'est à ce moment-là que les « au point où on est rendus » apparaissent. Lors de l'élaboration de votre plan, pensez à tout ce que vous voulez réaliser. Par la suite, détaillez et budgétez chacun des éléments de votre plan. Remettez-les tous en question et gardez seulement ceux qui vous permettront de réaliser votre objectif. Bien sûr, par la suite, il faut s'en tenir à son plan !

 Je vous conseille fortement de toujours ajouter un pourcentage pour les imprévus. De façon générale, 5 % s'avère réaliste. Évidemment, plus vous aurez mis de temps à planifier votre projet, plus vous l'aurez détaillé, et moins vous ferez face à des imprévus en cours d'exécution.

Voici une liste non exhaustive de quelques imprévus ou oublis lors de l'élaboration de votre budget ou lors de l'exécution des travaux :

- divers permis ;
- des honoraires de professionnels obligatoires ;
- des surprises reliées à l'état physique de l'immeuble, telles que des moisissures ou des pourritures ;
- des travaux mineurs effectués avant que vous deveniez propriétaire et qui nécessitent une mise en conformité aux normes ;
- un conteneur à déchets lors de travaux de plus grande envergure ;
- de la main-d'œuvre additionnelle ou non prévue ;
- l'inflation possible du coût des matériaux et de la main-d'œuvre lors de travaux qui s'échelonnent sur plusieurs mois, voire une année.

TRAVAUX MAJEURS : DEMANDEZ TOUJOURS TROIS SOUMISSIONS

Si vous avez des travaux relativement coûteux à confier à un entrepreneur, pensez toujours à demander trois soumissions afin d'être en mesure de choisir celui offrant le meilleur rapport qualité-prix. Dans le cas de travaux peu dispendieux, deux soumissions pourraient faire l'affaire, ce qui vous ferait économiser du temps de gestion. Avec deux soumissions, vous aurez ce que l'on appelle, dans le jargon de la construction, un « check price ».

Ne prenez pas automatiquement le plus bas soumissionnaire, car vous pourriez avoir de petites surprises, et dans certains cas, de grosses surprises. Imaginez que parmi les trois soumissions reçues, deux soumissionnaires présentent un prix approximatif de 20 000 $ pour faire les travaux et que le troisième vous présente plutôt un prix de 12 000 $. Il y a fort à parier que plusieurs points seront dans la section des « non inclus », ou encore que la qualité des matériaux ou du travail effectué laisseront à désirer.

Lorsque vous demandez et recevez plusieurs soumissions pour un même travail, il est important de comparer des pommes avec des pommes, comme le dit l'adage.

En effet, assurez-vous de ramener tous les soumissionnaires sur la même base de comparaison. Certains excluront des points que d'autres incluront. C'est bien connu, plusieurs entrepreneurs utilisent la stratégie des extras. Ils rendent leur soumission attrayante en ce qui a trait au prix, et une fois les travaux débutés, ils vous présentent des extras qui auront pour conséquences, qu'en fin de compte, vous aurez déboursé sensiblement le même montant que si vous aviez opté pour un autre soumissionnaire plus élevé.

Pour réduire au minimum les écarts entre les soumissions, assurez-vous de bien préparer vos demandes d'appels d'offres. Plus elles seront détaillées, et moins d'écarts vous retrouverez parmi les soumissions reçues. Pensez à demander à vos soumissionnaires de ventiler leur prix, c'est-à-dire de mettre un prix sur chacun des articles, points ou produits. Vous gagnerez alors beaucoup de temps lorsque viendra le moment de ramener les soumissions sur une même base de comparaison.

Si vous optez pour faire les travaux par vous-même, faites attention aux prix fournis par les entrepreneurs relativement aux matériaux, car ces entrepreneurs ont souvent des rabais en fonction de leur volume d'achat. Bénéficierez-vous de tels rabais? J'en doute!

FAITES VOS VÉRIFICATIONS AVANT DE CHOISIR VOS ENTREPRENEURS

Avant d'accorder un contrat à un entrepreneur, il est important de demander des références à ce dernier. Contactez quelques clients qui ont déjà utilisé les services de cet entrepreneur et posez-leur une série de questions. En voici quelques-unes:

- Le montant prévu initialement au contrat a-t-il été respecté?

- Le délai prévu a-t-il été respecté?

- Quels genres de travaux a-t-il effectués pour vous?

- Les travaux ont-ils été bien exécutés?

- Cet entrepreneur est-il fiable?

- Le recommanderiez-vous? Si oui, pourquoi? Sinon, pourquoi?

Lors de travaux majeurs, demandez à l'entrepreneur s'il vous serait possible d'aller voir les travaux qu'il a effectués pour le compte de quelques clients. Évidemment, ces derniers devront accepter, ce qui n'est pas toujours certain.

Visitez le site de la Régie du bâtiment du Québec ou contactez-les afin de vérifier si l'entrepreneur en question fait ou a fait l'objet de plaintes. Vérifiez également auprès de l'Office de la protection du consommateur.

Demandez à voir sa police d'assurance responsabilité et assurez-vous qu'elle soit en vigueur. Googlez son nom d'entreprise. Faites une bonne vérification diligente.

Ou encore, comme mentionné dans un chapitre précédent, utilisez les services de Réno-Assistance qui feront pour vous toutes ces vérifications. Vous gagnerez alors beaucoup de temps. En plus, ce service est tout à fait gratuit.

Je vous présente ici une liste non exhaustive des différents corps de métiers que vous aurez peut-être à engager lors de vos travaux de rénovation :

- entreprises de démolition ;
- excavateurs ;
- ferrailleurs (armatures) ;
- coffreurs ;
- fournisseurs de béton ;
- finisseurs de béton ;
- charpentiers-menuisiers ;
- plombiers ;
- électriciens ;
- paysagistes et aménagements extérieurs ;
- maçons ;
- couvreurs (toitures) ;
- tireurs de joints (jointoyeurs) ;
- peintres ;
- ébénistes et finition d'intérieur ;
- sableurs de planchers.

L'IMPORTANCE DE BIEN PLANIFIER VOS TRAVAUX

La réussite de votre projet de rénovation sera en grande partie reliée à la planification que vous ferez. Entreprendre des travaux sans un bon plan d'exécution, sans l'élaboration d'un budget et sans

échéancier, voilà qui peut mener à l'échec, du moins à un dépasse-
ment des coûts et des délais initialement prévus. Lors des neuf ans
que j'ai passés dans le monde de la construction, j'ai rarement vu un
projet prendre moins de temps et coûter moins cher que prévu! ;)

Un aspect important de la planification est l'estimation des
coûts. Elle doit se faire dès la première visite des lieux. En effet, lors
de la visite des lieux, vous devez être en mesure d'estimer un budget
pour les travaux que vous comptez exécuter. Les travaux seront-ils
de l'ordre de 5 000 $ ou plutôt de 20 000 $?

Pour vous aider à déterminer sommairement le coût des travaux
par points, vous pourriez utiliser l'un des moyens suivants :

- Vous promener dans les magasins à grande surface afin de
  connaître le prix des matériaux dans l'éventualité où vous
  auriez l'intention de faire par vous-même les travaux.

- Demander à un entrepreneur de vous faire une soumission
  préliminaire.

- Votre expérience en la matière, le cas échéant.

- L'utilisation de chartes telles que «RSMeans et The Home
  Reference Book» que vous trouverez sur Internet grâce au
  moteur de recherche Google.

Si vous optez pour l'utilisation de chartes afin de préparer votre budget
préliminaire, gardez à l'esprit qu'en matière d'estimation, plusieurs
facteurs influenceront le coût unitaire d'un produit, je pense, entre
autres :

- À la quantité de travaux à réaliser. Plus la quantité sera
  importante et plus le coût unitaire sera bas.

- Aux accès pour atteindre les travaux.

- Aux conditions météorologiques. Les travaux doivent-ils
  être effectués en été ou en hiver?

- À la qualité d'exécution et à la qualité des matériaux choisis.

- Aux ressources et à la main-d'œuvre disponibles dans le secteur.

Les deux plus grands défis en matière de rénovation sont le respect du budget ainsi que le respect de l'échéancier. En ce qui a trait aux flips, votre profit réel sera étroitement lié au respect de ces deux aspects.

 Combien de projets ont été entamés et se sont retrouvés entre les mains du créancier par manque de liquidités de la part de gens s'étant improvisés entrepreneurs?

EFFECTUEZ LES TRAVAUX LES PLUS RENTABLES

Comme nous l'avons vu au chapitre 2, relativement au principe de Pareto, certains travaux sont plus rentables, ont plus d'impact que d'autres et augmentent davantage la valeur de l'immeuble. C'est le cas, entre autres, des travaux reliés à la cuisine, à la salle de bain, à l'aménagement d'un sous-sol ou encore à l'ajout d'une chambre au rez-de-chaussée.

Les travaux également effectués en façade s'avèrent habituellement plus rentables. Il vaudrait mieux investir par exemple quelques milliers de dollars sur de nouvelles fenêtres en façade que d'ajouter une piscine qui réduit la superficie utilisable du terrain. L'argent investi pour de nouvelles fenêtres sera également plus rentable qu'un spa qui demande de l'entretien, que de changer le réservoir à l'huile ou toute autre rénovation n'ayant pas vraiment d'impact. L'aménagement paysager en façade est aussi à considérer en ce qui a trait aux travaux rentables. N'oubliez pas que la première impression est très importante. Misez sur ceci pour faciliter la vente de vos petits immeubles ou encore pour attirer une meilleure qualité de locataires.

En matière d'immeubles à revenus, les travaux réalisés dans les aires communes sont également à privilégier lorsqu'il est question de faire bonne impression. Si vous avez un budget de quelques milliers de dollars pour améliorer votre immeuble, optez pour les aires communes plutôt que pour un des logements. Ainsi, vos travaux influenceront positivement tous vos locataires en même temps plutôt qu'un seul.

LES PRÊTS D'AMÉLIORATIONS

Les prêts d'améliorations, communément appelés « prêts rénos » peuvent être utiles lors de vos flips. Dans le cas d'un « flip réno » tentez d'obtenir le financement sur la valeur marchande d'après-travaux. Vous diminuerez par le fait même l'argent requis pour effectuer l'ensemble du projet puisque vos travaux seront financés à même le prix d'achat de la propriété. Dans un tel cas, vous aurez besoin de soumissions de la part d'entrepreneurs en règle et accrédités par l'institution financière. Si vous désirez faire les travaux par vous-même, vous aurez à démontrer vos habiletés et compétences en matière de rénovation pour obtenir le financement sur la valeur marchande d'après-travaux.

Voici pour conclure ce chapitre sur la rénovation quelques trucs et conseils en rafale :

- Conservez toujours toutes vos factures.

- Informez-vous auprès de la municipalité à savoir si vous seriez admissible à des subventions aux fins de rénovations.

- Ne payez pas pour des soumissions, elles devraient être sans frais.

- Demandez à un avocat de vérifier vos contrats avant d'y apposer votre signature. Une fois signé, il est trop tard !

- Soyez présent lors de l'exécution des travaux. Des imprévus surviennent souvent et des décisions doivent être prises rapidement.

- Pensez-y deux fois avant de donner un contrat à l'heure.

- Soyez réaliste quant à vos capacités en matière d'exécution de travaux. Nous atteignons tous un jour notre niveau d'in-compétence, dans un domaine comme dans l'autre.

– Prévoyez qu'il pourrait y avoir une retenue par l'institution prêteuse de l'ordre de 15 % sur les « déboursées progressifs » qu'elle fera.

– Payez vos sous-traitants à temps pour ne pas risquer de vous retrouver avec des hypothèques légales de construction.

– Assurez-vous d'avoir assez de liquidités pour mener à terme votre projet.

Bonnes rénovations à tous !

PROPOSITIONS D'ACTIONS À ACCOMPLIR POUR CE CHAPITRE

➠ Réfléchissez pour décider si vous devriez faire par vous-même les travaux ou bien si vous devriez les déléguer. Faites une liste des travaux pour lesquels vous avez les compé-tences et que vous êtes capable d'effectuer par vous-même.

➠ Commencez à garnir votre coffre d'outils. Achetez-vous un marteau ! ;)

➠ Informez-vous auprès de votre institution financière à savoir si elle appliquera une retenue à chacun des déboursés qu'elle fera en cours d'exécution des travaux.

➠ Demandez à l'institution financière si elle accepterait de vous financer sur la valeur d'après vos travaux ou à la limite si elle accepterait de vous consentir un prêt à la rénovation.

➠ Demandez à un courtier immobilier de vous faire parvenir plusieurs fiches descriptives d'immeubles actuellement en vente et récemment vendus. Vous serez alors en mesure de comparer les montants des loyers avec ceux de votre immeuble.

➠ Faites des recherches de logements à louer comparables sur les sites d'annonces Internet, dans les petites annonces des journaux de quartier ou des quotidiens afin de connaître votre concurrence en matière de logements à louer.

➡ Allez visiter d'autres logements à louer dans le secteur afin de déterminer la valeur locative.

➡ Faites des recherches sur Internet pour trouver des photos avant et après en matière de rénovation. Vous y découvrirez quelques idées intéressantes.

➡ Faites des recherches pour trouver des entrepreneurs fiables et compétents.

➡ Dressez une liste d'entrepreneurs. Idéalement plus d'un par corps de métiers (associations professionnelles), puisque malheureusement, vos entrepreneurs ne seront pas toujours disponibles au moment voulu.

➡ Créez-vous un chiffrier afin d'évaluer rapidement le budget du coût de vos travaux. Cette information est vitale pour l'évaluation de votre projet.

➡ Répertoriez les magasins qui offrent des produits à moindre coût, comme des restes de lots, des fins de ligne, des matériaux légèrement endommagés, etc. N'oubliez pas que c'est une course contre la monte. Plus vite vos achats seront effectués, plus vite il vous sera possible de réaliser les travaux.

➡ Ouvrez des comptes dans certains centres de rénovation. Vous aurez alors 30 jours pour effectuer les paiements.

➡ Contactez Réno-Assistance.

Go go go, passez à l'action !

12

QUELQUES ERREURS À ÉVITER

VOICI CE QUE VOUS VERREZ DANS CE **DOUZIÈME CHAPITRE**

1. Ne pas dire NON à la place du vendeur.

2. L'importance de faire vos suivis.

3. Comment élaborer votre liste de prêteurs privés ?

4. Ne pas négliger le processus de vérification diligente.

5. Revisitez l'immeuble avant l'acte notarié.

6. Ne pas attendre que le courtier vous apporte le « deal ».

7. Ne pas attendre le « deal » avant d'aller visiter.

8. Vous former adéquatement.

Dans ce chapitre, je vous présente une série d'erreurs que vous devrez évidemment éviter. La plupart d'entre elles ont été commises, soit par moi-même à mes débuts, soit par des gens que j'ai accompagnés ou encore que j'ai rencontrés au Club. Pourquoi vous présenter ces erreurs ? Afin de vous faire économiser des milliers de dollars ou encore de vous éviter bien des ennuis et des maux de tête.

Notez qu'elles vous sont présentées de façon aléatoire.

ERREUR Nº 1 : DIRE NON À LA PLACE DU VENDEUR

Voici une toute première erreur qui fait en sorte que les gens laissent filer de belles occasions !

Pourquoi?

Tout simplement parce qu'ils n'osent pas. Ils n'osent pas demander et laisser la chance aux vendeurs de dire NON.

Ils disent NON à leur place!

Pourquoi n'osent-ils pas offrir au vendeur un prix d'achat agressif?

Pourquoi n'osent-ils pas renégocier le prix à la baisse à la suite de la visite des lieux?

Pourquoi n'osent-ils pas demander un solde de vente de la part du vendeur?

Pourquoi n'osent-ils pas revenir à la charge une semaine, deux semaines, un mois plus tard, un an plus tard?

Pourquoi n'osent-ils pas renégocier le prix à la baisse à la suite de l'inspection en bâtiment?

Pourquoi n'osent-ils pas demander au vendeur de participer au financement de façon créative, comme nous l'enseignons lors de nos formations?

Ils n'osent pas demander par peur de subir un refus. Tout simplement. Ils préfèrent ne pas en faire la demande et risquer de se faire dire NON.

Dommage pour eux.

Vous vous reconnaissez dans l'une de ces situations? Ça vous est déjà arrivé?

Moi aussi à mes débuts.

Est-ce si grave de se faire dire NON? En fait, chaque NON reçu vous rapproche d'un OUI, comme on dit. C'est la loi des nombres qui s'applique.

Alors, osez demander, osez offrir.

Et si le vendeur acceptait votre offre?

L'un des meilleurs conseils que je peux vous donner comme investisseur immobilier, c'est d'oser, oser, oser. Ne dites jamais NON à la place du vendeur.

Vous ne pouvez imaginer la différence que cela fera dans votre carrière d'investisseur.

ERREUR N⁰ 2 : NÉGLIGER DE FAIRE VOS SUIVIS

Voici une seconde erreur commise par plusieurs, même par des investisseurs plus expérimentés. Elle fait suite à l'erreur n° 1 qui mentionnait l'importance de ne pas dire NON à la place du vendeur. Vous verrez l'importance de faire un suivi efficace.

À plusieurs occasions, j'ai trouvé d'excellentes opportunités parce que je suis revenu à la charge quelque temps après avoir présenté une offre d'achat qui, au départ, avait été refusée par le vendeur.

Combien de fois ai-je entendu des gens me dire que, puisque leur offre d'achat n'avait pas été acceptée, ils passeraient à un autre immeuble ? Ces gens me disent sur un ton de positivisme que si ça n'a pas fonctionné, c'est que cet immeuble n'était pas pour eux ! C'est une belle façon de réagir à un refus d'un vendeur, mais c'est trop facile. Du moins, selon moi.

Cette façon de réagir coûte très cher. De beaux profits vous glissent entre les mains sans que vous le sachiez. Ce n'est pas la chose à faire que de mettre le dossier à la filière 13 ! Le dossier devrait plutôt aller dans votre système de suivis… tout en conservant la même dose de positivisme !

Puisque vous êtes à la recherche de vendeurs motivés, vous devez considérer que ces derniers seront de plus en plus motivés avec le temps. Plus le temps passera, plus ils seront enclins à baisser leur prix et à adoucir leurs conditions.

Il est fréquent de rencontrer un vendeur qui refuse une offre peu de temps après la mise en vente de son immeuble, et qui après quelques mois, devient ouvert à rediscuter. Alors, il ne faut pas attendre que le vendeur vous rappelle, mais bel et bien être proactif et revenir à la charge en lui mentionnant que vous souhaitez toujours acheter son immeuble au prix que vous lui aviez offert initialement. À la limite, montrez une certaine ouverture à la négociation en augmentant très légèrement la mise initiale.

Vous constaterez que s'il est réellement motivé, il y a fort à parier qu'il diminuera son prix de façon significative. Peut-être pas jusqu'au prix que vous lui avez offert au début, mais ce sera tout de même ça de gagné… et surtout un signe qu'il désire peut-être vendre.

S'il ne veut pas trop réduire son prix, sortez d'autres cartes cachées que vous avez dans vos manches et proposez d'autres conditions. Si le prix est plus ou moins flexible, peut-être que les conditions, elles, le sont.

Qui sait? Osez!

Dans tous les cas et à toutes les étapes de la négociation, demeurez courtois et remerciez le vendeur du temps accordé. S'il a éventuellement le choix de l'acheteur, il y a fort à parier qu'il privilégiera votre offre, à conditions égales, bien sûr.

ERREUR N⁰ 3 : NE PAS ÉLABORER VOTRE LISTE DE PRÊTEURS PRIVÉS

Pour cette troisième erreur, en voici une qui coûte souvent très cher aux investisseurs. En effet, certains laissent filer de belles occasions par manque de liquidités.

Les aubaines sont relativement difficiles à trouver, alors quand on en déniche une, le manque de liquidités ne devrait pas être une excuse pour ne pas en profiter.

Il vous faut donc vous assurer d'avoir accès rapidement à tout l'argent nécessaire pour réaliser la transaction.

Mais comment?

En élaborant, entre autres, votre liste de prêteurs privés.

Voici quelques trucs pour vous aider à dresser cette liste:

– Regardez dans les journaux à la section « Services financiers ». Plusieurs prêteurs annoncent qu'ils prêtent de l'argent contre une hypothèque de premier ou second rang.

– Contactez plusieurs notaires, ils ont souvent de l'argent à prêter eux aussi.

– Demandez aux notaires s'ils connaissent des prêteurs privés. C'est d'ailleurs souvent le cas.

– Publiez des annonces sur les différents sites Internet indiquant que vous cherchez des prêteurs privés.

– Configurez vos alertes avec des mots-clés reliés au financement privé.

– Faites des recherches à partir de Google en utilisant différents mots-clés relatifs aux prêteurs privés.

– Demandez aux autres participants, lors de séminaires de formation, s'ils ont de l'argent à prêter.

– Offrez à un parent ou un ami la chance de vous prêter de l'argent.

– Trouvez des courtiers hypothécaires qui se spécialisent dans le prêt privé.

– Etc., etc.

Si vous mettez toutes ces méthodes en application, vous aurez très rapidement plus d'argent disponible que vous serez capable de trouver d'aubaines!

Avant de terminer, permettez-moi de vous raconter un cas vécu. En 2011, je donnais une formation sur l'optimisation du crédit, et à la fin de celle-ci, un participant m'interpelle et m'explique que son associé a décidé de ne plus investir avec lui dans une transaction précise, et ce, bien que leur offre d'achat soit déjà acceptée.

N'ayant pas assez de liquidités pour acheter à lui seul cette aubaine, il me demande alors si je connais des prêteurs privés qui pourraient lui prêter l'argent. Malheureusement, je ne connaissais pas vraiment de prêteurs privés dans la région de Québec à cette époque.

Il s'est alors mis en mode « recherche » afin de trouver très, très rapidement des liquidités, car il devait se rendre chez le notaire la semaine suivante.

Est-ce vraiment le bon moment de commencer vos recherches afin de trouver des prêteurs privés une semaine avant de passer chez le notaire ?

Pas vraiment !

 Morale de l'histoire ? Ne tardez pas à élaborer votre liste de prêteurs privés, car vous ne savez jamais à quel moment l'aubaine se présentera et quel montant d'argent vous sera nécessaire pour conclure l'achat.

Chose certaine, le montant requis proviendra de l'argent des autres.

D'ailleurs, c'est le meilleur moyen de faire de l'argent en immobilier, d'utiliser l'argent des autres :

- l'argent de la banque ;

- l'argent des prêteurs privés ;

- l'argent des locataires ;

- l'argent des vendeurs ;

- l'argent du courtier immobilier, du notaire ;

- l'argent d'un ami, d'un parent.

Toujours l'argent des autres !

ERREUR N° 4 : NÉGLIGER LE PROCESSUS DE VÉRIFICATION DILIGENTE

L'achat d'une propriété est à prendre au sérieux et c'est pourquoi il est important de vérifier le plus d'éléments possible avant d'apposer votre signature au bas de l'acte de vente.

Je partage avec vous une autre erreur qui coûte souvent très cher aux nouveaux investisseurs. Pour leur part, les investisseurs plus aguerris, ayant déjà payé cher de leurs erreurs par manque de vérification, ont appris et commettent de moins en moins cette erreur de négliger le processus de vérification diligente. Du moins, j'ose espérer pour eux qu'ils ont appris avec le temps et les expériences.

C'est bien beau la vérification diligente, mais encore faut-il savoir quoi vérifier, me direz-vous ?

J'avoue que sans expérience ni conscience des problèmes potentiels, il s'avère un peu difficile de savoir quoi vérifier.

C'est pourquoi il faut utiliser l'expérience d'investisseurs « ayant déjà passé par là », comme on dit.

Voici une liste non exhaustive de points à vérifier afin de réduire au minimum les risques reliés à votre investissement :

- Y a-t-il ou non des avis de non-conformité émis par la municipalité ? Vérifiez auprès du service d'incendie et/ou du service d'urbanisme. Si de tels avis ont été émis, tentez d'en obtenir la photocopie. Ce n'est pas toujours facile par contre. Cela dépend de la municipalité en question.

- Quels travaux majeurs ont-ils été effectués sur l'immeuble ? Ces travaux ont-ils été exécutés par des entrepreneurs en règle ? Les travaux sont-ils sous garantie ? Si oui, pour combien de temps encore le sont-ils ?

- Le vendeur a-t-il produit une déclaration du vendeur (DV) ? Si oui, exigez de la voir. Dans le cas contraire, exigez que le vendeur en produise une.

- Qu'ont à raconter les voisins relativement à l'immeuble, aux locataires et/ou au propriétaire?

- Et les locataires de l'immeuble, eux, qu'ont-ils à partager avec vous? Ont-ils des informations qui pourraient s'avérer payantes pour vous?

- Le certificat de localisation pourrait-il vous renseigner sur divers éléments pouvant poser des problèmes?

- Y a-t-il un règlement d'immeuble en vigueur? Si oui, demandez à le voir.

- Si vous achetez un condo, que mentionne la déclaration de copropriétés? Vous convient-elle?

- Si vous achetez un condo, quel est le montant du fonds de réserve? Est-il suffisant pour couvrir les coûts de réparations à venir à court et moyen terme?

- Et plus encore!

 De grâce, ne bâclez pas la vérification diligente, car cela pourrait s'avérer très, très coûteux. Soyez vigilant et souvenez-vous de nouveau que dans l'immobilier, vous jonglez avec des centaines de milliers de dollars.

Finalement, je termine sur ce vieux dicton tout à fait approprié:

« Mieux vaut prévenir que guérir. »

ERREUR N° 5: NE PAS REVISITER L'IMMEUBLE LE JOUR PRÉCÉDANT L'ACTE NOTARIÉ

Voici une autre erreur extrêmement fréquente: celle de ne pas visiter l'immeuble le jour précédant la signature de l'acte notarié. En effet, la grande majorité des acheteurs se contentent de visiter l'immeuble une seule fois. Une erreur qui peut s'avérer coûteuse et qui pourrait vous occasionner bien des ennuis.

Pourquoi revisiter l'immeuble avant l'acte notarié, me direz-vous, puisque sur l'offre d'achat, il y est indiqué que le vendeur s'engage à livrer l'immeuble dans l'état où il se trouvait lors de la visite des lieux ?

Est-ce possible justement que l'immeuble ne soit plus dans le même état que lors de votre visite ?

Peut-il y avoir eu entre-temps un dégât d'eau au sous-sol ou sur le toit ? Des locataires auraient-ils pu quitter les lieux depuis la visite augmentant le nombre de logements vacants ? Auraient-ils endommagé le logement avant de prendre la poudre d'escampette ? Des équipements et électroménagers ou meubles inclus dans la vente seraient-ils manquants ?

Certains me diront :

« Ce n'est pas grave, j'ai des recours contre le vendeur. »

Oui, vous avez tout à fait raison, mais mieux vaut prévenir que guérir, comme je mentionnais dans l'erreur précédente.

Si vous constatez un problème lors de la visite, le jour juste avant la signature de l'acte de vente, vous aurez assurément un meilleur pouvoir de négociation avant de signer les documents finaux chez le notaire ; et à la limite, vous pourriez refuser de signer si la situation était majeure.

Un facteur important à considérer lorsqu'on désire faire valoir ses droits, c'est qu'il y a des frais engendrés par de telles procédures. Sans oublier le temps et l'énergie qu'il faut y consacrer.

 En résumé, de grâce, ne négligez pas cette visite, elle est extrêmement importante et pourrait vous éviter bien des ennuis.

ERREUR N° 6 : ATTENDRE QUE LE COURTIER IMMOBILIER VOUS APPORTE LE « DEAL »

Voilà une des erreurs les plus fréquentes commises par la majorité des investisseurs immobiliers qui en sont à leurs débuts. Et je n'exagère pas.

Combien de fois ai-je demandé à des membres du Club quels sont leurs moyens pour trouver l'aubaine tant recherchée ?

À cette question, ils répondent la plupart du temps :

« J'ai un courtier immobilier qui m'envoie des listings, mais je ne trouve rien, c'est trop cher. »

« C'est tout, rien d'autre ? C'est votre seul moyen ? »

Comme s'il y avait assez d'aubaines pour tout le monde sur MLS. Je ne vous dis pas qu'il est impossible d'en trouver, mais bel et bien qu'il est important de chercher ailleurs.

Personnellement, je trouve que de demander à un courtier de vous envoyer des « listings » est la méthode facile, voire un peu paresseuse. Vous êtes plutôt spectateur et vous laissez quelqu'un d'autre décider du sort de votre avenir immobilier ! Est-ce réellement ce que vous voulez ?

Vous devriez faire autre chose que de recevoir des « listings » de courtiers.

Pour vous mettre en action, vous devriez, entre autres :

– Chercher dans les quotidiens. Êtes-vous abonné à un quotidien en version papier ou mieux encore en version électronique ?

– Fouiller sur Internet. Sur quels sites cherchez-vous actuellement ?

– Rechercher dans les journaux de quartier. Les regardez-vous au moins ?

– Explorer en faisant du « farming ». Avez-vous choisi votre secteur ferme ?

– Distribuer vos cartes professionnelles ? Vos cartes profession-nelles sont-elles prêtes ?

– Et plusieurs autres façons.

 Plusieurs sites Internet proposent des cartes professionnelles à très bas prix. Par exemple : Vista Print, pour ne nommer que celui-là.

Recevoir des « listings » d'un courtier, ce n'est pas chercher l'au-baine, c'est attendre l'aubaine ! Et c'est là l'erreur majeure. Croyez-vous que l'aubaine va apparaître comme par magie ? Qu'elle tombera du ciel ! C'est possible, mais peu probable, du moins pas au début de votre carrière d'investisseur immobilier.

Combien de gens selon vous reçoivent les mêmes « listings » MLS en même temps ?

Plusieurs dizaines de personnes, voire des centaines ! Lorsqu'une aubaine se présente sur MLS, il vaut mieux être rapide sur la gâchette, comme on dit, car la plupart des investisseurs ne cherchent qu'à cet endroit.

Recherchez vos immeubles à contre-courant. Recherchez-les où la plupart des gens ne se donnent pas la peine de chercher.

Allez ! Go go go, recherchez activement ! Vous verrez que c'est plus payant que d'attendre oisivement !

ERREUR Nº 7 : ATTENDRE LE « DEAL » AVANT D'ALLER VISITER DES IMMEUBLES

Pour cette avant-dernière erreur, je vous en présente une très, très fréquente !

En effet, la plupart des investisseurs immobiliers, surtout à leurs débuts, se lancent dans la recherche et l'analyse d'immeubles afin de trouver la perle rare.

C'est tout à fait normal, me direz-vous! Pas de recherches, pas d'immeubles à analyser et pas de possibilités d'acheter d'immeubles. Vous avez tout à fait raison, j'en conviens.

Là où l'erreur survient, c'est que ces investisseurs demeurent trop longtemps à cette étape d'analyse et ils paralysent! Ils font une quantité industrielle d'analyses et ne vont pas visiter d'immeubles. Vous vous reconnaissez dans ceci? Vous stagnez à ce stade?

Qu'arrive-t-il après des mois et des mois de recherches, lorsque ces investisseurs trouvent enfin un immeuble qui semble intéressant? Ils désirent visiter l'immeuble en question.

Mais comment font-ils pour déterminer si l'immeuble est en bon état? Ils n'ont aucun immeuble comparable puisqu'ils en sont à leur toute première visite. Ils ne savent pas quoi regarder.

Ils ne savent pas non plus quelles questions poser aux locataires ni aux propriétaires.

Est-ce que la clientèle semble excellente, passable ou médiocre? Ils n'en ont aucune idée.

Comment faire pour donner une valeur relative à toutes ces réponses? C'est difficile quand nous n'avons visité qu'un seul immeuble!

Donc, la morale de cette histoire, c'est que vous devez absolument visiter des immeubles, plusieurs immeubles, et ce, bien avant que le «deal» se présente. Vous devez acquérir de l'expérience, et ce, tout à fait gratuitement! N'est-ce pas merveilleux? De la formation gratuite!

Finalement, rappelez-vous que si vous désirez visiter des immeubles à revenus, vous devrez au préalable faire des offres d'achat conditionnelles à la visite des lieux. Voici donc une occasion de plus de tirer profit d'une expérience tout à fait gratuitement! Eh oui, ça ne coûte rien de se pratiquer à faire des offres d'achat, mis à part le coût d'opportunités.

Plusieurs personnes suivent nos formations, mais se privent de la formation gratuite, c'est-à-dire de faire des offres d'achat, d'aller visiter des immeubles, de renégocier à la baisse à la suite de ces visites, de contacter des courtiers immobiliers, des vendeurs, des prêteurs privés, etc.

ERREUR N⁰ 8 : NE PAS VOUS FORMER ADÉQUATEMENT

Voici donc une dernière erreur à éviter, mais non la moindre.

Plusieurs personnes se lancent dans l'immobilier sans suivre de formation. Pire encore, elles demandent l'opinion et conseils à des gens qui n'ont pas d'immeubles. Grave erreur !

 Méfiez-vous de votre entourage, des conseils du beau-frère ! Apprenez de gens qui réussissent dans l'immobilier et surtout de ceux qui obtiennent des résultats probants !

Il n'est pas rare d'acheter des immeubles et d'y investir plusieurs milliers de dollars. Or, ne serait-il pas sage d'investir quelques centaines de dollars additionnels en formation afin d'optimiser votre investissement ?

Je me permets de partager avec vous une excellente citation qu'un de nos participants au groupe de coaching et mentorat m'a mentionnée lors de la remise des diplômes, à la fin du dixième mois de formation.

Un jour, une de ses connaissances lui dit :

« Tu veux devenir investisseur immobilier ? Alors, doit-on te souhaiter BON SUCCÈS ou BONNE CHANCE ?

« Parce que…

si tu as lu des livres sur l'immobilier,

si tu as suivi des formations,

si tu as reçu des conseils de personnes qui réussissent grâce à l'immobilier…

« Alors, je te souhaite BON SUCCÈS !

«Mais si tu n'as rien fait de tout cela, alors je te souhaite BONNE CHANCE, car tu en auras besoin!»

Merci, Alain, pour cette belle citation qui parle d'elle-même.

Lorsque vous vous lancez dans un nouveau domaine, vous vous devez d'en apprendre les bases et les rudiments, et ce, peu importe le domaine. Deviendriez-vous par exemple chirurgien sans suivre de formation en vous disant :

«Je vais apprendre sur le tas?»

Si tel est le cas, je ne voudrais pas être l'un de vos premiers patients !

Je vous invite à considérer l'investissement immobilier comme une entreprise. Et lorsqu'on démarre une entreprise, n'est-il pas essentiel d'avoir des connaissances? Sinon, on court à la catastrophe.

Finalement, rappelez-vous ce que M. Jacques Lépine enseigne dans son livre *L'Indépendance financière grâce à l'immobilier.*

CONNAISSANCES = POUVOIR

Ceci complète ce douzième chapitre. Profitez d'un petit répit d'actions, car vous en aurez plusieurs à effectuer après la lecture du dernier chapitre.

13

GO GO GO :
IL EST TEMPS DE PASSER À L'ACTION

VOICI CE QUE VOUS APPRENDREZ DANS CE **TREIZIÈME CHAPITRE**

• Faites un plan d'action.

• Quelle est la prochaine action ?

• Gardez le focus.

• Nourrissez régulièrement vos rêves.

• Les actions à poser afin de trouver l'aubaine.

• Les actions à poser une fois l'aubaine trouvée.

• Les actions à poser une fois devenu propriétaire.

• Les actions à poser à tout moment.

⟳

Nous voici déjà rendus au dernier chapitre.

Si vous avez tout fait ce que j'ai proposé comme actions, alors bravo, car vous avez sûrement réussi à faire quelques flips. J'ose espérer qu'ils ont été très payants et que vous avez eu du plaisir.

Si, par contre, vous n'avez pas fait toutes les actions, pour l'une ou l'autre raison, alors ce chapitre vous aidera à aller plus loin, plus rapidement.

Vous aviez pris la décision de lire ce guide en entier avant d'effectuer les actions proposées ? Voici venu le moment pour vous de passer à l'action et de rentabiliser le temps investi en lecture.

Je le répète une dernière fois :

« On ne devient pas investisseur immobilier uniquement par les lectures que l'on fait et les formations que l'on suit. On le devient grâce aux actions concrètes que l'on accomplit. »
— *Yvan Cournoyer*

Le présent chapitre a pour but de faire une synthèse des actions afin de tirer le maximum de ce livre. Il se veut également un chapitre de motivation, car peu importe où vous en êtes dans votre cheminement, la motivation a toujours sa place.

Débutons sans plus tarder avec l'un des points les plus importants, c'est-à-dire l'élaboration de votre plan d'action.

FAITES UN PLAN D'ACTION

Je discutais avec l'un de nos membres lors d'un événement mensuel de réseautage à Montréal, et il me disait qu'il a assisté à quelques formations du Club, mais qu'il n'arrive pas à démarrer concrètement.

Immédiatement, je lui pose la question suivante :

« As-tu fait un plan ? »

Il me répond spontanément, sans aucune hésitation :

« Bien sûr que oui, Yvan ! Je veux faire trois flips cette année. »

« D'accord. Mais est-ce vraiment un plan ou plutôt un objectif ? »

Personnellement, je dirais un objectif.

C'est là que les gens font erreur ! Ils confondent plan et objectifs. Ils pensent avoir un plan, mais en réalité, ils ne font que se fixer des objectifs.

Évidemment, il est essentiel pour la vision de se fixer des objectifs, mais pour concrétiser et matérialiser cette vision, il est primordial d'avoir un plan. Mais surtout, il vous faut un plan d'action. Un plan d'action qui vous permettra d'atteindre vos objectifs. Vous saisissez la nuance ?

Voici donc quelques questions que vous devrez vous poser afin d'établir votre plan d'action, s'il n'est pas déjà établi.

– Combien d'heures par semaine pouvez-vous consacrer à l'immobilier en général ? On parle de 5, 10, 20, 50 heures ?

– Combien d'heures par semaine pouvez-vous consacrer à la recherche ? Aimez-vous faire de la recherche ?

– Combien d'offres d'achat par mois désirez-vous rédiger ?

– Combien de visites extérieures désirez-vous faire ?

– Combien de visites des lieux par mois voulez-vous effectuer ?

– Comment se porte votre crédit ? Avez-vous un bon bilan ?

– Quel genre d'immeubles désirez-vous acquérir ?

– Quel est votre âge ? Avez-vous encore plusieurs années devant vous pour atteindre vos objectifs ? La retraite est-elle éminente ?

– De combien de liquidités disposez-vous ?

– Quel est votre type de personnalité ? Prudent ? Téméraire ?

– Combien d'heures par mois voulez-vous consacrer à bâtir votre réseau de contacts ?

– Quel est votre niveau de connaissances ? Devez-vous suivre davantage de formations ?

– Etc.

Toutes les réponses à ces questions vous aideront à construire un plan d'action en fonction de votre situation actuelle. Si vous êtes médecin, que vous travaillez 70 heures par semaine et disposez de 500 000 $ en banque, vous n'aurez certainement pas le même plan d'action que si vous êtes sans emploi, avec 20 000 $ à investir et un dossier de crédit médiocre ! On s'entend là-dessus ?

C'est bien beau de vouloir faire plusieurs flips par année, mais que ferez-vous demain comme actions pour y parvenir ?

- Quels seront vos 7 objectifs quotidiens qui vous permettront d'atteindre votre objectif hebdomadaire?

- Quels seront vos 4 objectifs hebdomadaires qui vous permettront d'atteindre votre objectif mensuel?

- Et vos 12 objectifs mensuels, eux, sont-ils bien définis en fonction de votre objectif annuel?

- Avez-vous un objectif annuel?

Voici la question simple que je pose souvent lors d'accompagnements afin d'introduire ce dont je viens tout juste de traiter:

«Avez-vous atteint votre objectif immobilier hier?»

La réponse est souvent:

«Euh… non… je n'avais pas d'objectif immobilier hier.»

«Et celui de demain est-il défini?»

La réponse est, la plupart du temps:

«Non.»

L'important en matière d'atteinte d'objectifs est de subdiviser votre objectif annuel jusqu'à obtenir des objectifs quotidiens. Si pour une raison ou une autre, vous ne réalisez pas votre objectif annuel, vous aurez tout de même passé à l'action et aurez réalisé une grande quantité de petits et moyens objectifs. Votre confiance en vous sera ainsi augmentée, vous aurez de quoi être fier de vous, et vous ne serez peut-être pas très loin de réaliser votre objectif annuel moyennant quelques actions supplémentaires. Comme dit le proverbe, mieux vaut tard que jamais.

Vous commencez à saisir pourquoi certains n'avancent pas malgré un objectif défini dans cinq ans! Ils ne passent pas à l'action pour atteindre leur objectif.

En lien avec la subdivision de vos objectifs, voici une métaphore que Jean-Pierre Du Sault, l'un de nos accompagnateurs certifiés, a partagé avec moi, il y a quelque temps:

« *Vous ne penseriez pas avaler d'une seule bouchée un salami, mais coupez-le en tranches et vous y arriverez!* »

Je trouve que cette métaphore résume bien ma pensée.

QUELLE EST LA PROCHAINE ACTION ?

Voici un principe fort simple à appliquer qui vous permettra de progresser et d'atteindre plus rapidement vos objectifs. Le principe de la prochaine action expliqué par David Allen dans son ouvrage *S'organiser pour réussir : la méthode GTD, un minimum d'ordre pour un maximum d'efficacité*, que je vous recommande fortement de lire.

Il arrive fréquemment que des objectifs ne soient pas atteints simplement parce qu'il y a un blocage concernant la prochaine action à accomplir.

Je m'explique par le biais de cette petite anecdote.

Imaginez que vous deviez faire le suivi d'un immeuble pour lequel vous avez fait une offre d'achat, il y a un mois. Or, il s'avère que les coordonnées du vendeur sont indiquées sur un post-it collé sur le formulaire d'offre d'achat, dans votre classeur, qui lui est fermé à clé. De plus, la clé se trouve sur votre trousseau de clés au bureau.

La prochaine action pour pouvoir effectuer le suivi sur cette offre d'achat serait, par exemple, de vous laisser un message sur votre boîte vocale du bureau mentionnant de ne pas oublier votre trousseau de clés. Ainsi, vous serez en mesure de contacter le vendeur dès votre retour du travail.

C'est fort simple comme principe, me direz-vous, mais pas toujours évident à mettre en application dans la vie de tous les jours. À partir de maintenant, tentez de prendre conscience du nombre de fois où vous ne ferez pas une tâche et que vous n'atteindrez pas un objectif attribuable à une action qui bloque le processus d'exécution. En gestion de projets, on parle de la tâche critique.

Faites preuve de persévérance et efforcez-vous de trouver les moyens d'accomplir les tâches critiques lorsqu'elles se présentent à vous et vous verrez votre vie se transmuter rapidement pour le mieux. Lorsqu'une tâche est réalisée, lorsqu'un objectif est atteint, posez-vous immédiatement la question à savoir quelle est la prochaine action?

GARDEZ LE FOCUS

Dans le monde moderne où l'on évolue, il est facile de se laisser distraire par une multitude d'événements et d'occasions d'affaires qui semblent toutes plus payantes les unes que les autres. Toutefois, si vous désirez exceller et réussir, vous devez vous concentrer sur un domaine en particulier.

Ne vous laissez pas distraire par votre entourage qui la plupart du temps tentera de vous dissuader de faire telle ou telle chose. Le sentiment qui se cache souvent derrière leurs paroles est celui de la peur, de l'insécurité. Parfois, il peut même s'agir inconsciemment de la jalousie de vous voir réussir. Faites attention aux gens toxiques.

Ne vous fiez pas à ceux et celles qui n'ont pas d'immeubles, qui ne connaissent absolument rien du monde de l'immobilier. Bref, croyez en vous. Ayez la conviction que vous pouvez réussir autant que n'importe qui d'autre. Gardez le focus, votre attention focalisée sur votre objectif et votre point de mire!

NOURRISSEZ RÉGULIÈREMENT VOS RÊVES

Pour vous aider à demeurer focalisé, fabriquez-vous un tableau de rêves. Découpez des images de ce que vous désirez obtenir et faites un montage sur un tableau de liège, par exemple. Prenez quelques minutes le matin en vous réveillant, mais surtout avant de vous coucher afin de vous imprégner de ces images, de ressentir et de visualiser tout le bien-être que leurs réalisations éveilleront en vous.

Il peut s'agir par exemple de l'image de votre maison de rêve, d'un immeuble à revenus de 100 logements que vous aimeriez posséder, de la photo de famille que vous avez prise il y a quelques semaines où tous les membres semblent si heureux, d'un chèque de 500 000 $ que vous vous êtes émis pour votre 50e anniversaire.

Mieux encore, si cela est possible, trompez votre esprit en vivant immédiatement vos rêves !

Vous aimeriez par exemple un jour posséder une Mercedes, eh bien allez en magasiner une chez un concessionnaire. Faites des essais routiers. Faites comme si elle était vôtre. Ressentez le bien-être lors de la conduite. Enregistrez la fréquence énergétique, et lors de séances de relaxation, laissez cette fréquence cohabiter en vous, nourrissez-la régulièrement. N'attendez pas de posséder physiquement votre Mercedes avant d'en ressentir les bienfaits.

Pour conclure le dernier chapitre de ce livre, je vous présente plus de 130 actions à accomplir. Certaines ont déjà été énumérées à la fin de chacun des chapitres précédents, d'autres sont tout à fait nouvelles. Elles sont répertoriées en 4 catégories, soit les actions à faire afin de trouver l'aubaine, celles à accomplir une fois l'aubaine trouvée, celles à poser une fois devenu propriétaire, et enfin les actions qui peuvent être réalisées à tout moment du processus.

À chaque action complétée, félicitez-vous ! Vous êtes sur la bonne voie, en route vers l'atteinte de vos objectifs.

Prenez le temps de vous attarder à chacune des actions et posez-vous la question à savoir si elle est applicable ou non à votre situation actuelle. Si la réponse s'avère négative, passez à l'action suivante.

Allez-y sans plus tarder.

LES ACTIONS À FAIRE AFIN DE TROUVER L'AUBAINE

➡ Analysez l'inventaire aux alentours de votre demeure afin de voir quels genres de flips vous pourriez réaliser.

➡ Déterminez dans quels secteurs vous concentrerez vos recherches. Ciblez des immeubles à proximité d'écoles et de commodités, lorsque c'est possible.

➡ Relisez au besoin les différents types de flips envisageables énumérés au chapitre 2 et tentez de déterminer le ou les types de flips qui conviennent le mieux à votre situation actuelle. Ne faites pas votre choix uniquement parce qu'un type de flips semble plus payant qu'un autre.

➠ Si vous envisagez la conversion en condos comme type de flips, contactez le service d'urbanisme de la municipalité visée et obtenez copie du règlement autorisant la conversion.

➠ Échangez et partagez avec votre conjoint relativement à vos projets d'investissement immobilier, afin de connaître le plus rapidement possible son point de vue. Tentez de savoir s'il compte participer ou non à vos projets. Si oui, sur quels plans.

➠ Rencontrez le responsable du service de l'urbanisme. Posez-lui une série de questions relativement au secteur où vous avez choisi d'investir.

➠ Informez-vous à savoir si des subventions sont offertes dans le secteur que vous avez sélectionné.

➠ Configurez votre machine de recherche passive. Créez-vous une adresse courriel consacrée uniquement à vos alertes ou encore créez des filtres afin que vos alertes soient automatiquement classées dès réception.

➠ Contactez plusieurs courtiers immobiliers et transmettez-leur vos critères d'investissement.

➠ Visitez le plus d'immeubles possible dans le secteur choisi afin d'être en mesure de devenir un expert de ce dernier.

➠ Visitez le site de la SCHL afin d'y découvrir une foule de statistiques sur le marché de l'immobilier dans votre région. Assistez à leurs rencontres annuelles en ce sens.

➠ Demandez à l'un de vos courtiers immobiliers de vous faire parvenir un exemple de « rapport détaillé du courtier avec photos » afin de vous familiariser avec son contenu.

➠ Demandez à l'un de vos courtiers immobiliers de vous faire parvenir les modifications de prix qui ont eu lieu récemment.

⏩ Signez un contrat de courtage-acheteur avec l'un de vos courtiers immobiliers et demandez-lui ensuite de vous envoyer les mandats expirés.

⏩ Faites parvenir une lettre aux propriétaires dont le mandat avec le courtier est expiré, afin de leur faire savoir que vous avez un intérêt pour leur propriété.

⏩ Allez cogner aux portes des immeubles dont le contrat de courtage est expiré et faites savoir au propriétaire que vous êtes intéressé par leur propriété.

⏩ Munissez-vous de cartes professionnelles à titre d'investisseur immobilier et distribuez-en le plus possible.

⏩ Faites-vous préqualifier si vous désirez investir dans les mois à venir dans les cinq logements et moins.

⏩ Téléchargez sur **Duproprio.com** un modèle d'offre d'achat afin de vous familiariser et/ou demandez à l'un de vos courtiers immobiliers de vous fournir un exemple d'offre d'achat de l'OACIQ.

⏩ Préparez électroniquement un modèle de promesse d'achat que vous prendrez soin d'adapter lors de chacune de vos futures offres d'achat.

⏩ Mieux encore, osez aller plus loin et faites une offre directement avec un vendeur pour vous pratiquer, et ce, sans avoir visité l'immeuble. Mais attention, incluez-y des clauses échappatoires afin de pouvoir éventuellement vous retirer, si tel est votre désir.

⏩ Faites ensuite la visite des lieux de cet immeuble et renégociez à la baisse par la suite. Osez offrir au vendeur la chance de participer au financement sous forme de « balance de vente ». Profitez alors de la visite des lieux pour poser des questions au vendeur ainsi qu'aux locataires, le cas échéant.

⏩ Toujours avec l'immeuble en question, faites votre suivi quelques semaines plus tard. Refaites une nouvelle offre plus alléchante. Exercez-vous à renégocier avec le vendeur.

➤ Choisissez un immeuble en particulier et passez à travers tout le processus de vérification diligente.

➤ Commencez à vous bâtir un fichier Excel pour vous permettre de calculer rapidement votre profit en fonction du temps de possession.

➤ Faites quelques photocopies agrandies du « flipper » que vous trouverez en page 257.

➤ Choisissez un immeuble que vous avez déjà visité et amusez-vous à prévoir trois scénarios (pessimiste – réaliste – optimiste). Faites le suivi pour savoir à quel prix il sera finalement vendu.

➤ Faites quelques simulations afin de vous familiariser avec les notions de profit apparent et de profit net.

➤ Exercez-vous manuellement à quelques reprises à calculer les droits de mutation. Téléchargez une application et/ou visitez un site Internet d'institution financière afin d'être en mesure d'obtenir rapidement le montant des droits de mutation.

➤ Visitez le site Internet d'une institution financière afin de calculer vos ratios ABD et ATD.

➤ Faites des recherches et trouvez trois bons courtiers hypothécaires spécialisés.

➤ Choisissez l'un de ces courtiers hypothécaires afin qu'il calcule pour vous vos ratios ABD et ATD. Demandez-lui si vous pourriez, selon vos ratios, utiliser une marge de crédit ou encore un prêt personnel à titre de mise de fonds. Qui sait ?

➤ Demandez à votre courtier hypothécaire qu'il vous explique les différents produits offerts sur le marché.

➤ Préparez votre dossier de financement standardisé que vous présenterez aux prêteurs et/ou aux courtiers hypothécaires afin d'obtenir une préqualification.

➽ Faites des recherches et construisez votre liste de prêteurs privés. Demandez à chacun d'eux quels sont leurs modes de fonctionnement.

➽ Vérifiez le montant de votre REER et celui de votre conjoint et informez-vous à savoir si vous êtes admissibles au RAP.

➽ Approchez des parents, des amis afin de leur emprunter de l'argent, et ce, sans garantie hypothécaire.

➽ Faites l'inventaire des différentes sources de liquidités et de financement dont vous disposez. Vous avez plus d'argent à votre disposition que vous ne le croyez.

➽ Recherchez des immeubles, recherchez des immeubles, recherchez des immeubles !

➽ Faites des offres, faites des offres et faites encore des offres !

➽ Visitez, visitez, visitez !

LES ACTIONS À ACCOMPLIR UNE FOIS L'AUBAINE TROUVÉE

➽ Familiarisez-vous avec le **www.registrefoncier.gouv.qc.ca**. Ouvrez-y un compte tout à fait gratuitement.

➽ Demandez à l'un de vos courtiers immobiliers de vous faire parvenir l'analyse des immeubles comparables. Demandez à votre courtier immobilier de vous expliquer les éléments de l'analyse avec lesquels vous n'êtes pas à l'aise, le cas échéant.

➽ Contactez **www.jlr.ca**, et si votre budget le permet, abonnez-vous à l'un de leurs forfaits, et faites vous-même une analyse des comparables.

➽ Faites des recherches, trouvez quelques inspecteurs en bâtiment et obtenez leur grille tarifaire ainsi que quelques références de clients ayant fait affaire avec eux.

➽ Préparez votre dossier de financement standardisé, que vous présenterez aux prêteurs et/ou courtiers hypothécaires, afin de procéder à votre demande de financement.

244 • *Les Flips*

➠ Optez pour des produits de financement offrant les meilleurs avantages lors du remboursement total du prêt.

➠ Obtenez la liste des évaluateurs agréés accrédités par l'institution où vous demanderez éventuellement votre financement.

➠ Faites des recherches et trouvez deux bons notaires. Demandez-leur qu'ils vous renseignent relativement aux assurances-titres.

➠ Faites des recherches et trouvez un bon courtier en assurances habitation. Tentez de réduire le montant de la prime tout en étant bien assuré. Demandez-lui lequel des assureurs est le plus concurrentiel en matière de prime d'assurance lorsque l'immeuble est vacant.

LES ACTIONS À POSER UNE FOIS DEVENU PROPRIÉTAIRE

➠ Informez-vous auprès de la municipalité pour savoir si des permis sont requis pour les travaux que vous désirez exécuter ou non, le cas échéant.

➠ Faites des recherches et trouvez un bon homme à tout faire.

➠ Contactez Réno-Assistance pour connaître leur mode de fonctionnement.

➠ Promenez-vous dans le secteur de votre immeuble et notez les pancartes « À vendre » de courtiers qui semblent les plus actifs. Contactez-les dans le but de connaître leurs conditions de vente et choisissez-en un qui acceptera que vous puissiez vendre par vous-même.

➠ Achetez quelques pancartes « À vendre ».

➠ Contactez **Duproprio.com** et **Viaproprio.ca** afin de connaître leurs tarifs, modalités et méthodes de fonctionnement.

➠ Annoncez par vous-même aux endroits énumérés au chapitre 7.

➡ Contactez un courtier hypothécaire afin de connaître quelles institutions offrent la remise en espèces.

➡ Incluez certains éléments à votre prix de vente afin de créer une offre irrésistible.

➡ Contactez les différents journaux et demandez-leur quel est le meilleur moyen d'être en haut de la rubrique où vous choisirez d'annoncer votre immeuble. Prenez soin d'opter pour la rubrique la plus appropriée.

➡ Faites des recherches et trouvez un photographe spécialisé en vente d'immeubles, ou à la limite, achetez-vous une bonne caméra ou un excellent appareil photo.

➡ Faites des recherches et trouvez quelques spécialistes en « home staging ». Demandez-leur quels sont leurs tarifs, modalités et modes de fonctionnement.

➡ Préparez votre dossier de vente en prenant soin d'y inclure tous les documents requis. C'est l'été ? Prenez des photos de l'extérieur pendant que l'aménagement extérieur est visible.

➡ Préparez l'immeuble en vue des visites.

➡ Faites un plan à l'échelle avec les divisions intérieures. Indiquez les dimensions en pieds et en mètres.

➡ Demandez à l'un de vos courtiers qu'il vous fasse parvenir un exemple de déclaration du vendeur. Familiarisez-vous avec son contenu.

➡ Devenez membre de la CORPIQ, la Corporation des propriétaires immobiliers du Québec.

➡ Si la propriété que vous flippez est un immeuble à revenus, munissez-vous d'un logiciel de gestion d'immeubles. Voici deux logiciels intéressants : **Sidemanager.com** et Proprio Expert de Magex Technologies.

➡ Si votre flip concerne les condos, visitez le **www.condolegal. com**.

➠ Évaluez la possibilité de donner la gestion de vos immeubles à une entreprise de gestion d'immeubles et/ou déléguez à votre concierge des tâches afin de concentrer votre temps et vos énergies à trouver d'autres aubaines. Faites bien vos calculs relativement à la valeur de votre temps.

➠ Rendez-vous à l'un des bureaux de la Régie du logement. Prenez un exemplaire des fascicules disponibles afin de vous familiariser avec les différents lois et règlements. Vous en aurez besoin lorsque vous aurez des locataires.

➠ Faites des recherches afin de vous procurer un modèle de contrat de location avec option d'achat dans le but de vous familiariser avec son contenu. Faites-le ensuite adapter par un avocat et/ou un notaire.

➠ Achetez-vous un livre traitant de la gestion immobilière et/ou suivez une formation en salle.

➠ Réfléchissez à savoir si vous devriez faire par vous-même les travaux ou bien si vous devriez les déléguer.

➠ Informez-vous auprès de votre institution pour voir si elle appliquera une retenue à chacun des déboursés qu'elle fera en cours d'exécution des travaux, si bien sûr elle finance les travaux.

➠ Demandez à l'institution financière si elle accepterait de vous financer sur la valeur d'après-travaux.

➠ Demandez à l'institution financière si elle accepterait de vous consentir un prêt à la rénovation.

➠ Demandez à un courtier immobilier de vous faire parvenir plusieurs fiches descriptives des immeubles à revenus en vente actuellement et récemment vendus. Vous serez alors en mesure de comparer les montants des loyers avec ceux de votre immeuble, le cas échéant.

➠ Faites des recherches de logements à louer comparables sur les sites d'annonces sur Internet, dans les petites annonces des journaux de quartier et des quotidiens, afin de connaître votre concurrence en matière de logements à louer, le cas échéant.

➡ Visitez d'autres logements à louer dans le secteur afin de déterminer la valeur locative.

➡ Faites des recherches sur Internet pour trouver des photos «avant et après» en matière de rénovation. Vous y découvrirez quelques idées intéressantes.

➡ Faites des recherches pour trouver des entrepreneurs fiables et compétents.

LES ACTIONS À RÉALISER À TOUT MOMENT DU PROCESSUS

➡ Déterminez les «grugeurs» de temps, affairez-vous et efforcez-vous de les éliminer durant les semaines qui suivent. Apprenez à dire NON à certaines demandes susceptibles de vous faire perdre du temps.

➡ Faites un portrait de votre situation financière actuelle à l'aide d'un bilan. Voir l'exemple en annexe à la page 258.

➡ Intégrez à votre mode de vie la règle des deux minutes vue au chapitre 1.

➡ Appliquez le principe des cailloux et tentez d'éliminer quelques gros cailloux.

➡ Inscrivez-vous à un cours de lecture rapide.

➡ Lisez sur Internet relativement au principe de Pareto et efforcez-vous de l'appliquer à plusieurs facettes de votre vie.

➡ Achetez-vous un ou des livres sur la gestion du temps. Inscrivez-vous à une formation.

➡ Achetez un bouquin et suivez une formation en ligne ou en salle sur la négociation.

➡ Inscrivez-vous tout à fait gratuitement à la formation en ligne offerte par **jlr.ca** afin de découvrir toute la puissance de cet outil. Vous devrez toutefois avoir opté au préalable pour l'un ou l'autre de leurs forfaits de base pour lesquels vous aurez des frais à débourser.

➡ Calculez combien vaut votre temps? Combien valez-vous au taux horaire? Si vous êtes employé, vous valez votre salaire divisé par le nombre d'heures passées à travailler pour votre employeur.

➡ À la suite d'un flip réalisé, calculez votre rendement et votre taux horaire. Vous serez surpris des résultats obtenus.

➡ Inscrivez-vous tout à fait gratuitement comme « membre régulier » sur le site du CLUB D'INVESTISSEURS IMMO-BILIERS DU QUÉBEC au **www.clubimmobilier.qc.ca**.

➡ Créez-vous un profil sur **www.facebook.ca** et cliquez « J'aime » sur la page du Club. Vous y trouverez une multi-tude de renseignements intéressants relatifs à l'immobilier.

➡ Créez-vous un profil sur **www.linkedin.com** et suivez le Club.

➡ Participez aux BUZZ IMMOBILIERS que le Club organise à l'occasion sur sa page facebook.

➡ Inscrivez-vous à des séminaires de motivation.

➡ Faites le calcul pour déterminer combien de logements il vous faudra accumuler pour vous permettre de vivre de l'immobilier en mode accumulation.

➡ Faites une liste de vos forces et aspects à améliorer, et tentez de trouver des solutions pour combler vos faiblesses.

➡ Réfléchissez à votre situation en tant qu'investisseur afin de déterminer s'il est préférable de vous associer avec quelqu'un ou de faire cavalier seul.

➡ Élaborez une liste de vos points forts et énumérez ce qui vous manque pour passer à l'action. Par la suite, cherchez le ou les partenaires potentiels qu'il vous faut pour combler vos lacunes. Une fois trouvés, faites ensemble une grille de complémentarité.

➠ Rencontrez un avocat spécialisé en immobilier et demandez-lui de vous constituer une incorporation.

➠ Munissez-vous d'une bonne convention entre les actionnaires.

➠ Prenez rendez-vous avec un fiscaliste pour lui exposer votre projet d'investissement immobilier.

➠ Dressez une liste des différents intervenants dont vous aurez besoin à court terme. Plus d'un par catégorie, sauf pour le conjoint ! ;)

➠ Contactez chacun des intervenants afin de connaître leurs tarifs, leurs méthodes de fonctionnement et leurs modalités.

➠ Demandez-leur des références. S'il y a lieu, faites les vérifications qui s'imposent auprès de leur ordre professionnel ou de leur association. « Googlez-les ».

➠ Trouvez un certificat de localisation et familiarisez-vous avec son contenu.

➠ Tentez d'obtenir un exemplaire d'un rapport d'évaluation agréée afin de vous familiariser avec le contenu.

➠ Faites des recherches pour trouver des ouvrages portant sur l'estimation de travaux tels que ceux produits par « RS Means ».

➠ Créez un chiffrier afin de calculer un prix budgétaire de rénovation que vous voulez entreprendre. Par contre, ceci ne remplace pas des soumissions lorsque vous désirez donner des contrats à des entrepreneurs.

➠ Visitez des centres de rénovation afin de connaître les produits et leur prix.

➠ Trouvez les magasins qui offrent des fins de modèles de produits ou des restes de lots pour certains produits. Il y a de grosses économies à réaliser. Exemple : bois franc, céramique, accessoires de salles de bain, etc.

➠ Apprenez à faire des croquis rapides des lieux que vous visitez. Ils peuvent être utiles pour vos estimations ou pour expliquer à d'autres les modifications que vous envisagez d'apporter.

➠ Faites des recherches sur **google.ca** relativement aux fraudes immobilières afin d'être en mesure de vous protéger et de vous assurer d'être toujours dans le droit chemin.

➠ Joignez-vous chaque mois à plus de 400 passionnés de l'immobilier lors des événements du Club. Vous y retrouverez des experts dans plusieurs domaines de l'immobilier.

➠ Demandez à d'autres investisseurs s'ils ont des contacts fiables et compétents à vous transmettre.

➠ Faites-leur savoir ce que vous désirez faire dans l'investissement immobilier. Entrez en contact avec eux sur une base régulière. Une lettre, un appel téléphonique, une visite de courtoisie, une carte de Noël pour leur faire savoir que vous êtes toujours actif. Transmettez-leur votre carte professionnelle.

➠ Trouvez des « birddogs » et offrez-leur une récompense en échange d'une belle transaction qu'ils vous apporteront.

➠ Construisez votre tableau de rêves.

➠ Révisez vos objectifs, votre plan d'action.

➠ Commandez votre cote de crédit avec votre pointage, et ce, aux deux agences de crédit recommandées précédemment.

➠ Faites corriger les erreurs pouvant se trouver sur vos rapports de crédit.

➠ Faites le calcul du montant disponible sur vos cartes et marges de crédit, et ce, sans dépasser 50 % des limites totales.

➠ Tentez de faire augmenter vos limites de cartes de crédit.

➠ Relisez certains passages du présent livre.

➠ Faites des recherches pour trouver la définition des termes immobiliers auxquels vous n'êtes pas familier. Prenez le temps de lire le lexique qui se trouve en annexe.

➠ Visitez le **www.independancefinanciere.ca** et commandez les ouvrages disponibles.

➠ Inscrivez-vous à l'une des formations du Club.

➠ Participez aux prochains événements Cashflow 101 du Club.

➠ Participez à la prochaine Semaine des millionnaires organisée par le Club.

➠ Renseignez-vous au sujet du coaching et du mentorat offert par le Club. À ce sujet, lisez la page 273 en annexe.

➠ Inscrivez-vous à la formation «Vivez rapidement de l'immobilier grâce aux flips».

Il va de soi que toutes les actions présentées dans ce guide ne sont pas obligatoires. Mais plus vous en réaliserez, plus de succès vous obtiendrez. Cette liste très détaillée, mais non limitative vous aidera à passer de la réflexion à l'action. C'est l'un des principaux objectifs de ce guide.

Go go go !

LE MOT DE LA FIN

Nous voilà déjà rendus à la fin de ce livre. J'ose espérer que vous en avez apprécié le contenu autant que j'ai eu de plaisir à l'écrire. Si le cœur vous en dit, n'hésitez pas à me faire part de vos commentaires, quels qu'ils soient, vous êtes les bienvenus. Mes coordonnées sont au **www.clubimmobilier.qc.ca** ou sur facebook.

Je m'étais fixé comme objectif de vous transmettre tout au long de cet ouvrage d'innombrables trucs, astuces et conseils les plus judicieux possible. En ce sens, j'ai la profonde conviction d'avoir atteint mon objectif. Je crois humblement que ce guide vaut son pesant d'or.

Je vous invite à en recommander la lecture à vos parents, amis, collègues de travail, connaissances, clients et relations d'affaires. Ils vous en seront reconnaissants, et vous découvrirez peut-être des associés et partenaires avec qui il vous sera possible de réaliser vos projets immobiliers à venir. Qui sait ?

J'espère que ce tout premier livre sur le sujet, adapté à la réalité du Québec, vous a non seulement aidé à démystifier les flips, mais qu'il vous a également inspiré, motivé et convaincu de vous investir. Et que vous pouvez, vous aussi, réussir dans le merveilleux monde de l'immobilier ; en l'occurrence, dans les flips.

Je vous souhaite sincèrement d'avoir beaucoup de plaisir lors de vos transactions. Le but est bien évidemment de faire de l'argent rapidement, mais aussi d'avoir du plaisir à le faire. N'oubliez pas ce que je mentionnais au début de ce livre. Il n'y a pas que la destination ou le résultat qui compte, il y a aussi l'état dans lequel nous sommes tout au long du parcours. Amusez-vous lors de tous vos projets immobiliers.

Pour ceux et celles qui avaient pris la décision de lire ce guide en entier, dans un premier temps, et ensuite de le relire avant d'accomplir les actions proposées, le moment est venu pour moi de vous souhaiter une bonne deuxième lecture et surtout, de bonnes actions. Nonobstant ceci, je vous invite à relire le livre ou à vous en servir comme d'un aide-mémoire et comme guide lors de vos prochaines transactions immobilières. Il contribuera, j'en suis certain, à augmenter les profits que vous réaliserez et à vous éviter des erreurs coûteuses.

Je vous souhaite bons succès, bons flips et je vous donne rendez-vous lors des prochaines formations et/ou événements du Club d'investisseurs immobiliers du Québec, ou encore lors de la lecture de mon prochain livre.

Je vous laisse avec l'une de mes expressions préférées, vous l'aurez sûrement deviné, c'est-à-dire :

«Go go go!»

ANNEXES

LE « FLIPPER »
(aide-mémoire basé sur les calculs de la page 173)

PRIX DE VENTE

Frais relatifs à l'achat
  Inspection
  Notaire
  Droits de mutation
  Certificat de localisation
  Rénovations majeures
  Travaux d'entretien
  Tests divers
  Divers et imprévus

Sous-total (A)

Frais de possession (mensuels)
  Revenus
  Moins :
  Taxes foncières
  Taxe scolaire
  Assurances
  Paiements hypothécaires
  Électricité
  Chauffage
  Pelouse/déneigement
  Divers et imprévus
  Total mensuel (B) ***
Durée du projet en mois (C)
Sous-total (B X C) ***

Frais relatifs à la vente
  Quittance
  Pénalité
  Certificat de localisation
  Commission du courtier
  Divers et imprévus

Sous-total
PRIX D'ACHAT
PROFIT NET *

*** Peuvent être positifs ou négatifs.

BILAN PERSONNEL
(exemple)

NOM DE FAMILLE	PRÉNOM(S)		DATE DE NAISSANCE	No DE PERMIS DE CONDUIRE
ADRESSE (INCLURE LE CODE POSTAL)			DEPUIS	NUMÉRO DE TÉLÉPHONE
OCCUPATION		NUMÉRO D'ASSURANCE SOCIALE		Nbre DE PERSONNES À CHARGE (SAUF CONJOINT)
NOM DE L'EMPLOYEUR			DEPUIS	NUMÉRO DE TÉLÉPHONE
ADRESSE DE L'EMPLOYEUR (INCLURE LE CODE POSTAL)				
NOM DU CONJOINT		OCCUPATION DU CONJOINT		REVENU DU CONJOINT
NOM ET ADRESSE DE L'EMPLOYEUR DU CONJOINT - INCLURE LE CODE POSTAL			DEPUIS	NUMÉRO DE TÉLÉPHONE

ACTIF	MONTANT	PASSIF	MONTANT
ESPÈCES		BANQUE (TABLEAU 7)	
ACTIONS ET OBLIGATIONS (TABLEAU 1)		AUTRES ÉTABLISSEMENTS FINANCIERS (TABLEAU 7)	
ASSURANCE VIE V.R. NETTE (TABLEAU 2)		PRÊTS SUR BIENS IMMEUBLES (TABLEAU 5)	
COMPTES CLIENTS		COMPTES FOURNISSEURS/CONTRATS DE VENTE/ HYPOTHÈQUES MOBILIÈRES (TABLEAU 4)	
CONVENTIONS DE VENTE/HYPOTHÈQUES (TABLEAU 3)		IMPÔT SUR LE REVENU NON PAYÉ – ANNÉE EN COURS	
BIENS IMMEUBLES (TABLEAU 5)		IMPÔT SUR LE REVENU NON PAYÉ – ANNÉE(S) PRÉCÉDENTE(S)	
VÉHICULES (TABLEAU 5)		TAXES FONCIÈRES NON PAYÉES	
AUTRES ÉLÉMENTS D'ACTIF (TABLEAU 8)		AUTRES ÉLÉMENTS DE PASSIF (TABLEAU 9)	
		TOTAL DU PASSIF	
		VALEUR NETTE	
TOTAL		TOTAL	

SALAIRE BRUT ANNUEL		DÉPENSES ANNUELLES	
SALAIRES, COMMISSIONS, ETC.		TAXES FONCIÈRES ET COTISATIONS	
DIVIDENDES ET INTÉRÊTS		MENSUALITÉ HYPOTHÉCAIRE OU LOYER	
REVENUS DE LOCATION		IMPÔT SUR LE REVENU	
REVENU D'ENTREPRISE OU REVENU PROFESSIONNEL		VERSEMENTS SUR PRÊTS, CARTES DE CRÉDIT ET AUTRES ENGAGEMENTS	
AUTRES REVENUS (PRÉCISER)		PRIMES D'ASSURANCE	
		FRAIS DE SUBSISTANCE ESTIMATIFS	
		AUTRES (PRÉCISER)	
		TOTAL DES DÉPENSES	
REVENU BRUT TOTAL		REVENU DISPONIBLE NET	

LE _____ 19 ____

J'AUTORISE LA BANQUE À OBTENIR, DE SOURCES APPROPRIÉES, TOUS LES RENSEIGNEMENTS QUI ME CONCERNENT, COMME LE PERMET LA LOI, À FOURNIR AUX SOCIÉTÉS DE CRÉDIT À LA CONSOMMATION ET AUX BUREAUX DE CRÉDIT LES DÉTAILS DE CETTE DEMANDE DE CRÉDIT ET, S'IL Y A LIEU, DE DEMANDES ULTÉRIEURES, ET À CONSERVER CETTE DEMANDE DANS SES DOSSIERS.

TÉMOIN _____   SIGNATURE _____

REMPLIR LES TABLEAUX AU VERSO

BILAN PERSONNEL (suite)
(exemple)

TABLEAU 1 – ACTIONS ET OBLIGATIONS

Nbre D'ACTIONS OU VALEUR AU PAIR DES OBLIGATIONS	DESCRIPTION	IMMATRICULÉES AU NOM DE	VALEUR MARCHANDE
		TOTAL	

TABLEAU 2 – ASSURANCE-VIE

CAPITAL ASSURÉ	COMPAGNIE	BÉNÉFICIAIRE	VALEUR DE RACHAT NETTE
		TOTAL	

TABLEAU 3 – COMPTES CLIENTS/CONVENTIONS DE VENTE/HYPOTHÈQUES

NOM DU PAYEUR	MENSUALITÉ	MONTANT IMPAYÉ	ÉCHÉANCE
TOTAL			

TABLEAU 4 – COMPTES FOURNISSEURS/CONTRATS DE VENTE/HYPOTHÈQUES MOBILIÈRES

PAYABLES À	MENSUALITÉ	MONTANT IMPAYÉ	GARANTIES
TOTAL			

TABLEAU 5 – BIENS IMMEUBLES

EMPLACEMENT/ DESCRIPTION	PROPRIÉTAIRE ENREGISTRÉ	DATE RECHERCHE DE TITRES	DATE D'ACHAT	COÛT	VALEUR MARCHANDE	CRÉANCIER HYPOTHÉCAIRE	MENSUALITÉ	MONTANT IMPAYÉ	TAXES PAYABLES À
				TOTAL			TOTAL		

TABLEAU 6 – VÉHICULES

ANNÉE	MARQUE ET MODÈLE	VALEUR MARCHANDE	MENSUALITÉ	MONTANT IMPAYÉ
		TOTAL		

TABLEAU 7 – PASSIF

NOM ET ADRESSE DE LA BANQUE, DE LA SOCIÉTÉ DE FINANCEMENT, ETC. VISA, MASTERCARD ET AUTRES CARTES DE CRÉDIT	MENSUALITÉ	MONTANT IMPAYÉ
TOTAL		

TABLEAU 8 – AUTRES ÉLÉMENTS D'ACTIF

DESCRIPTION	MONTANT
TOTAL	

TABLEAU 9 – AUTRES ÉLÉMENTS DE PASSIF

DESCRIPTION	MONTANT
TOTAL	

RENSEIGNEMENTS DIVERS

		OUI	NON
1.	ÊTES-VOUS ENGAGÉ(E) À TITRE DE COSIGNATAIRE OU DE GARANT?	☐	☐
2.	FAITES-VOUS L'OBJET DE POURSUITES OU DE JUGEMENTS?	☐	☐
3.	AVEZ-VOUS DÉJÀ CONTRACTÉ DES EMPRUNTS AUPRÈS D'AUTRES BANQUES?	☐	☐
4.	ÊTES-VOUS PRÉSENTEMENT EN FAILLITE OU L'AVEZ-VOUS DÉJÀ ÉTÉ?	☐	☐

Si oui répondez "OUI" à une des questions précitées, joignez une feuille sur laquelle vous donnerez tous les détails.

LE LEXIQUE IMMOBILIER D'YVAN

A

Acompte

Somme d'argent qui accompagne la promesse d'achat d'un immeuble et qui sera déduite du solde à débourser lors de la réalisation de la vente.

Acte de vente

Contrat habituellement préparé par un notaire qui a pour effet d'officialiser la vente d'un immeuble.

Amortissement

Période nécessaire pour s'acquitter d'un emprunt hypothécaire et compléter la totalité du remboursement.

Amortissement fiscal

Dépense théorique permettant de réduire le revenu net imposable. La première année est calculée selon le prix payé et les années subséquentes sur la valeur comptable de l'immeuble aux livres.

AVPP

Propriétés «à vendre par le propriétaire».

C

Cadastre

Registre public contenant les informations techniques relatives à chacun des immeubles d'une région donnée. Chaque propriété répertoriée dans le cadastre possède un numéro de lot qui sert à faire enregistrer les droits s'y rapportant.

Capitalisation du prêt

Portion du versement affecté directement au solde hypothécaire.

Certificat de localisation

Document comportant un rapport et un plan, dans lequel l'arpenteur-géomètre exprime son opinion sur la situation et la condition actuelle d'un immeuble par rapport aux titres, au cadastre, ainsi qu'aux lois et règlements pouvant l'affecter.

Cœfficient de couverture de la dette

Cœfficient utilisé par l'institution financière dans le but de réduire le montant disponible servant à effectuer les paiements hypothécaires.

Comparables du marché

Immeubles similaires au sujet qui ont été vendus depuis les six derniers mois, dans le même secteur.

Contrat de courtage

Entente par laquelle une personne physique ou morale autorise un courtier immobilier à agir à titre d'intermédiaire pour l'achat, la vente, la location ou l'échange de biens immeubles.

Copropriété

Immeuble dont la propriété est répartie entre plusieurs propriétaires. Droit de propriété partagé entre plusieurs personnes, et qui porte sur un même bien ou ensemble de biens.

On dit d'une copropriété qu'elle est indivise lorsque le droit de propriété ne s'accompagne pas d'une division matérielle du bien.

La copropriété est dite divise lorsque le droit de propriété se répartit entre les copropriétaires par fractions (lots) comprenant chacune une partie privative, matériellement divisée, et une quote-part des parties communes.

Courtier immobilier

Personne physique, société ou personne morale détenant un certificat d'exercice délivré par l'Organisme d'autoréglementation du courtage immobilier du Québec (OACIQ), et les autorisant à se livrer pour autrui à des opérations de courtage pour l'achat, la vente, la location ou l'échange de biens immeubles, contre rétribution.

Courtier hypothécaire

Intermédiaire qui pratique le courtage hypothécaire. Il représente plusieurs institutions financières et est payé à commission.

D

Deal

Terme anglais signifiant une aubaine. Achat réalisé bien en-dessous de la valeur marchande et offrant un excellent potentiel en termes de profits.

Démarcheur hypothécaire

Intermédiaire représentant une seule institution financière. Il est généralement rémunéré à commission par l'institution financière.

Dépenses d'opération

Toute dépense, excluant le service de la dette, nécessaire aux opérations courantes de l'immeuble.

Droit de mutation

Taxe imposée par les municipalités pour tout transfert du droit d'une propriété sur son territoire, qu'on appelle communément «taxe de bienvenue».

E

Effet de levier

Moyen utilisé permettant d'acheter un immeuble avec un minimum de comptant.

Équité

Différence entre la valeur marchande d'un immeuble et la somme des soldes hypothécaires grevant l'immeuble.

Estimation de la valeur

Prix de vente estimé par un courtier immobilier.

Évaluation agréée

Procédé qui consiste à estimer la valeur marchande d'un immeuble, en fonction de l'état général de ses composantes et de ses caractéristiques particulières. L'évaluation est souvent le résultat d'une comparaison avec des immeubles semblables vendus récemment dans le même secteur.

F

Farming
Opération qui consiste à parcourir un secteur choisi dans le but de devenir un expert de ce dernier et d'y dénicher des aubaines.

Filière 13
Synonyme de poubelle.

Foire d'empoigne
Expression française provenant de l'expression anglaise «Rate Race». Termes signifiant que les gens vont du métro, au boulot, puis au dodo. Qu'ils courent après leur queue comme des rats après leur fromage.

G

Garantie
Mécanisme qui lie un prêteur à un emprunteur et qui permet au prêteur d'obtenir un remboursement, partiel ou complet du montant prêté en cas de défaut de paiement de l'emprunteur.

H

Hypothèque
Droit réel accordé à un créancier sur un immeuble en garantie du paiement de la dette. Ce droit crée une obligation pour l'emprunteur de respecter les conditions de remboursement du prêt en liant l'immeuble à l'entente

I

Imagerie thermique
Procédé utilisant l'infrarouge afin de déceler divers problèmes physiques reliés au bâtiment.

L

Listing
Terme anglais signifiant «fiche descriptive» détaillée où l'on retrouve les informations relatives à une propriété en vente.

M

Mise de fonds

Apport de l'acheteur au moment de l'achat d'un immeuble incluant l'acompte. Portion en argent déduite du prix de vente et qui détermine le montant du financement requis pour compléter l'achat.

MLS

Terme anglais signifiant Multi Listing Service. En français, le terme utilisé est SIA, soit Service inter-agences. Il s'agit du site Internet où sont inscrites les propriétés à vendre par courtiers, lorsque la publication a été préalablement consentie par le vendeur.

Multiplicateur de revenus bruts (MRB)

Prix payé divisé par les revenus bruts.

Multiplicateur de revenus nets (MRN)

Prix payé divisé par les revenus nets d'opération.

O

Offre d'achat

Engagement d'une personne physique ou morale à acheter un immeuble à certaines conditions qu'elle détermine. Document contractuel au moyen duquel le vendeur s'engage à vendre l'immeuble, une fois la promesse d'achat acceptée par lui.

P

PAC

Terme signifiant promesse d'achat conditionnelle, inscrite au service MLS, lorsque les deux parties ont convenu d'une entente, mais que certaines conditions doivent encore être remplies.

Plex

Immeuble de deux à cinq logements habituellement habité par le propriétaire et dont la valeur marchande est déterminée uniquement par l'offre et la demande.

Plumitif

Registre faisant état des jugements et procédures de chacune des causes soumises aux tribunaux.

Plus-value
Augmentation de la valeur d'un bien par rapport à son prix d'achat ou à sa valeur marchande.

Prêt hypothécaire
Mode de financement dans lequel l'immeuble constitue une garantie de paiement de la dette.

Pyrite
Oxyde de fer que l'on retrouve dans le matériel de remblai sous les dalles de béton sur sol, et qui en présence d'humidité ou d'eau, prend de l'expansion, causant ainsi le soulèvement des dalles et/ou le déplacement latéral des murs.

Q

Quittance
Acte authentique rédigé devant notaire qui arrête les effets d'une hypothèque.

R

Rate Race
Voir foire d'empoigne.

Ratio de couverture de la dette
Ratio utilisé par l'institution financière dans le but de réduire le montant disponible servant à effectuer les paiements hypothécaires.

Revenu brut
Somme de recettes produites par un immeuble pendant une période de temps donnée. C'est le revenu total prévisible, compte tenu d'une occupation complète de tous les logements.

Revenu brut effectif
Revenu brut potentiel, déduction faite d'une provision normalisée pour pertes de loyers et de mauvaises créances.

Revenu net d'opération
Revenu net annuel après acquittement de tous les frais d'exploitation, mais avant déduction des charges financières telles que le recouvrement du capital ou le service de la dette

S

Servitude
Restriction du droit de propriété immobilière pour des raisons d'intérêt général ou d'utilité publique. Droit d'accès ou d'utilisation d'un terrain par autrui, dans un but défini (passage, stationnement, services publics, etc.).

Surplus de trésorerie (cash-flow)
Résiduel une fois les dépenses d'opération et le service de la dette soustraits des revenus bruts.

T

Taux global d'actualisation
Revenus nets d'opération divisés par le prix payé. Le tout ensuite multiplié par 100. Ni plus ni moins l'inverse du multiplicateur du revenu net.

Terme
Période couverte par le contrat d'hypothèque. Le terme varie généralement entre six mois et cinq ans. Il peut atteindre dix ans dans certains cas.

Thermographie
Voir imagerie thermique (synonyme)

Titre de propriété
Preuve officielle du droit acquis de la possession d'un terrain et des bâtiments qui y sont érigés.

V

Valeur économique
Valeur déterminée par l'évaluateur agréé et utilisée par l'institution financière et qui servira de base de calcul à la détermination du montant du prêt qui sera consenti à l'acheteur.

LE CLUB D'INVESTISSEURS IMMOBILIERS DU QUÉBEC

ÉVÉNEMENTS MENSUELS À MONTRÉAL ET QUÉBEC

Le Club présente des événements, où entre 350 et 500 membres se réunissent mensuellement afin de réseauter et d'avoir accès à de la formation continue dans l'immobilier. En effet, chaque mois, des conférenciers experts viennent nous informer sur un sujet relatif à l'immobilier.

Parmi nos membres, vous aurez l'occasion de côtoyer des investisseurs autant débutants que chevronnés, des hommes et des femmes dont certains sont devenus investisseurs à succès en investissant dans l'immeuble.

Venez rencontrer nos membres corporatifs (d'entreprises), des professionnels dans différents secteurs de l'immobilier. Ils seront en mesure de répondre à vos questions et de vous aider dans l'atteinte de vos objectifs. Ils s'avèrent des ressources inestimables pour tout investisseur immobilier qui désire agrandir son réseau de contacts.

Prix d'entrée : 20 $.

Aucune réservation requise.

DEVENEZ MEMBRE AFFILIÉ

Vous connaissez des gens intéressés par l'immobilier ? Référez-les aux formations admissibles du Programme d'affiliation du CIIQ et générez des revenus additionnels.

Adhérer au programme, c'est SIMPLE, RAPIDE et GRATUIT !

Les formations admissibles :

Coaching et mentorat : 500 $ / participant référé ;

Formation à 995 $: 100 $ / participant référé ;

Formation à 395 $: 50 $ / participant référé ;

Formation à 295 $: 40 $ / participant référé ;

Formation à 195 $: 25 $ / participant référé.

À titre d'exemple :

Vous recommandez 10 participants au cours « Faites de l'argent en immobilier grâce à l'argent des autres » : 10 × 50 $ = 500 $.

Vous recommandez 5 participants au Coaching et mentorat : 5 × 500 $ = 2500 $.

Vous recommandez 5 participants à la formation « Vivez rapidement de l'immobilier grâce aux flips » : 5 × 25 $ = 125 $.

Total : 3125 $.

Avec le programme d'affiliation du CIIQ, vous pourriez augmenter vos revenus de façon illimitée. C'est simple ! Plus vous recommandez de gens aux formations admissibles au programme, et plus vous faites de l'argent.

Quand et comment serez-vous payé ?

Pour les formations à 395 $, 295 $ et 195 $:

Vous recevrez le montant par la poste, dans la semaine suivant la formation.

Coaching et mentorat :

Vous recevrez par la poste 5 chèques de 100 $ par personne référée, à raison de 1 chèque tous les 2 mois jusqu'à concurrence de 500 $ par participant. (Si vous avez recommandé 5 personnes, vous recevrez un chèque de 500 $ tous les 2 mois).

Comment devenir membre affilié?

Pour vous inscrire GRATUITEMENT comme membre affilié et être assuré de recevoir vos chèques, rien de plus facile.

Contactez-nous au 450 679-0261.

LES SERVICES D'ACCOMPAGNEMENT

Vous avez besoin d'aide pour avancer plus rapidement vers l'atteinte de vos objectifs immobiliers? Et ce, quels qu'ils soient! Nous vous offrons alors la possibilité de faire appel à l'un de nos accompagnateurs certifiés. Il sera en mesure de vous aider à toutes les étapes de votre processus.

LA FONDATION «LOGEONS NOS FAMILLES»

Vous avez besoin d'une aide financière?

Vous connaissez quelqu'un pour qui recevoir un loyer gratuit pendant un an changerait sa vie?

Le Club d'investisseurs immobiliers du Québec est heureux d'offrir à des familles de payer leur loyer pendant un an, jusqu'à concurrence de 7 000 $. De quoi permettre de reprendre leur vie en main ou d'avoir le coup de pouce nécessaire pour traverser ces moments plus difficiles de la vie.

Les prestataires de l'aide sociale peuvent bénéficier de cette bourse sans nuire à leurs prestations puisque nous payons le loyer directement au propriétaire. Ceci ne représente donc pas un revenu.

Pour plus de détails, visitez le:

http://www.clubimmobilier.qc.ca/logeons_nos_familles.html

LE PROGRAMME DE COACHING ET DE MENTORAT DU CLUB D'INVESTISSEURS IMMOBILIERS DU QUÉBEC

Imaginez à quel point le fait d'être en communication régulière avec un mentor est un puissant effet de levier.

Les meilleurs trucs et astuces que vous devez connaître sur l'immobilier vous seront transmis par l'un de nos spécialistes, durant 10 mois de formation, à raison d'une journée par mois.

Profitez également de ces **60 heures de formation adaptée à la réalité du Québec** pour vous faire également de nouveaux contacts, pour développer des relations solides avec des gens passionnés qui parleront le même langage immobilier que vous. Qui sait, vous y trouverez peut-être de futurs associés!

QUEL EST LE CONTENU DU COACHING?

Mois 1 : Cours d'introduction au coaching

Vous découvrirez comment mettre en place un système de recherche efficace à l'aide du « Soleil de l'abondance », afin de dénicher de belles aubaines. De plus, vous verrez l'élaboration de votre plan, comment vous construire un crédit dynamique et impeccable? Le logiciel « Un immeuble à la fois » vous sera remis.

Mois 2 : L'analyse de rentabilité des immeubles à revenus

Vous apprendrez à déterminer le prix à payer pour vos immeubles en fonction du rendement que vous désirez sur votre argent investi. Découvrez comment déterminer la valeur économique selon les critères des banques. Apprenez à calculer votre profit à l'achat avec le logiciel « Cruncher » qui vous sera remis.

Mois 3 : Le financement bancaire

Vous apprendrez les bases du financement bancaire. Vous découvrirez ce que les banques veulent voir et entendre. Tous les ratios de financement avec prêts conventionnels et assurés vous seront expliqués selon les types d'immeubles.

Mois 4 : Le financement créatif et extracréatif

Vous apprendrez les différentes techniques qui vous permettront de financer à 100 % vos acquisitions. Lors de cette journée, tous les modèles des documents requis pour y parvenir vous seront remis.

Mois 5 : Les promesses d'achat

Les meilleurs trucs et astuces pour rédiger des offres d'achat créatives qui vous avantagent et vous protègent vous seront transmis lors de cette cinquième journée de formation.

Mois 6 : L'art de la négociation

Découvrez les principes et techniques de base que vous devez maîtriser afin de vous assurer que vos négociations sont des plus payantes. Apprenez à négocier gagnant-gagnant.

Mois 7 : Révision et conversion en condos

Lors du septième mois, une révision des six premiers cours sera effectuée. De plus, vous apprendrez tout sur le processus de la conversion en condos qui pourrait vous permettre de vivre rapidement de l'immobilier. Le logiciel « Converter » vous sera également remis afin de vous permettre de calculer rapidement le profit net que vous réaliserez lors de vos conversions.

Mois 8 : L'inspection en bâtiment

Vous apprendrez comment visiter des immeubles avec les yeux d'un inspecteur en bâtiment. Apprenez à déceler les indices relatifs à divers problèmes potentiels, tant à l'extérieur qu'à l'intérieur des bâtiments pour être le plus autonome possible lors de vos visites des lieux.

Mois 9 : La gestion d'immeubles

Découvrez les meilleurs trucs et astuces en matière de gestion d'immeubles. Ce cours se veut pratiquement un forum de discussion sur la gestion d'immeubles.

Mois 10 : Conclusion du coaching

Voyez, entre autres : « Mon plan d'un million », l'investissement en groupe, comment vivre de l'immobilier demain matin, la PNL et l'immobilier.

Lors de cette dernière journée de formation, une collation des grades aura lieu et il sera aussi question de la remise des diplômes faisant de vous des investisseurs immobiliers certifiés.

Note : Un délai d'un mois entre chacune des formations est alloué afin de vous permettre de passer à l'action et mettre en pratique les notions apprises.

OBTENEZ EN PRIME

Une valeur ajoutée de plus de **1400 $.**

Bénéficiez de **5 heures de consultation personnalisées** à raison de **30 minutes par mois** avec l'un de nos mentors.

COMMENT SE DÉROULE UNE JOURNÉE TYPE ?

Au début de chacune des journées de formation, un tour de salle est effectué afin de vous permettre de bénéficier de l'expérience des autres participants. Une occasion unique d'apprendre en mode accéléré. Durant cette heure, nous répondrons également à vos questions et réviserons le cours précédent.

De plus, une heure par mois est consacrée au développement de la « Millionaire Mindset (mentalité du millionnaire) ». Idéal pour faire éclater vos barrières mentales et travailler sur vous afin d'augmenter vos chances d'atteindre vos objectifs immobiliers, personnels et professionnels. C'est bien beau de posséder tout le bagage technique relatif à l'investissement immobilier, mais il faut quand même toujours mettre certaines peurs de côté pour passer de la théorie à la pratique, et ainsi exploiter votre plein potentiel.

LES AVANTAGES D'UN COACHING ET D'UN MENTORAT

- Vous bénéficiez d'un encadrement.
- Un coaching vous aide à garder le focus.
- Vous profitez de l'expérience de ceux qui réussissent.
- Vous diminuez les chances de faire des erreurs coûteuses.
- Vous gagnerez beaucoup de temps.
- Vous y ferez des contacts et trouverez peut-être des associés.
- Vous bénéficierez de la synergie de groupe.
- Vous apprendrez à développer un système de travail efficace.

LES FORMATIONS SE DONNENT À QUELS ENDROITS?

Les séances de formation ont lieu Montréal, Québec ainsi qu'à Longueuil. Nous avons quatre groupes par année en parallèle, alors si vous ne pouvez être présent à l'une des journées, vous pourrez reprendre cette journée dans l'un des trois autres groupes, ou à la limite, lors d'une journée de formation à la carte.

QUELS SONT LES HORAIRES?

Les coachings à Montréal sont de 9 h à 16 h, les samedis.

Le coaching à Québec est de 15 h à 22 h, les lundis.

Le coaching à Longueuil est de 15 h à 22 h, les lundis.

QUAND EST-CE POSSIBLE DE COMMENCER?

À Montréal, deux groupes par année sont formés, soit un au mois de janvier et un autre au mois d'août.

À Québec et Longueuil, les groupes débutent en février de chaque année.

EN SEULEMENT 10 MOIS, VOUS EN SAUREZ PLUS QUE LA PLUPART DES INVESTISSEURS

Cette formule a fait ses preuves! Nous offrons depuis 7 ans le coaching et le mentorat. Faites comme plus de 1000 personnes jusqu'à présent en joignant le prochain groupe.

Profitez de notre plan de financement sur 10 mois sans intérêt.

Pour vous assurer d'une place, réservez dès maintenant en composant le 450 679-0261 et pour plus d'information, visitez le :

http://www.clubimmobilier.qc.ca/coaching.html

ÉVITEZ LES ERREURS COÛTEUSES ET PROFITEZ DE L'EXPÉRIENCE DE CEUX QUI RÉUSSISSENT

QUELQUES TÉMOIGNAGES SUR LE COURS DE COACHING ET DE MENTORAT

Mon expérience au cours de coaching fut d'une importance primordiale pour moi, car elle m'a apporté tout ce dont j'ai besoin pour m'engager dans des transactions immobilières et surtout en faire un succès.

Merci d'avoir été si généreux par vos conseils et vos apprentissages qui furent pour moi un avantage illimité et le seront pour la vie.

Merci d'avoir mobilisé une équipe si compétente et si impliquée dans tout ce processus.

J'ai aussi beaucoup apprécié l'attitude si positive que l'on a ressentie tout au long de ce cours.

C'est pour toutes ces raisons et bien d'autres que je n'hésiterai jamais à recommander ce coaching aux gens qui veulent avoir du succès dans leur vie personnelle et professionnelle.

Merci encore.

CLÉMENT PATENAUDE, ÎLE DES SŒURS, MONTRÉAL

~

Le coaching m'a grandement aidé.

J'ai apprécié l'expérience du coaching et ça m'a aidé à faire une transaction durant le coaching. J'y ai d'ailleurs rencontré mes deux partenaires pour faire ce premier projet.

Merci beaucoup à toute l'équipe.

DANIEL MARCOUX, MONTRÉAL

~

En ces temps de bouleversements économiques, on dit que la nouvelle monnaie d'échange est l'information. Le coaching du Club immobilier m'a permis d'approfondir mes connaissances en investissement immobilier. C'est un enseignement de haute qualité dispensé par des investisseurs très compétents chacun dans leur sphère d'expertise, que ce soit la finance, l'organisation, la gestion, l'inspection, l'aspect légal ou encore, la motivation. Et j'ai reçu bien plus encore : un réseau de contacts, des outils pratiques ainsi que des mentors bienveillants et généreux ayant réellement à cœur mon succès.

Le coaching immobilier, c'est un de mes meilleurs investissements.

DIANE LEBŒUF, MONTRÉAL

∼

Voyez l'investissement immobilier comme une montagne à gravir. Il nous faut trouver le meilleur tracé et le meilleur moyen qui mènent au sommet. Le coaching et le mentorat du Club m'ont montré le chemin vers le télésiège !

Merci à tous.

FRANK PETSCHKE, QUÉBEC

∼

Si vous croyez que le coaching est une dépense, vous faites fausse route ! Le coaching est un investissement rentable. Cette formation nous a permis d'économiser plus de 90 000 $ lors de notre premier achat d'immeuble à revenus. Essayez de trouver un meilleur véhicule d'investissement !

Imaginez maintenant le capital épargné à chaque nouvelle transaction !

Merci à toute l'équipe.

GILLES LAFERRIÈRE ET CARL AUBÉ, CHAMBLY

∼

Depuis que j'ai fait le coaching, j'ai vendu ma propriété et j'ai fait l'acquisition, avec d'autres partenaires, d'un triplex que nous avons converti en copropriétés. Nous avons payé l'immeuble 100 000 $ de moins que le prix du marché dans un secteur très recherché de Montréal. Ces transactions m'ont permis de me créer un actif en équité, ce qui me donne une très grande latitude en termes de crédit pour faire l'acquisition d'un autre immeuble à revenus. J'attends la bonne opportunité. Le coaching m'a grandement aidé à faire des choix stratégiques et rationnels.

GUY FOREST

~

Assurément, le coaching m'a permis d'approfondir certaines techniques présentées lors des événements mensuels. C'est donc plus confiant que j'ai pu les mettre en pratique. Résultat, après seulement une année, j'ai conclu plus de 6 transactions très lucratives. Autre résultat, j'ai atteint l'indépendance financière après 3 ans en immobilier. Sans le cours de coaching et mentorat, mes objectifs n'auraient pu se réaliser aussi vite.

JÉRÔME MARCOUX, PINTENDRE

~

Après un cours de courtier immobilier qui m'a laissée avec plus de questions que de réponses pour mon projet immobilier, je me suis inscrite au coaching du Club. Sans trop d'attente, car je commençais à croire que l'investissement immobilier était plus pour les initiés que les simples travailleurs. Quelle ne fut pas ma surprise d'y retrouver des passionnés qui ont su transmettre généreusement leur savoir et leur enthousiasme ! De prendre conscience qu'avec le savoir et les encouragements, il est possible de s'y mettre, même à petite dose.

Merci à toute l'équipe du Club.

LISE GERVAIS, MONTRÉAL

~

Le coaching m'a appris à ne pas avoir peur. Il m'a donné les connaissances qui me manquaient et qui ont fait que j'ai pu avoir confiance en mes moyens. Par exemple, j'ai pu établir une stratégie de recherche d'immeubles, négocier de façon crédible et efficace avec mon agent, mon courtier hypothécaire, le vendeur et les différents intervenants que je rencontre sur le terrain depuis que j'ai acquis mon premier douze logements.

RÉNALD DUGAS

~

J'aimerais vous faire part de ma très grande satisfaction concernant le cours de coaching et de mentorat que j'ai suivi avec le Club. J'y ai approfondi mes connaissances dans le domaine de l'investissement immobilier.

J'ai suivi tous les cours de soir et de fins de semaine et ensuite, j'ai pris le coaching. Cette méthode m'a permis d'apprendre et surtout de bien comprendre tout le matériel qui nous est transmis par toute l'équipe. Je le recommande FORTEMENT !

SYLVAIN VASKELIS, SAINT-HUBERT

~

J'ai suivi le coaching il y a quelques années. Je peux dire sans hésitation que cela a déjà eu des effets sur mon approche en immobilier.

Le coaching m'a appris les bases que je n'avais jamais trouvées ailleurs même si j'investis en immobilier depuis longtemps.

En plus de la partie académique (comment chercher, quoi acheter, financer de façon créative, etc.), j'ai surtout trouvé une méthode de travail et d'analyse structurée et efficace. J'applique plusieurs des connaissances que j'ai apprises sur une base régulière et cela commence à porter des fruits.

Quiconque est sérieux à propos de l'immobilier se doit de suivre ce coaching. Tout cela vaut son pesant d'or !

Merci mille fois !

WALTER CIGANA, MONTRÉAL

~

Le coaching du Club Immobilier, c'est avoir à portée de la main des passionnés de l'immobilier qui nous transmettent leur expérience avec une grande générosité. Ajoutez à cela le partage et les échanges avec 60 participants pendant 10 mois, et vous comprenez pourquoi j'ai pris la décision d'acquérir au moins un immeuble à revenus par année. J'ai acquis la certitude qu'en appliquant les enseignements reçus, cela deviendra le meilleur placement des économies durement acquises.

YVES ST-ARNAUD, SAINT-HYACINTHE

~

Avant de fréquenter le CIIQ, je tournais en rond. Je pensais vouloir faire de l'immobilier, mais en fait j'en faisais déjà depuis longtemps, à petite dose, sans trop savoir comment. En 20 ans j'avais acheté et vendu 4 maisons, toujours avec un profit bien au-dessus de ceux générés par mes investissements en valeurs mobilières.

Le coaching m'a donné l'opportunité de non seulement apprendre, mais surtout de MIEUX COMPRENDRE. Je réalise maintenant des projets immobiliers. Pas beaucoup, car ma profession me passionne encore. En 3 ans, j'ai acheté un immeuble locatif que je conserve et dont j'ai augmenté la valeur de 90 %. J'ai converti un duplex en copropriétés en 4 mois, avec un revenu net en poche, tous frais payés incluant l'impôt, suffisant pour me permettre de vivre pendant 8 mois.

Je ne tourne plus en rond. J'apprends à devenir plus efficace.

Merci à toute l'équipe !

Louis-Paul Pelland

~

Je viens d'une entreprise familiale en transport, dont j'étais petit actionnaire, qui existait depuis 68 ans et qui a fait faillite. J'ai appris que rien n'est acquis !

Ensuite, j'ai suivi votre cours « Immobilier 1 » et je me suis mis à l'action. J'ai acheté un immeuble de 17 logements où j'ai transféré les frais de Hydro-Québec aux locataires ; ce qui m'a procuré une plus-value de 150 000 $ en 1 an et demi. Wow ! Le banquier n'en revenait pas !

Ensuite, j'ai suivi le cours de coaching et mentorat pour me perfectionner. J'ai acheté une maison sans comptant avec une empoche de 20 000 $ à l'achat et un autre 15 000 $ lors de la vente. J'ai fait l'expérience avec le REER autogéré, le financement par le vendeur, la conversion en condos d'un immeuble de 8 logements.

Je me suis fixé un objectif de 100 portes en 5 ans depuis mon premier cours, soit en mai 2007 et actuellement, j'ai acquis 57 portes.

Merci à vous tous !

Martin Asselin, Saint-Georges-de-Champlain

~

Ma philosophie est la suivante : toujours m'entourer de gens brillants, passionnés par ce qu'ils font et possédant plusieurs années d'expérience dans des domaines pointus.

Étant propriétaire d'immeubles à revenus, j'ai constamment la tête remplie de questions. J'ai le goût de prospérer, d'investir intelligemment et d'avoir encore plus d'immeubles.

Je me dis : Il doit exister d'autres moyens d'investir que je ne connais pas qui me permettraient d'atteindre mon indépendance financière, quoi !

En juillet 2009, j'ai acheté le livre intitulé : *L'Indépendance financière grâce à l'immobilier* de M. Jacques Lépine.

J'ai joint le Club immobilier dans les minutes qui ont suivi la lecture de ce livre et je me suis inscrite au cours de coaching et de mentorat qui commençait le mois suivant !

Pour investir en immobilier, il faut être préparé. Le cours de mentorat m'a permis d'approfondir mes connaissances, m'a donné du soutien et des conseils judicieux.

J'ai également eu la chance de développer mon réseau d'affaires, mais surtout, le plus génial c'est que j'y ai appris différentes techniques que je suis capable de mettre en pratique sur-le-champ !

Franchement, je dois vous dire ce que je pense… Ce Club, et tous ces cours offerts, eh bien, c'est une idée géniale !

Merci à toute l'équipe du Club !

MYRIAM POIRIER, RÉGION DES LAURENTIDES

LISTE DES FORMATIONS OFFERTES

Vivez rapidement de l'immobilier grâce aux flips	3 heures
Faites de l'argent en immobilier avec l'argent des autres (Immo 1)	6 heures
Calculer comment faire son profit à l'achat (Immo 2)	6 heures
Le financement créatif et extracréatif (Immo 3)	6 heures
La fin de semaine intensive	3 jours
La semaine des millionnaires	7 jours
Le coaching et mentorat	60 heures
Comment optimiser au maximum votre crédit	3 heures
La fiscalité et l'immobilier	6 heures
Le droit immobilier	6 heures
Tout ce que vous devez vérifier avant d'acheter	3 heures
Comment rédiger des offres d'achat créatives qui vous avantagent	3 heures
La conversion en condos	3 heures
Comment investir intelligemment en Floride	3 heures
La caravane de l'inspection en bâtiment	6 heures
La négociation pour tous	6 heures
Les reprises bancaires	6 heures
La comptabilité et l'immobilier	6 heures
Comment préparer et présenter vos dossiers de financement	3 heures
Les parties de cashflow 101	3 heures
L'immobilier commercial	6 heures
La gestion d'immeubles	6 heures

LES PARTIES DE CASHFLOW 101 DU CLUB

Le meilleur jeu d'éducation financière au monde

Saviez-vous qu'il existe d'autres façons de faire dans la vie que de travailler, de jour en jour, dans le seul but de joindre les deux bouts ?

Si vous désirez un jour sortir de cette « foire d'empoigne », communément appelée « Rat Race », vous devrez développer d'autres sources de revenus que votre revenu linéaire actuel.

Venez découvrir comment y parvenir lors de la prochaine partie de CASHFLOW, le célèbre jeu créé par Robert T. Kiyosaki, auteur entre autres de la série *Père riche, Père pauvre,* dont la plupart des livres sont disponibles aux éditions Un monde différent.

UNE EXCELLENTE OCCASION DE RÉSEAUTER
LIVE TOUT EN VOUS AMUSANT

Durant ces 3 heures de plaisir, vous apprendrez :

Le principe de base de Robert T. Kiyosaki pour sortir de la « Rat Race ».

– Comment améliorer votre QI financier ?

– Comment l'immobilier vous permet-il d'atteindre l'indépendance financière ?

– Qu'est-ce qu'un « doodad » ?

– L'ABC d'un bilan financier personnel.

– Qu'est-ce que la « fast track » ?

– Les principaux types de revenus à considérer.

– Les 4 quadrants du CASHFLOW.

Et bien d'autres trucs que les participants partageront avec vous.

UNE INITIATION AU JEU CASHFLOW
DANS UNE AMBIANCE DES PLUS AGRÉABLES

Ouverts à tous et à toutes, membres et non membres du Club.

Réservations obligatoires.

Pour débutants, avancés et experts.

Profitez-en pour jouer entre amis en organisant votre quatuor de jeu.

Aucun préalable ni connaissances particulières requises.

RÉSERVATIONS OBLIGATOIRES au 450 679-0261

Pour plus de détails, visitez le :

http://www.clubimmobilier.qc.ca/cashflow.html

BIBLIOGRAPHIE

ALLEN, David, *Prêt pour l'action: 52 stratégies pour être vraiment efficace au travail et dans la vie*, Éditions Transcontinental, 2006, 171 p.

ALLEN, David, *S'organiser pour réussir: la méthode GTD, un minimum d'ordre pour un maximum d'efficacité*, Éditions Transcontinental, 2008, 271 p.

ALLEN, David, *Getting Things Done, The Art of Stress-Free Productivity*, Penguin Books, 2001, 267 p.

ARCAND, France, POITRAS, Brigitte, *Mieux vendre grâce au Home Staging*, éditions De Mortagne, 2008, 206 p.

BRASSARD, Éric, et une équipe de spécialistes, *Un chez-moi à mon coût: des réponses claires, des idées nouvelles*, Éditions Éric Brassard, 2000, 276 p.

CANFIELD, Jack, HANSEN, Mark Victor, HEWITT, Les, *La Force du focus*, Sciences et culture, 2000, 340 p.

CHILTON, David, *Un barbier riche: Le bon sens appliqué à la planification financière*, Éditions du Trécarré, 1993, 212 p.

DUBOIS, Robert, *L'Achat de votre première maison*, La Presse, 1989, 194 p.

DUBOIS, Robert, *L'Habitation guide complet*, La Presse, 1986, 384 p.

ESCULIER, Colette, *Comment acheter et vendre intelligemment*, Uriel, 2011, 356 p.

FERRISS, Thimoty, *La semaine de 4 heures: travaillez moins, gagnez plus et vivez mieux!* Pearson, 2011, 390 p.

FISHER, Marc, *Le Millionnaire*, Éditions Un monde différent, 1997, 120 p.

FISHER, Marc, *Le Millionnaire paresseux: suivi de l'art d'être toujours en vacances*, Éditions Un monde différent, 2006, 240 p.

HANSEN, Mark Victor, ALLEN, Robert G., *Le Millionnaire minute: en route vers la richesse*, Éditions Ada, 2003, 402 p.

HEPPELL, Michael, *Gagner du temps: une heure de + par jour, garanti*, Sgräff, 2012, 207 p.

HILL, Napoleon, *Réfléchissez et devenez riche*, Les Éditions de L'Homme, 1966, 194 p.

KIYOSAKI, Robert, LETCHER, Sharon L., *Père riche, Père pauvre: devenir riche ne s'apprend pas à l'école; ce que les parents riches enseignent à leurs enfants à propos de l'argent afin qu'il soit à leur service*, Éditions Un monde différent, 2000, 240 p.

KIYOSAKI, Robert, LETCHER, Sharon L., *Père riche, Père pauvre: la suite: le quadrant du CASHFLOW pour atteindre votre liberté financière*, Éditions Un monde différent, 2001, 280 p.

LÉPINE, Jacques, *L'Indépendance financière grâce à l'immobilier: Une méthode simple et efficace accessible à tous*, Éditions Un monde différent, 2007, 240 pages.

LÉPINE, Jacques, *L'Indépendance financière automatique: Une méthode simple et efficace pour devenir indépendant financièrement*, Éditions Un monde différent, 2009, 240 pages.

LÉPINE, Jacques, *Faites de l'argent en immobilier avec l'argent des autres*, Éditions Un monde différent, 2012, 240 p.

MÉROZ, Ginette, LÉPINE, Jacques, *Couple millionnaire de l'immobilier: Une avocate et un investisseur vous dévoilent leurs secrets et astuces pour tout savoir sur l'immobilier*, Éditions Un monde différent, 2010, 288 p.

Revue *Protégez-vous*, guide pratique *Acheter une maison*, Protégez-vous, 2012, 88 p.

ROBERTS, Ralph R., KRAYNAK, Joe, CORNELL, Camilla, *Flipping Houses For Canadians For Dummies*, John Wiley & Sons Canada, Ltd., 2009, 362 p.

VINCENT, Raymond, *La Pensée constructive et le bon sens*, Le Jour, éditeur, 1981, 147 p.

VINCENT, Raymond, *Il n'en tient qu'à vous!: passez à l'action et obtenez tout ce que vous avez toujours désiré de la vie*, Éditions Un monde différent, 2007, 192 p.

SITES INTERNET UTILES
RELIÉS À L'IMMOBILIER

SITES CRÉATIFS SUR L'IMMOBILIER

www.carletonsheet.com

Site sur l'investisseur à succès Carleton Sheet. Vous y trouverez une multitude de ressources pour le financement créatif et l'investissement immobilier dans les plex et les maisons unifamiliales.

www.clubimmobilier.qc.ca

Le site du Club d'investisseurs immobiliers du Québec. OSBL ayant pour mission d'alimenter une synergie immobilière auprès des investisseurs immobiliers. Formation, réseautage, rencontres mensuelles, coaching, etc.

www.creonline.com

Creative Real Estate Online. Ce site est une source incroyable d'idées sur le financement créatif. Entièrement en anglais. Il est en ligne depuis 1994. Un incontournable pour l'investisseur désireux de mieux comprendre l'investissement immobilier créatif.

www.independancefinanciere.ca

Vous y retrouverez différents ouvrages sur l'immobilier de M. Jacques Lépine, président fondateur du Club d'investisseurs immobiliers du Québec.

www.jachete.ca

L'un de mes sites Internet que vous pouvez transmettre aux gens désirant se procurer le présent ouvrage.

www.lesflips.ca

L'un de mes sites Internet que vous pouvez transmettre aux gens désireux de se procurer le présent ouvrage.

www.papergame.com

Site sur l'escompte d'hypothèque. Des techniques pour calculer la rentabilité de vos jeux avec les papiers.

www.richdad.com

Le site de Robert T. Kiyosaki, un des grands gourous de la richesse aux États-Unis.

ÉVALUATION MUNICIPALE / VILLES

www.infoville.ca

Site où l'on retrouve une base de données à jour sur les municipalités du Québec.

FINANCEMENT / CRÉDIT

www.aig.com

Assureur hypothécaire tel que la SCHL.

www.equifax.ca

Vous aurez accès sur le site d'Equifax Canada à votre dossier de crédit en ligne. Découvrez ce que le prêteur verra sur vos habitudes de crédit avant même de le rencontrer.

www.genworth.com

Compagnie privée qui est l'équivalente de la SCHL, qui n'assure que des prêts hypothécaires pour les propriétaires occupants.

www.schl.ca

La Société canadienne d'hypothèque et de logement (SCHL) est un organisme gouvernemental qui a non seulement pour mission de faciliter l'accès à la propriété aux Canadiens grâce à l'assurance hypothécaire, mais il représente également une source incroyable d'informations (statistiques, études de marché, etc.) pour l'investisseur immobilier.

www.transunion.ca

L'autre agence de crédit canadienne, TransUnion est tout aussi importante à consulter afin de corriger les erreurs qui pourraient s'y retrouver.

RECHERCHE / ACHAT / VENTE / LOCATION

www.acquizition.biz
Site payant d'annonces à caractère commercial.

www.annonce123.com
Site de petites annonces.

www.appart-zone.com
Site conçu pour afficher vos logements à louer.

www.craiglist.com
L'un des plus gros sites de petites annonces sur Internet au monde.

www.duproprio.com
Vous y trouverez des propriétés à vendre directement du propriétaire. Service de vente sans commission.

www.google.ca
Le plus grand moteur de recherche sur Internet.

www.icx.ca
ICX. Le volet commercial et industriel de SIA (6 logements et plus).

www.immoannoncextra.com
Site de petites annonces.

www.jlr.ca
Site de recherche privé payant où vous retrouverez, entre autres, sensiblement les mêmes informations qu'au registre foncier.

www.kijiji.ca
Site gratuit de petites annonces au Québec.

www.lespac.com
Site payant de petites annonces au Québec.

www.micasa.ca
Propriétés disponibles directement du propriétaire ou par le biais de courtiers immobiliers.

www.registrefoncier.gouv.qc.ca
Le Registre foncier du Québec. Tout ce qui est inscrit au Bureau de la publicité des droits du Québec s'y retrouve. Vous avez accès à l'index

des immeubles, aux actes de vente, aux actes hypothécaires, aux préavis d'exercice, aux déclarations de transmission. Vous aurez besoin du numéro de cadastre de la propriété pour laquelle vous désirez trouver de l'information.

www.relationcanada.com

Vous y découvrirez des annonces de terrains et d'immeubles commerciaux à vendre par des particuliers et des courtiers immobiliers.

www.sia.ca

SIA, le site où vous pouvez chercher des propriétés parmi toutes celles inscrites par des courtiers immobiliers. De la maison unifamiliale jusqu'aux 5 logements.

www.talkinghouse.com

Système d'émetteur en bande AM qui permet de diffuser de l'information sur la propriété.

www.vendvite.com

Site de petites annonces.

www.viaproprio.ca

Service de vente sans commission.

www.visitenet.com

Site où vous trouverez des propriétés à vendre, à louer, neuves et d'occasion, ainsi que les coordonnées de différents professionnels et commerçants reliés à l'immobilier.

www.vitevitevite.ca

Site de petites annonces.

www.waka.ca

Site où sont regroupées des annonces provenant d'autres sites de petites annonces.

DROIT

www.condolegal.com

Ce site a été conçu par les organisateurs du salon de la copropriété. Vous y trouverez beaucoup de renseignements sur la copropriété divise et indivise.

www.condoliaison.org
Regroupement des gestionnaires de copropriétés du Québec. Vous en saurez davantage sur la copropriété au Québec.

www.forsythegroup.com/merozg/index2.html
Excellente avocate spécialisée en immobilier offrant des services relativement aux vices cachés, aux négociations, aux conventions d'actionnaires, incorporations, consultation, etc.

GOUVERNEMENT

www.cra-arc.gc.ca
Site de l'Agence du revenu du Canada.

www.mddep.gouv.qc.ca
Registre public qui permet de savoir si un terrain a déjà fait l'objet d'une contamination.

www.rdl.gouv.qc.ca
Site de la Régie du logement du Québec. Vous y trouverez de l'information pertinente à la fois sur vos droits et responsabilités en tant que locateur, et sur le processus de conversion d'immeubles à logements en copropriétés divises.

www.rdprm.gouv.qc.ca
Registre des droits personnels et réels mobiliers (RDPRM).

www.req.gouv.qc.ca
Registre des entreprises du Québec (REQ). Pour trouver de l'information sur des entreprises québécoises et leurs propriétaires ou actionnaires.

www.revenu.gouv.qc.ca
Site de Revenu Québec.

www.shq.gouv.qc.ca
Société d'habitation du Québec (SHQ). Vous trouverez ici de l'information sur l'habitation au Québec, mais aussi sur des programmes de subvention offerts par cette société gouvernementale.

www.siq.gouv.qc.ca
Site de la Société immobilière du Québec.

CONSTRUCTION ET RÉNOVATION

www.acq.org
Association de la construction du Québec (ACQ).

www.aee.gouv.qc.ca
Site de l'agence de l'efficacité énergétique. Pour avoir de l'information sur les tendances vertes de l'habitation.

www.apchq.com
L'association provinciale des constructeurs d'habitations du Québec. Beaucoup d'information sur la construction et les entrepreneurs québécois. Garantie d'habitation, formations, etc.

www.chra-achru.ca
Association canadienne d'habitation et de rénovation urbaine.

www.gomaison.com
Pour trouver de l'information pertinente sur l'acquisition d'une maison neuve.

www.rbq.gouv.qc.ca
Site de la Régie du bâtiment du Québec. Informations sur les lois et règlements de la construction au Québec. Vous pouvez également vérifier si votre entrepreneur possède une licence en vigueur.

www.renoassistance.ca
Service gratuit d'assistance à la rénovation.

ASSOCIATIONS

www.aibq.qc.ca
Association des inspecteurs de bâtiments du Québec.

www.ascq.qc.ca
Association des syndicats de copropriété du Québec.

www.cdnq.org
Chambre des notaires du Québec.

www.corpiq.com
Corporation des propriétaires immobiliers du Québec.

www.crea.ca
> Association canadienne de l'immeuble.

www.oaciq.com
> Organisme d'autoréglementation du courtage immobilier du Québec

www.indemnisation.org
> Fonds d'indemnisation du courtage immobilier.

AUTRES CLUBS IMMOBILIERS EN AMÉRIQUE DU NORD

www.albertarein.com
> Alberta's Real Estate Investment Network.

www.memphisinvestorsgroup.com
> Memphis Investors Group.

www.ontariorein.com
> Ontario's Real Estate Investment Network.

www.reicny.org
> Real Estate Investors of Central New York.

www.reimw.com
> Real Estate investors Metropolitan Washington.

www.re-investors.com
> Central Florida Realty Investors.

www.reiptherewards.com
> Real Estate Investors Publication (Floride).

INSTITUTIONS FINANCIÈRES

www.banquelaurentienne.com
> Banque Laurentienne.

www.banqueroyale.com
> Banque Royale.

www.bmo.com
> Banque de Montréal.

www.bnc.ca
 Banque Nationale du Canada.

www.cibc.com
 CIBC.

www.desjardins.com
 Caisses populaires Desjardins.

www.hsbc.ca
 HSBC.

www.scotiabank.ca
 Banque Scotia.

www.tdbank.ca
 Banque TD.

AGENCE DE COURTIERS IMMOBILIERS

www.blocdirect.com
 Agence immobilière spécialisée dans les multilogements.

www.c21.com
 Century 21. Le plus grand réseau de courtiers immobiliers au monde. Moins présent au Québec.

www.immeublesgloria.com
 Agence immobilière spécialisée dans les multilogements.

www.multiimmo.ca
 Agence immobilière.

www.patricemenard.com
 Agence immobilière spécialisée dans les multilogements.

www.propriodirect.com
 Proprio Direct : Ne vous fiez pas au nom. Cette compagnie, bien que très créative, est un véritable courtier immobilier agréé.

www.remax.ca
 Re/Max agence de courtage immobilier.

www.royallepage.ca
  Royal LePage agence de courtage immobilier.

www.sutton.com
  Sutton agence de courtage immobilier.

www.viacapitalevendu.com
  Via Capitale agence de courtage immobilier.

AGENCE DE COURTAGE HYPOTHÉCAIRE

www.hypotheca.ca
  Hypothéca.

www.invis.ca
  Invis.

www.multi-prets.com
  Multi-Prêts hypothèque.

SERVICES DIVERS

www.canada411.ca
  Pour trouver le numéro de téléphone d'un propriétaire ou d'un professionnel.

www.gazmetro.com
  Si vous désirez connaître les coûts de chauffage reliés à un immeuble, visitez le site Internet de Gaz métropolitain.

www.hydroquebec.com
  Si vous cherchez à savoir le coût d'électricité relié à une propriété.

www.postescanada.ca
  Le site par excellence pour trouver le code postal à partir d'une adresse civique.

À PROPOS DE L'AUTEUR

Natif de Sorel, Yvan a vécu son enfance, fait son école primaire et son école secondaire, avant de quitter le nid familial à l'âge de 17 ans pour poursuivre ses études postsecondaires au CÉGEP de Trois-Rivières.

À la suite de ses études en technologie de l'architecture, il a complété son baccalauréat en génie de la construction à l'École de technologies supérieures de Montréal.

Il a par la suite œuvré comme ingénieur en bâtiment durant plusieurs années dans le domaine de la construction, à titre d'estimateur et de gérant de projets.

Parallèlement, il est devenu directeur adjoint du Club d'investisseurs immobiliers du Québec, a obtenu un diplôme à la suite d'une formation de 176 heures, avec un maître chinois de l'Institut de Fengshui Bing Xiang, obtenu sa licence de courtier immobilier et réalisé de nombreuses transactions à titre d'investisseur immobilier, tant en mode spéculatif qu'en mode accumulation, allant de terrains, condos, maisons, plex et d'immeubles à revenus.

Avec les années, Yvan s'est développé une passion pour l'accompagnement personnalisé, et chemin faisant, il est devenu formateur, coach, mentor et conférencier dans l'immobilier. Avec la publication de cet ouvrage, il ajoute une autre corde à son arc en devenant auteur.

Il occupe maintenant le poste de vice-président directeur général du Club d'investisseurs immobiliers du Québec et se prépare, avec l'aide du président fondateur, à prendre la relève de ce dernier.

Bref, il est un véritable passionné de tout ce qui touche l'immobilier de près ou de loin.

Découvrez une partie de son parcours immobilier aux pages 129 à 144 du best-seller de Jacques Lépine *Faites de l'argent en immobilier avec l'argent des autres.*

POUR COMMUNIQUER AVEC L'AUTEUR

Consultez le :

www.clubimmobilier.qc.ca

N'hésitez pas à lui écrire à :

yvancournoyer@clubimmobilier.qc.ca

ou encore par téléphone au :

450 679-0261

CLUB D'INVESTISSEURS IMMOBILIERS DU QUÉBEC

Sur présentation de l'original de ce coupon, obtenez le droit d'assister à l'un des événements mensuels du Club.

Visitez le **www.clubimmobilier.qc.ca/soirees.html** pour la liste des prochaines dates.

YVAN COURNOYER
Vice-président

Note : Ce coupon est non monnayable, non échangeable et ne peut être jumelé à aucune autre promotion.

Il ne peut être utilisé que lors des événements mensuels uniquement.